泠泠七弦醉南风

黎敏 著

广府都市文化空间中的琴乐雅集研究

上海音乐出版社
SMPH

# 目 录

## 第一章 绪 论 ……………………………………………… 2
### 第一节 立 意 ……………………………………………… 2
一、琴学理论体系的补充与丰富 …………………………… 4
二、民族音乐形态学风格研究方法的拓展 ………………… 5
### 第二节 回 顾 ……………………………………………… 7
一、传统琴学研究的主要领域 ……………………………… 7
（一）琴律研究 …………………………………………… 7
（二）琴谱研究 …………………………………………… 10
（三）琴史研究 …………………………………………… 13
（四）琴人研究 …………………………………………… 15
二、岭南琴学研究的主要现状 ……………………………… 16
### 第三节 思 路 ……………………………………………… 18
一、研究框架 ………………………………………………… 18
二、研究方法 ………………………………………………… 20
（一）数理研究方法 ……………………………………… 20
（二）跨学科研究方法 …………………………………… 20

## 第二章 广府琴人群体生存的岭南文化背景及历史记忆中的岭南琴乐渊源 …………………………………………………… 22
### 第一节 广府琴人群体生存的岭南文化背景 …………………… 23
一、地理区位和自然条件 …………………………………… 23
二、广府文化层积 …………………………………………… 24
（一）广府本土古越先民文化与中原移民文化的融合 …… 25
（二）汉越文化和海外文化的融合 ……………………… 31
### 第二节 历史记忆中的岭南琴乐渊源 …………………………… 34
一、宋代岭南琴乐与《古冈遗谱》 ………………………… 37
二、明代岭南琴乐与陈白沙 ………………………………… 38
三、清代岭南琴乐与《悟雪山房琴谱》 …………………… 41

  四、清末民初至今的岭南琴乐传承脉络……………………46
 本章小结……………………………………………………………50
**第三章 琴人群体"雅集"组织的形态研究**……………………51
 第一节 礼失求诸野：琴人群体雅集活动的田野考察……………52
  一、总体概况………………………………………………………52
  二、分类简述………………………………………………………55
   （一）类型一：纪念杨新伦110周年诞辰的古琴雅集活动…55
   （二）类型二：赈灾义演的古琴雅集活动………………………63
   （三）类型三：日常性的古琴雅集活动…………………………66
 第二节 琴人群体雅集组织的形态要素分析……………………71
  一、雅集人员的结构统计分析……………………………………71
   （一）出席频率和人数统计………………………………………72
   （二）性别统计……………………………………………………73
   （三）学历统计……………………………………………………74
   （四）年龄统计……………………………………………………75
  二、多重角色的社会学分析………………………………………78
   （一）角色构成方式：琴人先赋角色和自致角色………………79
   （二）角色存在形态：主观角色和实际角色……………………81
 第三节 广府琴人雅集组织的传承样态、实践模式与发展路径……92
  一、传承样态………………………………………………………92
  二、实践模式………………………………………………………96
  三、发展路径………………………………………………………99
 本章小结……………………………………………………………102
**第四章 琴人群体的琴乐语言**……………………………………104
 第一节 琴乐语言的谱本分析……………………………………105
  一、《鸥鹭忘机》的琴乐解题………………………………………105
  二、琴乐版本………………………………………………………109
   （一）抄本《古冈遗谱》……………………………………………110
   （二）刻本《悟雪山房琴谱》………………………………………111
 第二节 琴乐音响语言的结构陈述……………………………112
  一、琴乐音响语言陈述的宏观布局………………………………113

（一）琴乐音响语言的结构布局 …………………………… 113
　　（二）琴乐音响语言的音区布局 …………………………… 114
　　（三）句法布局 …………………………………………… 116
　　（四）宏观落音布局 ……………………………………… 117
　　（五）调式布局 …………………………………………… 119
　二、琴乐音响语言陈述的微观结构 ………………………………… 120
　　（一）音核组织 …………………………………………… 120
　　（二）音核组织在同宫场内的变易与传递 ………………… 127
　　（三）琴乐音响语言的结构特点 …………………………… 140
第三节　琴乐音响语言的音时演变 ……………………………………… 143
　一、琴乐音时语言的速度研究 ……………………………………… 144
　　（一）宏观速度与微观速度布局 …………………………… 145
　　（二）速度要素的分析与归纳 ……………………………… 146
　二、琴乐音响语言的节拍研究 ……………………………………… 158
　　（一）节拍体系的多层划分 ………………………………… 158
　　（二）节拍体系的分析与归纳 ……………………………… 162
第四节　琴乐音响语言的音色聚合 ……………………………………… 172
　一、四位琴人音色语言的节奏律动、音色分离与结构布局 …… 174
　　（一）音色节奏律动的数理归纳 …………………………… 175
　　（二）音色分离 …………………………………………… 179
　　（三）音色布局 …………………………………………… 187
　二、四位琴人音色语言的声学研究 ………………………………… 194
　　（一）理论视角与声学测量 ………………………………… 195
　　（二）声学描述 …………………………………………… 197
　　（三）同一乐音在响度方式下的音色比较 ………………… 219
　本章小结 ……………………………………………………………… 229
第五章　岭南琴人的文化追问（代结语） ………………………………… 231
　一、"我是谁？"——岭南都市文化背景中琴人身份感的叩问 … 231
　二、"我们是谁？"——岭南都市文化背景中琴人群体身份的建构 … 237
　三、"我们往何处去？"——岭南都市文化背景中琴人群体身份的归途 … 242
后　记 …………………………………………………………………… 245

# 第一章 绪 论

交错其道,
现代都市,
我们常常迷路。

泠泠七弦,
穿越千载,
重逢何妨一笑?

幽篁独坐,
深林长啸,
远古岂会如烟?

明月相照,
为谁守望?
古琴,
或许是,
另种久违的乡愁。

# 第一章 绪 论

走近他们，走进他们。都源于这群人、这张琴、这雅集。

因琴结缘，因琴相识，因琴相知。

每月末的周六、周日，若无他事，都会自发自觉地如约而至。点一炷清香，围坐几圈，听琴、弹琴、论琴、品琴。

从二十世纪八十年代直到今天，这个如约而至的传统——"古琴雅集"，在南国"广府"一直坚持，转眼四十年。笔者自2001年第一次参加广东古琴研究会发起的活动，尤其是2007—2009年间以古琴雅集为对象、展开数次田野调查的情景，至今历历在目，跃然眼前。这期间，人来人往，往来如常。

不同的人，共同的热爱，共同的志向，都因琴而来，因琴相群，因琴成社。以琴会友，以雅为好。三五同行，畅叙情谊，切磋琴艺。"琴"成了彼此的枢纽，"雅集"也成为岭南广府文化复苏的文化景观，而"琴社"则成就了大风气、小圈子。

几十年，一群人、一起玩、一起疯、一道品、一道论。

交流的是情，坚守的是琴。

## 第一节 立 意

古琴作为中国传统符号化的文化象征，自"神农氏继伏羲而王天下，亦上观法于天，下取法于地，近取诸身，远取诸物，于是始削桐为琴，绳丝为弦，以通神明之德，合天地之和焉"始，"士无故不撤琴瑟""左琴右书"一直是中国文人诗化言说的精神传统。

而"岭南古琴"的确立、形成、发展正是接续了这般传统。几千年来，"志于道、据于德，依于人、游于艺"成了琴学传承体系薪火未断的价值依据。可以说，古琴对于岭南文人雅士而言，不仅是抒发诗兴关怀、点染心灵、体验"中国文化特殊美感经验和艺术才情"的自娱乐器，更是寄托生命理想、同映"天籁""地籁""人籁"宇宙精神的修身道器，而人格养成则成了琴道精神的深层诉求。

　　古琴滋养了一代代、一个个的岭南文人雅士，不知不觉在岭南大地落地生根、开花散叶，生成一脉琴乐枝丫。在当代岭南，尤其是在"广府"①地区，二十世纪八十年代接续了"习琴"传统并一直延续至今。"琴棋书画"的"琴"显然成了岭南传统文化的重要组成部分，不论是将其视为"修身齐家度己"的道器，还是作为"从心悦己"的乐器，在以岭南传统文化为底色的都市文化空间中，它已然被赋予了多种文化属性和文化意义。对于当代岭南广府人而言，一瓢饮、一清香、一把琴，上下千年，思接千载，可能更多是崇尚"散逸"生活、"悠哉游哉"的生命意义。

　　本书始于十二年前对岭南广府琴人的系统性考察。

　　作为社会学和音乐学交叉性的研究，本书主要是以当代广府琴人雅集组织形态、琴乐语言为研究对象，通过对广府琴人群体雅集活动的音乐民族志考察，将其放置于具有多层文化积淀、千年都市的岭南文化当代都市背景之中，以社会组织学的视角，观察雅集活动同社会的互动关系，探讨琴人群体的组织结构和角色分层之本质特性的内在逻辑，并以音乐学视角的多个维度观察琴人琴乐音响语言的陈述结构、音色聚合、音时演变和琴乐语言表达。以此角度，了解身处全球化和大众文化边缘的琴人群体，在岭南文化空间、当代都市社会结构和文化结构中的位秩，从而厘清琴人群体身份的性质以及何以如是的问题。因此，琴人群体"我是谁"的追问，成为本书的逻辑隐线，并试图通过雅集组织、琴乐语言表达文化表征的过程，观察琴人群体与他群以及外部世界强势主流不断商榷的脉络。而如何把握琴人通过他者的界定来拟构群体文化自我的边界与内涵，如何把握文化表征与内隐的生活意义，以及对表征图式何以拟构"我是谁"群体身份的追寻与叩问，是本书最初始的写作动机。

---

　　① 广府：岭南政治、经济、文化中心，它以广东省珠三角为中心，涵盖粤西、粤北等以粤方言为主体的文化区域。

## 一、琴学理论体系的补充与丰富

广府琴人群体是岭南传统琴乐文化在当代都市背景中以古琴为纽带而形成的共同体。

从理论角度而言，岭南古琴在当代都市呈现性的文化研究，所承载的"传统与当代""接续与断裂""乡村与都市"等文化意义，十年前已然成了学术界的焦点。岭南古琴作为以岭南三种文化层积为底色的代表性传统乐种，正在经历着史无前例的都市化进程的洗礼。都市是"政治、经济、意识形态、大众媒体、科技、各种社会机构和社会群体的汇聚之地"[①]，而都市化则是"作为某一特定文化中心的城市，或从一开始就是多元文化的城市中心是如何确立起来的过程"[②]。广府一开始就属于多元文化的都市中心，海上丝绸之路强大通道的生成，使外来文化与本土文化的融合变成可能。"多元、开放、重商、海洋、兼容、创新和领潮"的文化风格使其成为中西器物文化、中西宗教文化、中西理性科学、中西制度文化的交流中心。尤其是改革开放以来，广府人岭海听潮，以敢为天下先的海洋文明特质，率先叩响了经济变革、制度变革的主旋律，世俗化的平民狂欢，大众文化的踏浪而歌，无一不是海洋文明开放、多元、兼容、和谐特质的感性显现。

而岭南古琴在传统与都市化的链接、融合的过程中，以及在三种岭南文化底色与都市现代文明碰撞所形成的多元文化并存空间中，以怎样的文化姿态共生共融、更迭裂变，是本文研究的关切所在。

以往琴学研究多是关注琴派的历史形成、文献钩沉、代表人物与曲目、演奏技法、风格特征、人文精神等维度，历史学、美学、文化学等文化阐释成了主流，而对当代琴人群体的研究实属不足，对当代研究的忽视则让我们无法更好地正视当下与未来。尽管，有部分琴家和学者有所涉及，但大多仅是社团角度的介绍性文章。例如，陈长林《忆往思来——记今虞琴社的一些活动》，许健《忆往日琴会看当今琴社》，卫家理《贵州播州古琴研究会简介》，谢导秀《情系广东扎根岭南——广东

---

[①] 汤亚汀.西方城市音乐人类学理论概述［J］.音乐艺术，2003（2）：32.
[②] 汤亚汀.西方城市音乐人类学理论概述［J］.音乐艺术，2003（2）：32.

古琴研究会二十六年》，顾泽长、顾永祥《简述当代东北古琴音乐发展的历史与现状》，曾成伟《锦江琴社简介》，俞伯荪、黄明康《成都东坡诗琴社》，徐君跃《西湖琴社六年大事记》，徐永《漫谈徐州古琴》，张富森、高培芬《山东琴社现状概况》，朱子易《山东泉韵琴社——兼谈诸诚琴派的形成与发展》，刘扬《广陵琴派发展简史》，谢坤芳《金陵琴社之昨天、今天和明天》，徐晓英《霞影琴馆成立缘起》，叶明媚、戴德《纽约琴社的活动》，王菲《我与北美琴社》，程玉《伦敦幽兰琴社史》，等等。真正称得上具有专题性意义的研究，是王姿妮博士的《浙地琴乐背景与西湖琴社》，该研究采用历时性和共时性分析相结合的方式，以民族音乐学的学科视角，系统梳理了西湖琴社及浙地琴乐的社会文化语境。

但对于岭南琴派而言，学界除了对莫尚德、谢导秀、许海帆等琴人有所关注之外，对其他琴人与学人的关注实属不多。琴人群体研究是岭南琴学研究的第一步，展现岭南琴派的历史传承脉络。因此，本书将研究对象放置于岭南文化空间当代都市背景之中，通过雅集活动这一组织载体，意在说明琴人群体其生成与发展的文化底蕴，期冀以今溯古、以点带面，为岭南整体的琴学研究梳理出一些头绪，补充与丰富岭南琴学体系。

## 二、民族音乐形态学风格研究方法的拓展

音响性是琴乐存在的本质特征。它以否定之否定的方式，通过"音响的不断流动使得音乐在一定时间内不断地变易和延续"，在"过去""现在""将来"[①]的时间流动中实现琴乐音响的延续性和构形性。因此，"从音乐作品自身的价值取向来看，它包含两个层次：一是不可听的音乐作品（即乐谱），二是可听的音乐作品（实际音响运动）。"[②]

民族音乐形态学作为研究"民族音乐外部形态、内部构造以及其变化运动规律的学科"[③]，其目的在于通过音乐语言结构模式的分析，观照

---

① 马卫星.浅析音乐音响的存在基础与结构特征［J］.中国音乐学，1996（4）：84.
② 马卫星.浅析音乐音响的存在基础与结构特征［J］.中国音乐学，1996（4）：86.
③ 刘正维.关于民族音乐形态学［J］.交响，2005（4）：33.

民族音乐形态本身所涉的"调式、旋律特征、腔式与节拍以及特殊的结构形态"和形成"乐态的客观条件"所囊括的"地态、心态、史态、语态",以及其"特征所呈现的、有序的地理性板块分布"[①]。在此基础上,以谱本为中心抑或是通过音响转译为谱本所展开的乐学研究和琴乐语言的外在形态探索,对于展示琴乐风格及文化具有重要意义。

众所周知,谱本作为"某种专用音乐符号所表达的音乐符号系统",其中传达着琴乐"各种乐音概念、乐音组织方式、构成形式、演奏方式、情绪特征和观念意识"。但正因为琴乐语言存在的音响性本质,决定了谱本只是一种"符号性的表象",反映更多的是"音"的各种要素,而对于谱本背后琴乐语言多样性的风格呈现,仅仅停留于乐学层面还不足,"任何一种乐谱的运用,除了依靠用书写工具记写下来的符号系统,还必须有一个确定其符号意义的解释系统",这种对乐谱符号意义的解释,在"基本乐理层面是确定的"[②],而在诠释方面则是相对确定的。在某种程度上,琴乐减字谱非明确性的标识方式,其谱式的"活法"[③]特性,决定了琴人琴乐语言诠释多样性的存在。正是为了保存这种特性,民族音乐学家们一直都在乐谱符号性表达中进行多方面的尝试。

"任何记谱法都不可能对实际音乐音响有绝对准确的还原功能。文字或书面符号的记录与鲜活的音响之间,永远存在难以完全对应的诸多遗憾,一般只能大致地或尽可能接近去还原音响。"[④]因此,在本书中,笔者力求从谱本阐释者的实际音响中,运用其他方法对琴乐风格的多样化表达做一些新的研究尝试。例如运用声学的研究方法对琴乐音色进行解读而不仅仅是停留于谱本中的谱字分析,以及运用音序器对琴乐宏观时间和微观时间进行解读。基于琴乐形态、风格的量化判断所构建的质性研究,其意义不在于是否完全还原于音响,而是在于进一步接近了真实,从而提高对琴乐风格阐释系统其风格性的把握和认识。由于琴乐传承更多是以口传心授的方式进行,而谱本在某种程度上只是一种依据,

---

① 刘正维.关于民族音乐形态学[J].交响,2005(4):33.
② 修海林.对古谱译解与音响再现学理层面上的认识[J].音乐艺术,2002(1):17.
③ 秦序.琴乐"活法"及谱式优劣之我见[J].中国音乐学,1995(4):59.
④ 周凯模.多元音乐世界的多元解释:音乐人类学的"记谱与分析"之方法讨论[J].杭州师范学院学报,2004(6):56.

"任何一种乐谱，如果没有解释系统的存在，或者说只有对其符号的阐释而没有音响的阐释，就是一份没有生命的乐谱。对于音乐的传播来说，乐谱及其符号，只是呈现为物化形态的一种信息源，其存在是相对于某种外化的音响形态或内在的音乐心理形态而言。"[1]因此，相比前辈传统的民族音乐形态学研究模式，动态音响和固化谱本二者结合的研究模式，即通过整体形态的频谱展现方式，或许更能揭示其琴乐形态的内在本质以及隐藏在音乐组织底层的规律。这种方法为我们研究音乐和社会背景的关系，音乐与人文心理的关系，以及音乐与文化之间的关系提供了有效的深层数据，从而在方法论上呈现出拓展性意义。

## 第二节 回 顾

琴学是关于古琴的学问，包括理论与实践。

对琴学传统的挖掘，自古有之，其萌芽可以"上溯至先秦时期"。从"《诗经》《左传》及诸子百家有关著作中"所涉及的古琴论断，到"汉蔡邕《琴操》、唐薛易简《琴诀》、宋朱长文《琴史》、元陈敏子《琴律发微》、明徐上瀛《谿山琴况》等古琴专著的出现"[2]，再到二十世纪中叶以来对全国琴人进行的大范围调访、录音，以及《琴曲集成》《琴史初编》《古指法考》《存见古琴曲谱辑览》《查阜西琴学文萃》等系列曲谱和论著的出版和四次打谱会议的召开，充分说明了琴学研究传统的深厚性。这些都成了后学研究琴学的丰厚文献及重要学理依据。

## 一、传统琴学研究的主要领域

传统的琴学研究主要集中于琴律、琴谱、琴史、琴人等几个领域。

### （一）琴律研究

琴律学是研究古琴"音律制度构成与应用的科学"，主要分为琴律理论研究和琴律数理方法论研究两个维度。

---

[1] 修海林.对古谱译解与音响再现学理层面上的认识[J].音乐艺术，2002（1）：17.
[2] 苗建华.古琴美学思想研究[M].上海音乐学院出版社，2006：8.

### 1. 琴律理论的研究

李玫在《东西方乐律学研究及发展历程》一书"琴律学"章节中对琴律理论进行了系统的梳理，全面介绍、深度解读了琴律理论。在书中，她分别对"琴上十三徽的律学内涵""文献中记载的定弦法""暗徽的设置""具有多维生律因素的琴律"[①]等内容进行了阐述，这为我们充分认识琴律提供了有效途径。

陈应时对黄翔鹏在《琴律研究》一文中提出的"琴律源于钟律""琴律是一种以纯律倾向为主的复合律制"[②]的观点提出了质疑，并陈述了自己的观点。喻辉从琴律的分期与性质切入，对"琴律构成"的"弦长切取方法""调弦法""取音方法""宫音律高"[③]四个方面进行了详尽论述。

"琴调是古琴音乐中的传统范畴，对它的研究涵盖古琴各种定弦音阶以及与之相关联的一系列文史和乐律层面。"吴文光从"定弦音阶及不同定弦音阶相互之间的音高对应关系和此或彼种音乐所包含的各种调性结构、调式结构方面的可能性"出发，以"音乐实证来替代习惯的纯文学性探索"，对"琴调音阶"和"非五声性用音的不同功能"[④]做了归纳和总结。丁纪园将古琴的五音正调与十二律旋宫弦法进行了梳理，指出了古琴的琴律实践实质蕴含了古人"取象比类"的思维方法，体现了传统文化"运动、平衡、整体"[⑤]的核心观念。丁承运[⑥]从远古琴的定弦法，三弦音律的变革及弦名的矛盾，古瑟调弦法与其定位，相和、瑟调与琴乐之实践，文武二弦为琴正调形成的标志这五个方面对古琴正调调弦法进行了研究。同时，还对宋代以来的"五音调"予以考释，指出五音调实为"四宫"，其源头可"上溯至东晋相和六引"，五音调的真相有必要对"中国乐学的调、声概念"[⑦]进行重新审视。

---

[①] 李玫. 东西方乐律学研究及发展历程[M]. 中央音乐学院出版社, 2007: 84—102.
[②] 陈应时. 评《"琴律"研究》[J]. 音乐艺术, 1996（4）: 1.
[③] 喻辉. 琴律探微[J]. 黄钟, 1993（1—2）: 60—63.
[④] 吴文光. 琴调系统及其音乐实证[J]. 中国音乐学, 1997（1）: 5.
[⑤] 丁纪园. 略论古琴的五音正调与十二律旋宫弦法[J]. 音乐研究, 1991（1）: 69.
[⑥] 丁承运. 琴调溯源——论古琴正调调弦法[J]. 音乐艺术, 2001（4）: 40.
[⑦] 丁承运. 论五音调——琴调溯源之二[J]. 音乐艺术, 2003（2）: 70.

## 2. 琴律数理方法论的研究

使用数理的方式研究琴音之间的"自然本性"[1]，其传统悠久。杨荫浏、黄翔鹏、冯文慈、赵宋光、陈应时、郑荣达等先生均对琴律进行过数理研究。但从数理角度对琴律进行方法论上的系统探讨，首推赵宋光先生。他倡导"使用严格的数学形式来表述琴律"，对"徽位按音""徽位泛音""徽间音位""与琴调相关的定弦法"予以规范的数理观照，他认为这是"琴学取得现代面貌的必要一环"[2]。

鉴于这种理念，赵宋光在文中论述了"定弦过程数学方程的构成""相对弦长数值与徽位的对应关系""相对波长概念的科学界定及其有关推算""弦序括号的地址含义与算术数值""正调定弦的数学方程组及其解""外调定弦法所用的特异方程"[3]等内容，充分阐明了七弦琴定弦过程的数学方程建立与求解。同时，他以"数学方法计算徽音"，并通过"顺逆推算"的两种方法，分别从按音相对弦长数值推算相应的微分，从"设定的弦长推算相应的相对弦长"[4]。此外，他还认为"管子律数与古琴徽位的数值规定是从古代射向当代乐理教学的两束探照灯"，"管子律数经过延伸、提取公因与律学投影，能建立五声音阶调式的同主音观念"，而"古琴徽位的相对弦长数据"则能让我们认识"大三和弦和大小调本身固有的自然面貌"。

如果说，赵先生的琴律研究是数学方程方法论的建构者，李玫则是这种方法论的充分应用与实践者。

李玫曾"以现代律学的分析方法"，对蒋克谦的《琴书大全》进行了解读，"使原本隐藏在烦琐的文言描述中的逻辑关系和未能暴露出来的内在矛盾，在新的分析手段中得以彰显"[5]。同时，李玫从减字谱入手，

---

[1] 李玫.东西方乐律学研究及发展历程[M].中央音乐学院出版社，2007：23.

[2] 赵宋光.七弦琴定弦过程数学方程的建立与求解[J].中央音乐学院学报，2001（3）：26—33.

[3] 赵宋光.七弦琴定弦过程数学方程的建立与求解[J].中央音乐学院学报，2001（3）：26—33.

[4] 赵宋光.古琴徽分的顺逆推算[J].音乐艺术，2001（4）：34.

[5] 李玫.用现代律学的方法解读蒋克谦《琴书大全》所传以徽间徽外寸分厘数[J].音乐艺术，2003（3）：6.

举出了多个隐藏在"古琴乐器结构和减字谱中"多样化音律的例证，梳理了"减字谱中渐渐清晰的多样化运律方案"，还探讨了"琴论琴谱"中所"透视出的纯律系统化历程"和"古琴减字谱指示的琴五调各自的定弦方法"①。

**（二）琴谱研究**

古琴谱是一种"奏法谱"②，学术界对其研究主要集中于谱式和打谱两个领域。

1. 谱式研究

谱式是描述琴乐演奏方式的记述体系。这种由谱字组合而成的特色样式，从使用文字谱方式记录的《碣石调·幽兰》作为我们目前能见到的最早琴谱，到减字谱的广泛使用，其历程经历了"1500多年"，为后人留下了"3000多首"③存见的琴曲瑰宝。"许多旷古名曲和当代流行的作品之所以能够得以保存、流传和发展，其主要原因是古琴记谱法的日趋完善。"④

在不同古琴谱式为传承琴乐文化做出贡献之际，因古琴谱式的内在特质与存在方式产生的"科学性和改革问题"也随之成了讨论的焦点。

洛秦从谱式左右手技法及谱字间关系所具有的节奏、音值提示的功能出发，阐明了该功能约定化的相对性。"在这种现象背后，实质上蕴藏着一种特定的音乐精神、特定的艺术思维和特定的文化构成模式"，并认为谱式节奏、音值度量的非精确性，体现了"有规而无格"的文化精神。"这种特点并非缺陷，而本身就是完整"⑤，正是谱式的相对性为琴家个性风格的恣意呈现提供了可能。

秦序从谱式在定性方面（例如节奏的精确记录）的"不能"与"不

---

① 李玫.古琴减字谱中的隐藏智慧——古琴谱中独有的律学资料展现出琴律发展历程[J].中国音乐，2008（1）：86—89.

② 秦序.琴乐"活法"及谱式优劣之我见[J].中国音乐学，1995（4）：59.

③ 龚一.多元多彩的传统古琴艺术——部分琴曲"打谱"中的发现[J].南京艺术学院学报，2007（2）：24.

④ 朱默涵.古琴传统记谱法沿革探微[J].乐府新声，1990（4）：28.

⑤ 洛秦.谱式：一种文化的象征——古琴谱式命运的思考[J].中国音乐学，1991（1）：56.

为"这个问题切入，对谱式改革历程进行了回顾，并引用了众多琴家关于谱式非精确性记录之弊端的论断，对"缺乏节奏标记是为了活法"的观点产生了质疑。如何正确看待古琴谱式优劣及琴乐活法值得思考。他认为："谱上之规定性亦无碍活法，不能过分强调中国传统琴乐的活法，而将琴谱缺少节奏标记这一不足视为优点和特色，或将琴谱这一不足视为活法的条件。"①

王红梅认为"古琴音乐的谱式是中国传统音乐文化精神的一种反映，是中国传统思维方式的一种表现形式，有其特殊的、象征性的文化含义"，但由于古琴乐器的"一音多位""一位多音"的乐器特性和"口传心授"的传播方式决定了古琴谱式的选择。但是，随着时代的发展，改革琴谱"是古琴艺术发展过程中自我完善的客观化要求"②，只有适应多种音乐传播方式，古琴才能得以发展。

此外，借助电子计算机技术对减字谱进行定量分析，实现其模拟和自动翻译琴谱的数字化处理研究，在这些年也得到了发展。

陈长林③将演奏指法和谱字规则予以编码，对减字谱进行了电子计算机式储存及复原排印的研究。他是将计算机应用在传统音乐研究中的早期代表学者之一。

喻辉认为减字谱作为以记录演奏符号为主的指法谱，不能直观反映音高和节奏。"将现存减字谱琴曲的音高和节奏信息全部翻译成目前通行的谱式，加以对照，并将众多谱存琴曲的特点加以统计、归纳和分析，对于进行古琴音乐和中国音乐史的研究，以及方便琴家的打谱工作是极为有益的。"④因此，他对琴谱中的音高信息、演奏法信息和少量节奏信息进行了数字化的自动处理，提出了减字谱的电脑编码、音高翻译流程图等设计方案。

2. 打谱研究

打谱是指通过"译解并弹奏减字谱，使无声的音符变成可供欣赏的

---

① 秦序.琴乐"活法"及谱式优劣之我见［J］.中国音乐学，1995（4）：64—66.
② 王红梅.古琴为什么要用减字谱［J］.交响，1999（2）：22.
③ 陈长林.电脑在古琴音乐研究中的初步应用［J］.计算机学报，1989（7）：526—533.
④ 喻辉.琴律探微［J］.黄钟，1993（1—2）：59—63.

活的音乐过程"①，其研究主要关注打谱理论与实践两领域。

（1）打谱理论研究

打谱理论作为指导打谱实践的方法论，其架构涉及"音乐史学、版本学、文献学、乐律学、历史学、指法翻译及琴谱考证等诸方面的问题"②。

章华英的博士论文是国内为数不多专题探讨打谱理论和实践的研究论文。文中的第一部分对古琴打谱理论进行了学理层面的梳理与探讨，第二部分通过对打谱过程中琴谱版本的选择与研究、琴曲内容与相关人文背景之分析、谱字之校勘、古琴指法谱字之解读与诠释、节奏的处理与安排、琴曲结构布局与旋律发展手法之分析、弹奏与定谱这七个部分的探讨，对古琴打谱理论所涉及的"文献学、版本学、古谱学、古琴指法分类及唐宋元明古琴指法流变之考辨、古代琴曲的结构模式及创作规律"③等问题进行了分析、探索与归纳。

李民雄从音高和节奏角度对琴调、弦序、字诀择要、谱字辨析、演奏实例进行了归纳。

姚公白将姚丙炎关于打谱的三步骤进行了总结：初读——熟悉指法、了解结构、选择谱本、初具规模；细读——摸索要领、寻找规律、深入体认、曲具风格；精读——由情得境、由境生情、若能感己、方可动人。④

荣鸿曾将打谱看作是"七弦琴音乐再创作的过程"，他认为打谱过程必须"包括三项活动"：研究有关音乐内容的文字资料；译解乐谱中的技法要求（即指法）；打谱者本人的创造。⑤

（2）打谱实践研究

打谱实践是固化琴谱符号音响的动态呈现。因谱式的特殊形态和依谱鼓曲的传承方式，同曲异版、同版异弹的打谱实践屡见不鲜，个性化

---

① 荣鸿曾、许健.打谱——七弦琴音乐再创作的过程[J].中国音乐学,1988（2）:138.
② 秦序.琴乐"活法"及谱式优劣之我见[J].中国音乐学, 1995（4）: 63—64.
③ 章华英.古琴音乐打谱之理论与实证研究[D].中国艺术研究院, 2006: 1.
④ 姚公白.姚丙炎的古琴打谱[J].音乐艺术, 1992（1）: 25—27.
⑤ 荣鸿曾、许健.打谱——七弦琴音乐再创作的过程[J].中国音乐学,1988（2）:140.

实践方式得以充分展现。

章华英博士论文第三部分通过对管平湖和姚丙炎的打谱作品《广陵散》《酒狂》的个案分析，探讨了名家打谱实践的"方法与个性风格"。第四部分通过将"不同琴家打谱的《碣石调·幽兰》横向比对"，对其版本、乐曲内容、指法处理、节奏安排等方面进行探讨，阐述古琴音乐打谱中的个性与风格。

姚丙炎认为："打谱的方式方法，是多种多样的，有从大处着眼，从小处入手，有从曲情体会、特殊指法以及主要音节去考虑。打谱方法和个人的素养、环境、条件也有关系，但个人的素养和时代的精神面貌，决不可避免地会反映在里面，只能尽力减少主观，忠于原谱。"[①] 基于这种观点，姚先生在文中谈了《酒狂》的节奏定型过程。

陈应时对管平湖《广陵散》的打谱实践进行了探讨。经过与原谱的甄别、对照，发现其与原谱有260多处相差，尤其是微分的改动带来的律制变易，无益于对琴乐文化的认识以及保存。因此，他认为，打谱实践应注意"不同律制的定弦法""不同律制的记谱法""琴曲的调性"[②] 三大问题。

王德埙通过对东汉佛曲《止息》的奥义考、流变考，对《止息》的打谱实践进行了探究，提出了"南朝丘明误将二曲集合为一，将三止梵音诠释为刺客的谋杀曲解佛音，'慢商'取代了'主商'不符合'楚声尤盛'"[③] 等观点。

（三）**琴史研究**

琴史研究是关于古琴传统发展历程及其演变的研究。从时间维度来看，琴史构成了琴学的纵向叙事；从空间角度来看，琴史在时间的演变中构成了琴学的横向叙事，其中难免会涉及共生层面。因此，关于琴史的研究，除琴史通论之外，则更多以专题形式展开研究。

许健的《琴史初编》以浅白的语言介绍了古琴的历史进程与流变，

---

① 姚丙炎. 七弦琴曲《酒狂》打谱经过——和意大利留学生卡利奥·拉法挨拉的谈话[J]. 音乐艺术，1981（1）：27—28.
② 陈应时. 评管平湖演奏本《广陵散》谱[J]. 音乐艺术，1985（3）：21—23.
③ 王德埙. 东汉古琴佛曲《止息》研究与三节之B2译谱[J]. 中国音乐学，1993（1）：103—106.

其中关于琴人、琴曲的介绍，多限于典故的解读。该书作为"整理史料的白话注释，对古琴历史的初学者而言，是一本简要的琴史入门书"[①]。

刘承华通过文人琴与艺人琴的四个发展时期即"周代分化期""汉唐交替发展期""宋代对峙期""明清交汇融合期"的考察，探讨了古琴两大传统的"关系"和"历史演变"，并在"功能、效果、内容、表现、技法、性质"[②]等方面进行了比较。

唐中六对巴蜀琴艺进行了考略。《巴蜀琴艺考略》是国内第一部系统研究流派琴史的著作，分为"琴艺文物""典籍文献""琴家叙谈""亲身经历"等几部分，横跨数千年的巴蜀琴艺之演化、变异和发展在书中得到了全面梳理，为我们留下了宝贵的巴蜀琴艺资料。

刘真真针对"文学视角"下的古琴研究不足的现状，从魏晋六朝文学作品切入[③]，梳理归纳相关资料，推证古琴意向在文学作品中的特点规律，探讨总结了魏晋六朝琴文学对古琴艺术的影响，再现了魏晋六朝文学与古琴艺术相互渗透融合的历史状况。

宋代作为琴乐"发展的重要时期"，对其进行断代史的研究尚处空缺，张斌对该时期琴乐文化进行了研究。他认为："面对古琴，就无法割断其与文化母体之间的脐带而奢谈音乐史上的存在价值，亦不能将之作为纯粹的文化现象而剥离其具体的音乐环境。"[④]因此，在文中，他通过研究宋代皇室及士大夫对琴乐的影响，琴僧对琴乐的贡献和朱长文的《琴史》个案，力图全面观照古琴文化在宋代的发展情况，也为明清琴学的研究厘清其源头之水。

郑锦扬对朱长文的《琴史》从性质、编次和各卷述要、与中国琴史和琴学史、与中国音乐史学史、作者其人这五个方面进行了述评，认为"作为中国音乐历史上第一部有意撰为史书的、以史名书的《琴史》，它在记录、保存琴史资料和反映琴的历史方面，在继承和发展琴学方面有着重要的意义，尤其对我们认识宋代以来的琴学、琴史有重要的史料

---

[①] 李美燕.琴道与美学［M］.社会科学文献出版社，2002：12.
[②] 刘承华.文人琴与艺人琴关系的历史演变——对古琴两大传统及其关系的历史考察［J］.中国音乐，2005（2）：9.
[③] 刘真真.魏晋六朝琴文学［D］.厦门大学，2007：1—9.
[④] 张斌.宋代的古琴文化与文学［D］.复旦大学，2006.

价值"[1]。

**（四）琴人研究**

琴人是指以古琴演奏、研究为职业或半职业的人。目前，关于琴人研究多集中于富有成就、得到公众认可的琴人身上，其中有已故琴人管平湖、张友鹤、顾梅羹、喻绍泽、刘景星、吴景略、张子谦、查阜西和正活跃于琴坛的琴人龚一、李祥霆、丁承运等人。

管平湖是融合了"武夷琴派""川派"[2]等多个流派风格而自成体系的琴人。乔建中通过对音像制品《管平湖》的评述，认为管先生在琴史上的"主要贡献在于琴乐演奏和琴曲的发掘方面"[3]。他节奏严谨而雄健潇洒，含蓄蕴藉而情趣高远的古琴演奏风格，促使现代琴乐达到了新的高度，《鸥鹭忘机》《龙翔操》等系列传统琴曲的发掘、整理、磨研确立了他在近代琴史上的崇高地位，琴谱和古指法的考订举证为琴学领域留下了珍贵的遗产。

顾梅羹是川派的代表性人物。作为古琴演奏家，他"注重博采众长"，形成了"凝重激越、宽舒磊落、独具特色的琴风"[4]；作为教育家，他是"东北地区古琴专业第一人"；作为理论家，他数十万字的系统教科书《琴学备要》，总结了"琴的历史、演奏方法、音理、琴论"[5]。鉴于他的贡献，2000年沈阳音乐学院、辽宁省古琴协会举办了顾梅羹先生百年诞辰音乐研讨会。

喻绍泽作为"锦江琴社"的社长，是"二十世纪蜀派琴艺承前启后的代表性大家"。"喻绍泽先生的历史功绩在于，他不仅承袭了张孔山以来的典范曲目，还创作了一些反映新中国生活的琴曲。"[6]

---

[1] 郑锦扬.朱长文《琴史》初探[J].交响,1993（2）:18—21.
[2] 王丹.挥手如听万壑松——忆著名古琴家管平湖先生[J].乐府新声,1985（3）:32—34.
[3] 乔建中.一生的琴缘——香港龙音制作有限公司"国乐大师CD专辑"系列制品述评《管平湖》[J].中国音乐学,2004（1）:143.
[4] 李荣光.缅怀先师业绩 振兴古琴艺术[J].乐府新声,2000（2）:25.
[5] 刘刚.中国古琴专业音乐教育的推进者——顾梅羹[J].乐府新声,2000（2）:23—24.
[6] 冯光钰.让蜀派古琴的"流水"长流不息——在"蜀派古琴大师喻绍泽先生诞辰100周年"纪念会上的致词[J].音乐探索,2003（2）:10.

吴景略被公认为"虞山吴派"的创始人。乔建中认为，吴先生做到了"全面继承、取其精微"①，同时，在尽量阐释虞山之长的基础上，逐步形成了属于自己独有的气派。蓝玉崧则以飞腾绮丽概括了吴先生的演奏风格。

查阜西作为"今虞琴社"的创办者，创建了"近代古琴……划时代里程碑"②。"查阜西先生的古琴演奏艺术属于文人类中的艺术类"③，他的音乐"体现着自我精神寄托和感情体验，而又注重琴曲的思想内容、风格气质，表现出娴雅沉静、气度潇洒、神韵质朴的风格"④。查先生对全国琴人、琴谱、琴曲进行了普查，影印的《神奇秘谱》、编纂的《存见古琴曲谱辑览》和规模浩瀚的《琴曲集成》，对古琴文化的当代发展及其传承产生了重要影响。

## 二、岭南琴学研究的主要现状

经过以上对于当代琴学研究的梳理，不难发现当时有关岭南琴学的研究几乎为零，有关岭南古琴的相关文献不仅无法找到更多详尽的历史学、考古学的文本依据，而且，有关当代琴人的活态现状也无人关注。笔者此书的出现，应该说是填补了该领域系统研究的空白。

尽管，散见在岭南几部代表性琴谱《悟雪山房琴谱》《蔗湖琴谱》《蓼怀堂琴谱》跋序中寥寥几笔，至少是有史可依的历史脉络，以及在代表性岭南琴曲《碧涧流泉》《怀古》《鸥鹭忘机》等活态传承呈现中，我们可以勾勒出以口耳相传模式承传下来的岭南琴学。它自十六世纪以何琴斋初祖为始，直至今日至少已传承十代，以刚健、拙朴的琴派风格形成了独树一帜的琴学意蕴。然而，岭南古琴的系统性研究十分缺乏，尤其是对雅集琴人群体的关注不够充分。

岭南古琴作为岭南非物质文化遗产的活化石，承载了岭南传统文化

---

① 乔建中.高怀寄寸心，绝学传千古——香港龙音制作有限公司"国乐大师CD专辑"系列制品述评四《吴景略》[J].中国音乐学，2004（4）：143.
② 谢孝苹.略论查阜西先生在琴学振兴道路上的功勋[J].中央音乐学院学报，1996（2）：17.
③ 李祥霆.查阜西先生的古琴演奏艺术[J].中央音乐学院学报，1996（2）：22.
④ 李祥霆.再论查阜西先生的古琴演奏艺术[J].中央音乐学院学报，1997（1）：72.

深厚的文化底蕴、别样的审美意识。自 2003 年联合国教科文组织将古琴列为"人类口头与非物质文化遗产代表作"之后，岭南古琴于 2007 年正式被列为国家第二批非物质文化遗产。而当代岭南琴派掌门人谢导秀先生 2009 年正式入选为国家级非物质文化遗产项目代表性传承人，其大弟子之一、原星海音乐学院的谢东笑老师则成了省级非物质文化遗产项目代表性传承人。

随着近年来岭南古琴影响力的不断扩大，岭南本土学者与学生开始着手该领域的研究，除了笔者以 2007—2009 年雅集和音乐语言展开研究之外，广州大学音乐舞蹈学院马达、陈雅先教授在近十年中带领几批学生对岭南古琴继续开展了考察研究工作。

其中，邵丹倩《广州地区古琴校园传承现状调查与分析》[①]一文，深入对广州高校文化空间——华南师范大学、中山大学、广州大学、广东文艺职业学院开展了有关岭南古琴传承传播的考察，并运用教育人类学文化传承、文化适应、文化认同等理论，探讨了岭南古琴校园空间的传承现状，提出了可行性很强的合理化建议。

肖霄《香江容氏古琴家传乐教叙事研究》[②]一文主要运用口述史的研究方法，结合访谈法和文献分析法，并以音乐人类学、文化生态学理论作为支撑，对香港香江容氏古琴家族的历代传人、传谱、传器展开了家传文化空间的乐教研究，从教学活动和社会活动两个方面探析了家族琴学的传承理念、琴学态度、教育者与受教育者、教学内容与方法、教学规律、教学目的与影响等内容，从社会活动角度对活动的形式、参与人员、活动性质等文化传播的意义与作用进行了详尽阐释。

而与本书主题最为密切的尚属李谦的《广州市古琴雅集现状调查及其教育意义》[③]，他通过考察广州古琴雅集的历史及其变迁，探讨了雅集传统与当代的不同内涵，以及古琴对人的教育意义与文化意义，并结合教育人类学的相关理论体系，探究了不同传播主体的传承现状和蕴含的认同意义。

---

① 邵丹倩.广州地区古琴校园传承现状调查与分析［D］.广州大学，2019.
② 肖霄.香江容氏古琴家传乐教叙事研究［D］.广州大学，2019.
③ 李谦.广州市古琴雅集现状调查及其教育意义［D］.广州大学，2019：1—6.

岭南古琴作为古琴音乐在发展流变过程中出现的地域性音乐文化现象，成为富有鲜明岭南文化特色的琴派。以文化生态的视角来看，"琴乐形态的成熟及其风格特征的确立是一个琴派得以形成的重要标志"，它与其所在的文化生态之间的某种"独特关系"，以及与"琴派所在地域的整个历史文化背景，琴派创始人及其他重要代表人物的思想意识、独特的个性特点和审美追求，物质性因素对琴派的隐形的制约作用，其他社会学意义上各个因素"[①]都有密切联系。从而，岭南古琴因地域风格、师承渊源、传谱系统的差异，成了与虞山派、川派、广陵派、金陵派、梅庵派、闽派、诸城派等鼎足并立的琴乐流派。

而一个流派的形成离不开琴人群体以及作为重要交流方式与交友方式的雅集载体。雅，中正者；集，乃集以序传。从古至今，多少文人雅士寄情山水、醉于琴音外的忘我境界，也有大量琴曲佳作流传于世。雅集担负的不仅是聚集功能，而且更多的是传承传播的作用。岭南琴乐的独特审美与文化意识，通过雅集直接参与、建构、维持、修订了不同历史文化阶段的琴乐文化嬗变与音乐语言的序递。

因此，立足岭南的琴乐雅集，展开琴乐组织样态与音乐语言风格一致性和异质性的系统性研究，成为非常具有价值的事情。

## 第三节 思 路

### 一、研究框架

本书主体分为四章。

第一章绪论部分主要从立意、回顾、思路三个维度进行阐述。从立意而言，岭南琴人依托雅集活动而开展的传承、传播行为是研究岭南琴学的首步，而本课题的深入研究则对于补充与丰富岭南琴学体系有着重要理论价值。同时，书中动态音响和固化谱本二者结合的研究模式，较好地揭示琴乐形态的内在本质以及隐藏在音乐组织底层的规律。这种方

---

[①] 李小戈.研究琴派风格成因要注意古琴音乐的特殊性[J].星海音乐学院学报，2007（2）：66—68.

法为我们研究音乐和社会背景的关系、音乐与人文心理的关系，以及音乐与文化之间的关系提供了有效的深层数据，从而在方法论上呈现出拓展性意义。从回顾而言，笔者主要对二十世纪八十年代以来的琴学研究主题——琴律、琴谱、琴史、琴人等进行了系统梳理，并结合近十年岭南古琴研究的现状，使读者对雅集所担负的聚集、传承、传播的功能，所承载的岭南琴乐独特审美与文化意识，以及琴乐文化的嬗变与音乐语言的序递都有进一步的认知。从思路而言，本书主要运用音乐民族志、社会学与音乐学的多种研究方法，力图通过量化方式揭示本质，以及用近距的人观姿态达到对琴人、琴人组织、琴乐的文化深层理解。

第二章从自然、文化和人的角度，通过对广府琴人群体赖以生存的人文地理和文化层积的勾勒，对制约和影响琴人群体形成、确立的自然地理和文化所产生的变量[①]因素进行梳理。通过触摸文化类型、文化模式与文化生态之间的关系，期望在琴人群体文化肌理所需要的自然基础和文化基础上，观察广府文化生态各种不同因素相互间的关系和作用，从而为观照隐伏于后面几个章节的人地关系、人文关系进行铺垫。同时，以历史记忆的视角，对广府琴人群体的琴乐渊源——岭南琴派的发展与传承进行了梳理，力图以这种溯流探源的方式，加强对广府琴人群体文化脉络的理解与认识。

第三章以2007年底至2009年古琴雅集的田野考察为研究对象，借用社会学的视角，对雅集组织中各要素——其人员结构的年龄、性别与出席频率进行分类统计。同时，对琴人群体中的角色分层进行描述，观察琴人群体和雅集活动本身具有的社会属性和琴人群体的组织特征，以及琴人群体在广府社会结构中的位秩，即通过琴人群体在社会交往中所展现的群体特性，来了解琴人群体的社会性表达形式及其在社会结构中的边界问题。

第四章将从琴乐语言的角度，对琴谱文本和音响文本予以分析。通过对结构陈述、音乐聚合、音时演变几个维度的梳理，以文献文本和实录文本二重证据的相互印证，观察琴人群体在语言表达上的异同关系，

---

① 变量，亦称变项、变数或变值，是说明总体各个案所具有的某种特征或属性的名称，被说明的特征或属性对总体各个案来说具有变异性（知网工具书）。

从而勾勒琴人琴乐语言的群体内在一致性和群体化过程。

## 二、研究方法

### （一）数理研究方法

琴乐语言的表现手段是声音。"强弱、长短、高低是声音的三种基始侧度，它们之间以不同的方式相互结合，可以形成各种复合的、高级的侧度"[①]，而这都涉及量的规定和量的变化。量与数的关系是密切的，但不是说量就是数，只有将量与量之间的特殊关系予以呈现，这才能称为数，所用之方法才能称为数理的研究方法。

数理方法是形态学揭示音与音相互关系的有效工具。它不仅是律学、音乐声学、音乐人类学等文化本质的量化途径，也是揭示音乐多维视界中历史学、文化学、文献学、民族学本质的重要佐证。在本书中，笔者力图使用数理方式，对琴乐语言的结构、音色、音时的众多表述量予以分类分析，尝试在结构的比例，音色基音与谐音列的关系，以及音时宏观弹性速度和微观弹性速度等问题上，对其寻找数理归依。量的规定性与变化常处于特定关系之中，本书以大量数据分析为基础，多层次、多侧面揭示音乐现象的物理本质，从而对音乐现象所形成的自然原因和人文原因做出合理的分析。

### （二）跨学科研究方法

#### 1. 音乐民族志的研究方法

音乐民族志作为音乐人类学的实践方法和书写方式，在学科中具有重要地位。这种立足田野考察的方法，从最初描写异地奇闻轶事到今日文化阐释的转向，伴着学科的发展已有近百年。如果说"民族志的书写核心当是如何看待、表达和解释各种不同语境中的人类文化体系"的话，那么，"表述文化事实的过程"则体现了民族志"文本的学术研究过程"[②]。

因此，在本书中，笔者拟以 2007 年底至 2009 年的田野考察为基

---

[①] 赵宋光.赵宋光文集［M］.花城出版社，2001：46.

[②] 周凯模."仪式音声民族志"文本建构——谈少数民族音乐研究的民族志书写［J］.南京艺术学院学报，2009（3）：47.

础，在大量文献资料和调研报告（包括广东琴史、人员年龄、职业、学历等方面的调查分析）以及对数十位琴人进行深入的访谈基础上，运用人类学的主位和客位相结合以及双视角的方法，就研究主题做系统全面的考察。其目的在于以一种近距离的人观姿态，开始从描述琴人"透过外在社会文化行为而及个人情感体验内容的探索"[①]，达到对琴人、琴人组织、琴乐的文化深层理解。

2. 社会学和音乐学的研究方法

本书的研究主旨是通过组织形态、琴乐语言表达来勾勒琴人群体的性质，其中不仅大量使用了社会学的研究方法，对其组织结构进行分析和梳理，而且还使用了音乐声学的研究方法对其音响动态结构、音色聚合和音时演变过程进行了观察。

---

① 洪颖.艺术人类学研究的民族志方法讨论[J].清华大学学报，2007（4）：107.

## 第二章　广府琴人群体生存的岭南文化背景及历史记忆中的岭南琴乐渊源

一方水土养一方人。

一句中国古老谚语，就充分揭示了自然、文化与人三者之互动关系。

自然是人的前提，也是人的对象，两者以文化为中介予以联系；文化是人征服自然的手段，也是人征服自然的结果。人与文的关联体现了人与自然协调彼此的呼应。

以自然观人文、以人文观自然，不仅体现了本章内容的理论立场，而且还体现了中西文化的学术传统。《礼记·王制》中"广谷大川异制，民生其间者异俗"，《汉书·地理志》中"凡民函五常之性，而其刚柔缓急，音声不同，系水土之风气"，《管子·水地篇》中"夫齐之水道躁而复，故其民贪粗而好勇；楚之水淖弱而清，故其民轻果而贼"[1]的相关记载，无不说明自然与人文的关系。同样，自古希腊历史学家希罗多德用"地理观点解释历史和文化的自然背景和舞台场景"以来，哲学家亚里士多德创立了"环境地理学"，思想家孟德斯鸠从"自然环境解释文化的一个代表人物"，历史学家巴克尔则正式将其引入文化研究，等等这些都成为当代文化人类学、文化地理学、城市社会学等众多人文学科研究关注的核心问题。

琴人群体的形成与确立，离不开广府这片土壤的孕育，这是琴人群体从事琴乐实践活动的生存空间和文化条件。他们作为自然和文化双向作用的产物以及互动关系的综合表现，彼此之间的影响和制约不言而喻。

从广府人文地理和文化层积的角度，对制约和影响琴人群体形成、确立的自然地理和文化所产生的变量因素进行梳理，考察琴人群体赖以生存的文化生态背景和岭南琴乐的渊源是本章节的关切所在。

---

[1]　施咏.中国人音乐审美心理概论[M].上海音乐学院出版社，2008：28.

# 第一节　广府琴人群体生存的岭南文化背景

## 一、地理区位和自然条件

司徒尚纪先生在著作中有这样的记载："……《隋书·地理志》谓南朝梁、陈时'并置都督府';于'府'前冠'广'为唐武德四年(621)在岭南置广州、桂州、容州、邕州、安南五个都督府,皆隶属于广州总督府。但简称为'广府'则始见于《明史·地理志》'广州府……洪武元年(1368)为府'。"[①] 这就是"广府"之名的由来。

广府地处中国南部、广东省中南部。它东连惠州市博罗、龙门两县,西邻佛山市的三水、南海和顺德区,北靠清远市的市区和佛冈县及韶关市的新丰县,南接东莞市和中山市,隔海与中国香港、澳门特别行政区相望。

广府在地理区位上是背山望水的城市。"番禺负山险,阻南海……可以立国"是司马迁对它的认识。广府的北面是"五岭"之一的"南岭"山脉,尽管它在东西方向交流的珠江和长江流域之间,是南北方向上交流的连接通道,但由于"五岭横亘和云贵高原岭谷纵横而不及东西交流方便"[②],它还是一定程度地限制了古代两广与中原北方的交往,使岭南成为相对独立的地理单元。

广府北面南岭之隔,使珠江和长江流域之间形成了天然的地理界线。南岭的存在使广府呈现出北高南低——山地、丘陵、平原多元一体的地理样态。同样,这道自然地理界限也影响了广府的气候。由于南岭之屏障作用,使广府与南岭以北的气候有明显差别。相比而言,广府地区气候温和,土壤湿润,阳光充足,全年平均气温20~22℃,平均相对湿度约68%,年降雨量充沛,故一年四季树木常绿、鲜花常开。同时,因地处南亚热带,北回归线穿越北部,季风海洋气候特征显著,形成了夏无酷暑、冬无严寒、温暖多雨、光热充足、温差较小等气候

---

① 司徒尚纪.岭南历史人文地理——广府、客家、福佬民系比较研究[M].中山大学出版社,2001:1.

② 许桂灵.中国泛珠三角区域的历史地理回归[M].科学出版社,2006:28.

特点。

此外，现代广府陆空交通相当发达。作为京广、广深、广茂和广梅汕等铁路的交汇点和华南民用航空交通中心，与全国各地的联系极为密切。因优越的地理位置，广府拥有中国"南大门"之称。

## 二、广府文化层积

民系（a branch of the nationality）作为"民族地域性的分支，是民族内部在民族共性覆盖下的，具有相对差异的方言以及生产、生活习俗的人类群团"[①]。不同民系正是由于这种"相对差异"所体现的"文化特质的差异"[②]，将自己与其他不同群体予以区分。如果说文化是"某一族群或某一社会的成员所形成的生活方式、所特有的行为、观念、标准"[③]的话，不同民系就有不同文化。

任何文化的生成与演化离不开时间和空间。

不同人群构成不同民系，在不同时期呈现出不同的文化元素、文化结构、文化体系。在时空的推衍中，文化也在接受着时光的磨砺。有些旧的文化特质被保留下来组合成新的文化特质；有些文化特质则被覆盖在地下，成为历史的沉积。人一代一代地进行着文化创造，不断改变其内容和形式，而文化则一代一代被淘汰、滞留、积淀，形成一个一个的层面。这种由各种文化要素联结的文化层积，反映了文化的平面分布特征和文化演变中的不同层次。

广府文化层积由三种文化因子组成：一是古越先民所承载的古越文化；二是中原移民所承载的中国传统文化；三是海外人士等所承载的外来文化。从文化特性而言，三者不仅代表了各自生成的时间和空间，而且还体现了不同的文化形态和文化结构。

广府文化层积的形成与文化交融是分不开的。如按谭元亨将古越文

---

① 王东林.民系理论的初步探索——客家学研究中一个亟待解决的理论［M］.江西人民出版社，1996：54.

② 司徒尚纪.岭南历史人文地理——广府、客家、福佬民系比较研究［M］.中山大学出版社，2001：1.

③ 黄淑娉.广东族群与区域文化研究［M］.广东高等教育出版社，1999：186.

化作为广府"文化底色"①的话,另两种文化因子随着中原移民和海外经商人士的到来,逐步向古越文化渗透、延伸,影响和改变了古越文化原生性的文化特点,形成了广府本土古越先民文化与中原移民文化的融合,以及广府汉化后的古越次生文化与外来文化融合的文化层积特色。因此,追溯广府民系源头或梳理民系中子群体的构成,以及观照文化层积中的文化结构关系,是我们了解广府文化特定样态和发展模式的重要途径。

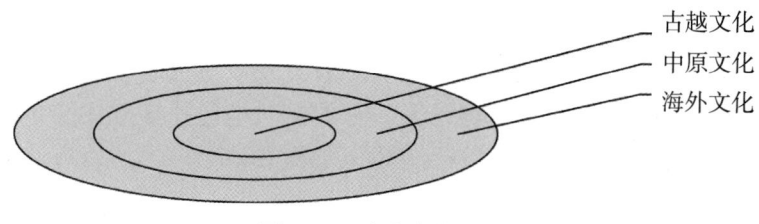

图 2-1　广府文化层积

### (一)广府本土古越先民文化与中原移民文化的融合

"百越"作为"中国古代长江以南最大的族群,主要分布于我国东南的苏、浙、闽、赣、台"以及"粤、桂""滇、黔""皖、湘、鄂"②地区。广府是"百越之地"③之一。广府本土的古越先民则是"百越"民系中的支系之一。根据"西江、北江、桂江流域考古和先秦文献记载",广府本土古越先民主要由"南越、西瓯和骆越人"④组成。南越是"西周"⑤就已形成的群体,由当地"土著汇聚而成",是古越先民之"源头"

---

① 谭元亨.广府寻根——中国最大的一个移民族群探奥[M].广东高等教育出版社,2003:147.
② 谭元亨.广府寻根——中国最大的一个移民族群探奥[M].广东高等教育出版社,2003:24.
③ 史称的"百越之地"是指亚洲大陆的东南隅,五岭雄踞其中,它东连武夷山脉,西接云贵高原,北靠衡山、罗霄,南临南海与中南半岛,涵盖了今日之浙江绍兴至越南北部,包括福建、台湾、广东、广西,以及贵州与云南大部等整个东南沿海和珠江流域在内的大片弧形地带。
④ 黄淑娉.广东族群与区域文化研究[M].广东高等教育出版社,1999:31.
⑤ 黄淑娉.广东族群与区域文化研究[M].广东高等教育出版社,1999:31.

和"主体"[1]，这自秦汉以来一直如此。两晋时期，南越人演化为"俚人"，汉文献中多描述为"俚""俚子""俚僚"，语言、风俗习惯等都与南越人"一脉相承"。南朝、隋朝时期，《宋书·南夷传》记载"广府诸山并俚、僚，种类繁炽"，《南齐书·州郡志》"越州夷僚丛居，元徽二年（474），始立州镇，威服俚、僚"，《隋书·地理志》记载"炀帝嗣位，番禺夷僚相聚为乱，诏世雄讨平之"[2]，从文献记载中，我们可以看出在当时广府境内以及其管辖区域中，俚人还占有一定比例。唐朝，在文献中已经很少见到有关越人、俚人的记载，尽管"僮族"与古越人有一定的传承关系，正如明末清初顾炎武所言"僮则旧越人"[3]，但此时的僮族更多地活动地域是在山区，而非广府。从以上关于古越人的文献记载中，我们不难看出广府古越先民，在先秦时期还扮演着主要角色，但随着朝代的更迭，其主导地位逐步让位于次要地位。之所以有此变化可能与中原移民迁入广府有紧密关系。

角色地位的变化实际上不仅体现了本土古越人与中原人的民族融合过程以及古越与中原文化的融合过程，而且还体现了文化层积在历史形成中的阶段性和连续性。

1. 先秦和秦汉"越汉杂处"时期

广府文化层积的形成建立在汉越民族和文化融合的基础之上。秦汉以前是以越文化为主体的越汉杂处时期。

该时期与楚国的往来应该是最早与中原文化开展的交流之一，其时间可以追溯至西周。《国语·楚语》记载"赫赫楚国，而君临之，抚征南海，训及诸夏，其庞大矣"，《左传·襄工十三年》记载"抚有蛮夷，奄征南海"[4]，都说明了楚人在西周时期已经入越。与中原人进行文化、商贸等交流不仅基于民族间往来之意义，而且更重要的是通过这样的交往可以同其周邻保持稳定的政治关系。

可是由于自然环境等原因的阻隔，在地理区位上"与中原基本隔

---

[1] 谭元亨. 广府寻根——中国最大的一个移民族群探奥[M]. 广东高等教育出版社，2003：26—27.
[2] 黄淑娉. 广东族群与区域文化研究[M]. 广东高等教育出版社，1999：38—39.
[3] 黄淑娉. 广东族群与区域文化研究[M]. 广东高等教育出版社，1999：41.
[4] 许桂灵. 中国泛珠三角区域的历史地理回归[M]. 科学出版社，2006：46.

绝——当中横亘着南岭山脉，中原人对这里基本一无所知，抑或知之也不多，中原人南下的概率也几乎等于零"①。所以，古越人与中原人尽管有相当长的往来历史，但双方间的交流还是十分有限，并不是很广泛。

南越文化第一次与中原文化大规模冲突、融合，应是"秦灭六国、底定南方之际"②。为了实现军事扩张，秦先后开凿了"灵渠"③，修筑了"新道"④。"灵渠"不仅意味着打通了"湘漓二水交通，而且还把珠江和长江水系联结起来，使淮河、黄河、海河等水系构成一个统一运输网络"⑤，"新道北连潇水、湘江，南结富江、贺江和西江，使长江水系和珠江水系通过新道紧密相连"⑥。长江水系与珠江水系相连，贯通了两广与中原水路的交通，这为开辟和扩大古越人与中原的交流奠定了很好的水路交通网络基础。

公元前 207 年，"汉初赵佗割据岭南建立了南越国，其疆域有东西万余里……广府作为南越国都城，成为岭南最大的政治、经济和文化中心，也是地域性人群形成的依托和核心"。赵佗执政以来，在广府"大力推广汉文化，引进先进的生产技术，（广府）很快地与中原地区趋于一致，从而在根本上巩固了民族间的团结"。同时据《论衡·率性篇》关于"南越王赵佗，本汉贤人也，化南夷之俗，背畔王制，椎髻箕坐，好之若性"的记载，赵氏政权实行"和辑百越的民族政策，完全符合汉、越人的根本利益，因而巩固了南越政权，安定了社会秩序"。另外，他还推行所谓"以诗书化国俗，以仁义团结人心"的措施，灌输封建伦理道德，使越族人民能够知书识礼而致"渐见礼化"⑦。

---

① 谭元亨.广府寻根——中国最大的一个移民族群探奥［M］.广东高等教育出版社，2003：24.
② 谭元亨.广府寻根——中国最大的一个移民族群探奥［M］.广东高等教育出版社，2003：30—31.
③ 灵渠由秦御史史禄开辟的运河，渠长约 34 公里。
④ 新道位于萌渚岭与都庞岭，起于湖南道县双屋凉亭，经江永进入广西富县，陆路全程为 170 公里。
⑤ 许桂灵.中国泛珠三角区域的历史地理回归［M］.科学出版社，2006：47.
⑥ 司徒尚纪.岭南历史人文地理——广府、客家、福佬民系比较研究［M］.中山大学出版社，2001：2.
⑦ 于兰.秦汉时期岭南越人与外界的交往［J］.暨南学报，1999（4）：79—85.

公元前112年，汉武帝"平南越国，50万大军基本按秦军路线南下，再一次推动了汉越血缘和文化交流融合"[①]。屈大均在《广东新语》中说"盖越自始皇而一变，至汉武而再变。中国之人，得蒙富教于兹土，以至今日"，充分说明了越汉文化的相互影响。此外，汉武帝出于政治军事考虑，将府治地从广府移到了广信（广西梧州），并长达三百七十五年，将近四个世纪。[②] 这段时间的积淀，为广府从越汉文化交流向中原汉文化定型，起到了决定性的作用。

古越和中原民族往来日益频繁，也带来了文化交流。"文化交流与民族融合是个相当复杂的历史过程，它涉及经济基础与上层建筑领域的各个方面，1949年以后考古文物工作的辉煌成就，使我们得以凭借丰富的考古材料来了解、考察岭南汉越民族在文化、生产、生活、葬俗等方面发生交流与融合的情况。"[③]

广府作为一个历史名城，1976年在秦造船遗址的第一次挖掘中，清理出直接覆压其上的南越国宫殿砖石走道遗址层，1983年发现了南越王僭称文帝赵昧的墓，1995在广府老城区中心城隍庙前忠佑大街西侧的建筑工地上发现了南越国宫苑遗址，2004年在宫苑遗址西北面的一口砖井中发现100余枚南越国时期的木简等[④]。这些出土的文物可以说明越汉融合的事实，也充分反映了南越文化多元性和兼容性特征。

从以上的文献梳理中，我们可以看到自秦以来，逐步形成了汉越民族相互杂居的局面，并有多次文化交流与融合的现象。虽然该时期多是以武力促进的民族间经济、文化的相互渗透，但这种渗透也将中原文明先进的文化播撒在了广府。

2. 秦汉以后的"汉越融合"时期

如果说秦汉和秦汉以前"逐步形成的汉越民族相互杂居的局面"，

---

[①] 司徒尚纪.岭南历史人文地理——广府、客家、福佬民系比较研究[M].中山大学出版社，2001：23.

[②] 谭元亨.广府寻根——中国最大的一个移民族群探奥[M].广东高等教育出版社，2003：38.

[③] 于兰.秦汉时期岭南越人与外界的交往[J].暨南大学学报，1999（4）：81.

[④] 翟麦玲、张荣芳.论南越国遗迹在广州历史文化名城中的地位[J].岭南文史，2008（1）：6—7.

导致古越和中原人大联合、大融合新时期和新阶段形成的话，实质上"南越国之际，汉越杂处，越处于高势能的位置上"，而在府治北移广信后，"汉则换成了高势能的位置上，对越实施了汉化"①。这种"为中原文化所吸附、改造，实现汉化的重大战略举措"在秦汉以后的朝代中，不断得到发展实施，使中原文化在古越文化予以汉化的过程中逐步定格，最终居于主导地位。

秦汉以后，"汉越融合"的逐步升级与北方三次移民迁徙无法分开。

中国历史上第一次大移民，是指晋怀帝永嘉年间到南宋元嘉年间（307—453）的南迁移民，总数大概有700万人，历时一百多年。主要分为四批先后迁徙，其中"中原移民一部分定居来到粤北和粤东北，但更多的人移入了西江和北江中下游地区"②。

中国历史上的第二次大移民是指安史乱后中原汉族的南迁，为期近一个半世纪，完成了中国经济文化中心的南移。该次南迁路线主要有东、中、西三路。其中，东路中的一支南下岭南；中路有一支，穿过湖北南部和湖南全境，进入岭南。③

苏东坡云："自汉末至五代，中原避乱之人，多家于此。"充分说明了岭南之地相对安定的环境。此次北方汉人大规模南下，得益于唐开元四年张九龄开凿的大庾岭道，此前"岭南与中原的联系，一是水路，靠灵渠沟通湘、漓二江，迂回曲折，极为不便……二是陆路，由连州而桂阳，或经武水上泷口，一有战乱便封闭，断绝了。这都大大限制了南北的来往"④，而大庾岭道的开辟，使其"坦坦而方五轨"，极大方便了迁徙流民，来广府者日益增多，并与古越人融合。而广府当地俚人已经很少见，要么和其他"少数民族进一步汉化"，要么"他迁"⑤。

---

① 谭元亨.广府寻根——中国最大的一个移民族群探奥［M］.广东高等教育出版社，2003：36.
② 司徒尚纪.岭南历史人文地理——广府、客家、福佬民系比较研究［M］.中山大学出版社，2001：23.
③ 黄福来.中国历史上的三次大移民.www.huang99.cn
④ 谭元亨.广府寻根——中国最大的一个移民族群探奥［M］.广东高等教育出版社，2003：45.
⑤ 司徒尚纪.岭南历史人文地理——广府、客家、福佬民系比较研究［M］.中山大学出版社，2001：24.

中国历史上的第三次大移民是指靖康乱后的南迁，持续一个半世纪，主要分七批迁徙。

自张九龄开凿新通道后，"大庾岭已取代湘桂走廊和骑田岭而成为入粤的主要通道……《浈水馆记》又云'故之峤南虽三道，下浈水者十七八焉'，而当地要冲的南雄保昌县，便成了各地官民南下广府的中转站"[①]。该次宋代经珠玑巷南下迁民，多为"有组织的群体，并得到官府支持、帮助"，番禺《蒲氏族谱》就有对迁民的描述，其中知县的批示是"准迁移安插广府、冈州、大良都等处，方可准案增立图甲，以定户籍"，"这种集体迁移方式不但利于人口集中和聚落建设，而且对加强居民内聚力、认同感也大有裨益"[②]。同时，南迁移民人口不断增加，广府当时有"143261人，占同期广东境内（含海南）的25%"[③]，这对民系的形成和文化的融合有最为直接和深远的影响。

从以上文献中，我们可以清晰勾勒出秦汉时期的"越汉杂合"以及秦汉之后因南迁移民狂潮"汉越"逐步融合的历史脉络。从越汉人民杂居、互通婚姻、共同开发岭南开始，化于南夷、同其风俗的"俗化南夷"，促使了汉人民族意识越化和越人文化汉化特点的形成。秦汉以后，随着三次大的移民，汉越融合走向了"更深、更大规模的融合"[④]。从秦汉时期汉化初步"定型"到两晋南北朝时期融合的深入——各族群的沟通在增加、文化差异渐渐消失，群体共性进一步加强，再到宋代"一姓一族为单位从岭外大量入居……形成了汉移民地域集中分布格局。以地缘为基础的民系代替原先以血缘为基础的氏族，最终导致民系形成"[⑤]。这个过程不仅带来了民族的融合，更带来了文化上的相互渗透。

---

[①] 蒋祖缘、方志钦.简明广东史[M].广东人民出版社，1995：150.
[②] 司徒尚纪.岭南历史人文地理——广府、客家、福佬民系比较研究[M].中山大学出版社，2001：28.
[③] 蒋祖缘、方志钦.简明广东史[M].广东人民出版社，1995：150.
[④] 谭元亨.广府寻根——中国最大的一个移民族群探奥[M].广东高等教育出版社，2003：41.
[⑤] 司徒尚纪.岭南历史人文地理——广府、客家、福佬民系比较研究[M].中山大学出版社，2001：29.

### （二）汉越文化和海外文化的融合

"习于水斗，便于用舟"是文献对古越人的描述。喜水、善水似乎从一开始就成了他们的特性。古越人自古生活在岭海之地，南面大海，山多水盛的地理环境孕育出来的文化肯定与山水有千丝万缕的关系。正是这样，广府与海洋文化的关系十分密切。

广府是我国古代海上丝绸之路的发祥地和始发港，文献中便有"番禺始作舟""越人善作舟"的记载。作为中外海上交通的重要信道、贸易文化交流的重要通道，广府自汉代以来一直是南海丝绸之路的主港，之后历经了三国隋朝的发展时期、唐宋的繁荣时期、明清的转变时期，其一直是世界性海洋贸易圈的中心之一，在我国对外贸易和交往中有着举足轻重的地位。

汉越文化和海外文化的融合是与海上丝绸之路分不开的。

广府的海上往来，最早要追溯至汉代，《汉书·地理志》中就记载了公元前111年，"汉武帝'开海'派出大规模的船队……从海路到达如今印度南部、锡里兰卡等地"，船上会有黄门译长，携带大批黄金杂缯出海，换回明珠、璧流离、奇石异物……处近海，多犀、象、毒冒、珠玑、银、铜、果、布之凑，中国往商贾多取富焉。番禺，其一都会也"①大量文献都表明了"海上丝绸之路，是汉代自广府域内始发"，而广府海外移民或者外来者融入与"海外的商业交往与发展"相关联，且汉代便有了因海上丝绸之路的"商贸往来而住藩的广府人"②。

魏晋南北朝时期，"由于国内形势及航海技术、路线变化，特别是广府作为政区建立以及珠江三角洲汉人南迁而得到进一步开发"③，广府港得到了充分的发展，与外界的交流也更加密切。据史料记载，晋高僧法显从印度取经回国，转乘一艘载两百多人的大船，"东北行，趣广府"，"常行时正可五十日便到广府"。航海技术的发展奠定了广府作为"南海交通枢纽的地位"。该时期对外贸易有多达十五个国家和地区，主要输出丝绸，输入主要有珍珠、香药、象牙等。

---

① 蒋祖缘、方志钦.简明广东史［M］.广东人民出版社，1995：81.
② 谭元亨.广府寻根——中国最大的一个移民族群探奥［M］.广东高等教育出版社，2003：384—385.
③ 许桂灵.中国泛珠三角区域的历史地理回归［M］.科学出版社，2006：51.

如果说隋唐以前海上丝绸之路只是陆上丝绸之路的一种补充形式的话，到隋唐时期，陆上丝绸之路被战争所阻断，海上丝绸之路迎来了它的繁荣期。据文献记载，隋代在广府专门修建了南海神庙，为往来商舶祈福。唐代"到广府贸易的有波斯、阿拉伯、天竺以及南海诸国，而以波斯、阿拉伯为大宗……装载香药、珍珠等名产进港"，贾耽的《广东通海夷道》就记录了"广府往海外各国的航程"[1]，更在广府设置市舶使，总管海路邦交外贸[2]。

宋元明清时期，广府与海外的交流也非常广泛，摩洛哥旅行家伊本·百图泰在他的游记中提及："广府者，世界大城市之一也，市场优美，为世界各大城市所不及"，广府还建造了"征爪哇大船五百合"[3]，这说明当时的广府已是世界大港口。

从以上的文献中我们可以看到，海上丝绸之路开辟了广府通向世界的海道，致使航通四海，而且广府作为有两千年历史的城市，在中西文化交流中所扮演了重要角色和桥梁作用，让汉越人了解了世界，也让世界了解了中华文明。广府汉越文化与海外文化的碰撞与交流，主要分为中西器物文化、中西制度文化、中西宗教文化、中西理性科学文化这几类[4]，鉴于篇幅原因，笔者主要从后两者进行梳理。

1. 海外宗教文化在广府的交流

海外宗教文化主要是指佛教和基督教文化。尽管二者归属于不同的文化体系，但它们都选择了广府作为传播宗教文化的地方。佛教和基督教虽是海外宗教，可是不论佛教还是基督教都与广府的汉越文化有了亲密接触，并在与广府汉越文化交流和碰撞中，逐步融入了广府社会和文化之中。

佛教在东汉时期传入中国，"由海路经交趾合浦港传入岭南，后经苍梧下广府"，六朝时期开始有外国僧人随海舶到广府传教、译经、建寺。东吴天竺僧真喜沙门来广府翻译《十二游经》。西晋时期加罗摩在广府修

---

[1] 蒋祖缘、方志钦. 简明广东史[M]. 广东人民出版社，1995：123.
[2] 谭元亨. 广府寻根——中国最大的一个移民族群探奥[M]. 广东高等教育出版社，2003：176.
[3] 蒋祖缘、方志钦. 简明广东史[M]. 广东人民出版社，1995：178.
[4] 许桂灵. 中国泛珠三角区域的历史地理回归[M]. 科学出版社，2006：202.

第二章　广府琴人群体生存的岭南文化背景及历史记忆中的岭南琴乐渊源 　33

建了三归寺和王仁寺[①]。东晋时期昙摩耶舍来广府建立王园寺。梁武帝初智药禅师经广府，在曲江建了宝林寺[②]后，禅宗达摩抵达广府，创立了"西来庵"，他由水路渡过"印度洋、太平洋抵达广府"，今"广府下九路还有其登陆地的碑志"。此后，"达摩成了禅宗初祖，将印度禅学奥旨传给了二祖慧可"[③]，直到六祖慧能，才真正揭开了佛教在广府的重要一页。佛寺开始大量修建，仅在广府的寺庙就有十几座，同时信众也不断增多，不论佛教在其他地区的生存状况如何，广府作为"佛教中心的地位没有动摇……它仍然继承这佛教首途之区的优势"[④]。

耶稣会是天主教的一个教派。1579年意大利传教士"罗明坚"常驻澳门，借助广府每年开放的集市贸易机会，进入广府传教，1582年意大利传教士"利玛窦"和"罗明坚"一起来到广府，并在肇庆选择一地作为传教地点。他们学习中国文化、中国礼俗，用中文编写了《天主教实录》"[⑤]。作为新教的基督教传入中国较晚，1807年英籍教士马礼逊到达广府，即为基督教传入我国之始，他在广府将《圣经》旧约全书进行了翻译，并把它译成"汉文"。同时，他还和传教士米连合作翻译了《新约圣经》，在广府出版[⑥]。我国第一位华人牧师梁发编撰了"《真道追源》《灵魂篇》《异端篇》等九种布道小册子，总称《劝世良言》"[⑦]。1836年洪秀全因受基督教的影响，成立了上帝会，鸦片战争后广府基督教不断建立礼拜堂、布道所，信众发展很快，当时"广府地区成了基督教主要势力范围"[⑧]。广府为传播和发展基督教奠定了良好的基础。

----

[①]　蒋祖缘、方志钦.简明广东史［M］.广东人民出版社，1995：102.
[②]　司徒尚纪.岭南历史人文地理——广府、客家、福佬民系比较研究［M］.中山大学出版社，2001：326.
[③]　谭元亨.广府寻根——中国最大的一个移民族群探奥［M］.广东高等教育出版社，2003：219.
[④]　司徒尚纪.岭南历史人文地理——广府、客家、福佬民系比较研究［M］.中山大学出版社，2001：327.
[⑤]　蒋祖缘、方志钦.简明广东史［M］.广东人民出版社，1995：300.
[⑥]　蒋祖缘、方志钦.简明广东史［M］.广东人民出版社，1995：405.
[⑦]　许桂灵.中国泛珠三角区域的历史地理回归［M］.科学出版社，2006：199.
[⑧]　许桂灵.中国泛珠三角区域的历史地理回归［M］.科学出版社，2006：200.

### 2. 海外科学文化在广府的交流

海外科学文化与广府汉越文化的交流与传教士密不可分。利玛窦是早期将海外科学文化介绍到广府乃至中国的传教士，他以直接或间接的方式，传播了西方的科学知识，"特别是天文、地理、数学、机械方面的知识"[①]，将绘制的《世界地图》《舆地山海全图》赠予当时广府和其他省的政要。同时，他还在"教堂里陈设自鸣钟、三角剥离棱镜，还制作了天球仪和地球仪，用以表明天文并标出地球的形状，还绘制日晷或把日晷刻在铜板上，并亲自解说和指出太阳的位置、星球的轨道"[②]，这对广府科学思维的建立具有启蒙意义。其后，马礼逊在布道之余编撰了《广东省土话字汇》，"对研究广东方言做出了贡献"。《华英字典》则对"使后之习华文汉语者，皆得借为津梁，为丰功倍"[③]。这些为海外科学文化在广府传播奠定了基础。

以历史的眼光去观察广府文化层积在时空中的累积和延续，之后可以清晰地看到，融合是广府文化的最大特质。无论是先秦和秦汉的"越汉杂处"，还是秦汉以后"汉越融合"，融合都未曾中断过，只是初期融合以越文化居于高势能位置为主导，后逐步向汉文化倾斜，直到汉文化居于主导地位，这个过程历经千年。同样，汉越文化与海外文化的融合，借助海上丝绸之路这条强大通道，使广府成了中国与海外文化交流的中心。在这个过程中，一方面，中原文化与古越文化的融合将两种原先在文化根性上差异很大的文化结合在一起并演化成为新的文化形态；另一方面，汉越文化与海外文化的融合，吸收了海外宗教文化、科学文明的精髓，西学东渐的风潮为广府注入了新的文化色彩。

## 第二节　历史记忆中的岭南琴乐渊源

一个人、一座城、一个群体都有它的历史记忆。

从过去走到今天再走向未来，无不是岁月长河里若干斑驳、散落的

---

① 蒋祖缘、方志钦.简明广东史[M].广东人民出版社，1995：300.
② 蒋祖缘、方志钦.简明广东史[M].广东人民出版社，1995：300.
③ 许桂灵.中国泛珠三角区域的历史地理回归[M].科学出版社，2006：200.

历史尘埃。从无到有被我们称之为"测其渊源、览其清浊"的过程，无时不在散发着历史的芳香与沉郁。而琴人们的历史记忆不仅促使它获得一种活生生的生命意向，同时，在当下走向博大、幽深的传统源头之际，思承千载、思接万绪的他们，实际上更多地是在时空交错中，寻找精神的家园、琴乐组织的社会建构以及群体身份的认知与认同。

历史记忆不完全等同于历史事实，但它与历史事实又有割舍不断的千缕联系。若说历史记忆划分为神话记忆、口述记忆、文献记忆三种类型，那么，三种历史记忆都是基于史实所建构的三个不同维度的历史阐释。既然如此，这种来自史实的历史阐释，到底又与真正的历史真相有多远？恐怕尚无一人敢有豪言壮语说他所表达的世界就是历史的真实。

克罗齐曾说"一切真历史都是当代史"[①]。从该视角来看，传统、当下、未来是在时空连续中进行链接与镶嵌，按照佛家言，当下是过去的未来，当下又是未来的过去，前因后果的逻辑思维与此如出一辙，而笔者更愿意从当下的心智活动和文化观念对历史再阐释的角度进行理解。

因此，不论是通过口述文本还是文献文本，琴人们关于琴乐渊源的历史记忆，更多地是融入了自己视角的琴乐渊源的解读。我们暂且不论广府琴人所属的岭南琴派为何在文献中竟如何语焉失详、少有踪迹？为何同属大宗派却不能像浙派一样有相对完整的历史记忆？在笔者眼中，其实这涉及了另外一个非常复杂的文化深层问题，因篇幅限制，暂不论述。

在这片土地上，有关琴人、琴乐的历史记忆的确少之又少，许多的历史记忆更多都来自故纸堆中的片言只语、来自岭南传统诗歌海洋中的大海捞针……但琴人们还是乐此不疲。如果说琴人的历史记忆从一开始就注定与琴人和琴人组织联系在一起的话，那么从这一刻开始，就已决定了这一历史记忆的社会属性。这就是说任何一个历史记忆都是"社会建构的过程和结果"[②]，实际上每一个群体都有与它对应的历史记忆，其中所蕴含的是现实的社会组织或群体对于自我身份的追寻和某种凝聚力的延伸，"离开了……记忆的历史，使人类既无法认识自身，也无从理解人与环境的关系，进而失去对现实活动的正确认识。正是人类的记忆

---

[①] 克罗齐.历史学的理论与实际[M].商务印书馆，1982：2.
[②] 孙峰.从集体记忆到社会记忆[D].华东师范大学，2008：2.

将无限狭窄的现实与广阔的过去链接起来，社会记忆与历史的沟通，与过去的对话，是过去和现在的黏合剂……为我们的现实行动提供剖析现实自我的坚实基础"①。琴人们需要传统，需要从源头寻觅活水，需要从对过去的重构中获得某种文化身份的象征，需要共同的渊源去共享血脉的联系以及强化与巩固组织内的凝聚力。

尽管，在广府历史记忆中试图触摸岭南琴乐，是相当有难度的事情，可还是有琴人在兢兢业业、默默无闻地梳理广府琴人赖以生存的岭南琴派的琴乐渊源。这个过程充满艰辛。历史记忆的碎片，要想重新拼贴组合，其困难可想而知。琴人许海帆花费近十年的时间，才刚刚把大概的传承脉络梳理出来，其中所遭遇的各种辛苦境遇，也算是一步一步扛了过来。鉴于目前岭南琴派的历史记忆为数不多，笔者跟随许海帆先生，查阅了他几十年来所积攒的资料以及他所做的笔记，也记录了还未找到的文献资料，结合笔者与其他琴人的访录，其大概的轮廓逐步清晰起来。

笔者深切感受到，若论广府琴乐，我们不得不追溯岭南琴乐的渊源。它就像是岭南琴派的一颗种子，在广府落地生根、开花散叶，最后生成了一根枝丫。它有着古淡雅健的流派特征，与浙派的流畅清和、虞山派的清微淡远、广陵派的跌宕自由、浦城派的潇洒自由、泛川派的噪急奔放、九嶷派的苍劲坚实、诸城派的迤逦缠绵、梅庵派的流畅如歌、吴派的苍劲清远相比，具有鲜明的地域性特色。

如果说岭南古琴音乐是随着中原文化的流播发展而至，但在我们的历史记忆里却很难寻找到相关的蛛丝马迹。尽管在一些文论里也会提及宋朝以前的历代曾涌现过的，例如南朝广东曲江琴人侯安都的善骑好琴等关于琴人的一些小故事，以及诸如唐武德二年制作、素有广东四大名琴之首的"绿绮台"等关于琴器的逸闻，但是我们很难有更多资料对于之前的岭南琴乐有更多的了解与认识。

根据目前现有资料，对岭南琴派的历史展开框架性的描述，笔者认为至少能以岭南琴乐谱本为绳，划分为三个时期：一是宋代时期；二是明代时期；三是清代时期。这三个时期应该说代表了岭南琴乐发展的三个主要阶段。

---

① 孙峰. 从集体记忆到社会记忆 [D]. 华东师范大学, 2008: 2.

## 一、宋代岭南琴乐与《古冈遗谱》

宋代岭南琴乐的信息主要来自被岭南琴人反复提到的《古冈遗谱》。作为岭南琴乐发展、有索可依的第一阶段,其不可避免要与南宋灭亡这一重大历史事件发生密切联系。

南宋作为中华文化发展的重要时期,不论在政治、经济尤其是文化方面都曾达到过顶峰。汉族文化传统的源头是与北方黄河流域有深切的关联,尧、舜、禹、黄帝、伏羲、女娲等汉族最古老的传统都在那里起源,雄汉、盛唐则是汉族文化最为辉煌的时代,可宋朝的命运却让汉族文化经历着重大挑战。唐朝作为多民族的融合,是"因为它本身的血统中鲜卑族与北魏统治集团实际上是同样一个民族"[①],因而体现出北方民族汉化后形成的思维方式,而作为汉族所组成的时代,汉族传统则在宋代得到了长足发展,尤其是宋代对于知识分子的尊重,思想相对自由,使其整体上体现出鲜活的精神气质,只是未曾想宋朝命运如此多劫。

> 一片风流,今夕与谁同乐。月台花馆,慨尘埃漠漠。豪华荡尽,只有青山如洛。钱塘依旧,潮生潮落。万点灯光,羞照舞钿歌箔。玉梅消瘦,恨东皇命薄。昭君泪流,手捻琵琶弦索。离愁聊寄,画楼哀角。[②]

这是当年南宋王朝担任琴师的汪元量在大厦将倾之际身处围城的感受。此时益王赵昰、广王赵昺已被密送福建,太皇太后则手捧玉玺率众部投降。

南宋文人不忍江河践踏,不忍亡国之痛,民族的气节促使他们随着南宋帝大批南逃到岭南。由于元兵的乘胜追击,迫使宋军选择了新会崖门作为最后的战场。崖门从军事角度来看,的确是一个能够进退的天然避风港。也不知是不是南宋气数已尽,此战最终还是以失败告终,丞相陆秀夫身负昺帝在崖山投海。

---

① 为赵宋光先生 2009 年上课内容。
② http://so.gushiwen.cn.

《古冈遗谱》就是在这样的背景中应运而生。它与"发生在七百多年前岭南冈州（即新会）古井地区史称'崖门之难'有密切关系……自宋亡之后，宋室遗臣及士族名流便隐居于珠江三角洲。从中原带来的文物亦大量散落在民间，其中就有琴器和琴谱"。

大批南下文人所携琴谱，经过整理，刊印成了《古冈遗谱》。之所以琴学称盛，笔者认为这对于当时的文人而言，《古冈遗谱》早已超越了琴谱本身的意义，而成为某种守护传统血脉的象征，同时也是反抗异族的一种方式。从南逃后扎根岭南的文人的角度来看，它的辑录成册不再被看成是个人或者家族的兴衰，而是整个民族遭遇悲剧命运的体现。将悲愤之情、亡国之恨汇聚成为一首首可以传世的琴曲，形成守护民族血脉的力量，抵达永远不要忘却的精神家园，才是《古冈遗谱》的正意所在。

当然，若从岭南琴乐发展而言，正是在那时，其他琴派的精髓与思想才真正在这片土地上被散播开来，所以才有"正始之音，而南得以保存十一"。可别小瞧这十一首琴曲，它不仅将中原琴乐文化带到了岭南，种下了琴学根芽，且在它的影响下，迎来了岭南琴乐发展的第一阶段，并保存了众多反映当时琴学发展的重要信息。令人可惜的是，《古冈遗谱》早已遗失，目前我们所见谱本已非真本，而是最早的元刻本，其中收录了"浙谱、徽谱、闽谱……（这些）琴曲一直以来在广府地区代代相传，为当地琴人所钟爱，同时，亦成了日后琴派的立派基础"[1]，并为后世的《悟雪山房琴谱》的诞生奠定了重要基础。

## 二、明代岭南琴乐与陈白沙

明代是岭南琴学发展的第二阶段，它以十五世纪中叶江门学派的白沙先生为代表。在这个时期，可惜《古冈遗谱》的元刊本印数不多，加上木刻雕版在明初毁于兵变，所以流传不广，至明代中叶，其均以江门陈白沙的手抄本流传。陈氏抄本不仅为后世的《悟雪山房琴谱》留存了源头血脉，更是为它的琴学要旨拟定了重要的文化基调。

白沙先生，名为陈献章（1428—1500），字公甫，号石斋，晚年号

---

[1] 许海帆.《古冈遗谱》琴曲传承及流变探微[J].星海音乐学院学报，2008（4）：57.

石翁，江门新会白沙里人。少年时期从学于理学家吴与弼，颇受其静时涵养、动时省察思想的影响，重视心性之学，提倡静坐澄心，主张"人与天地同体，四时以行，百物以生，若滞在一处，安能为造化之主也……学者以自然为宗，不可不着意理会"①的心学②思想。白沙除了在心学上开创了南派心学之格局，同样在艺术上也相当有造诣。

> 襟余高者，脱去凡近，所作万古常新。此可以意会，难以言传也。予书每于动上求静，放而不放，留而不留。此吾所以妙乎动也。得志弗惊，厄而不忧，此吾所以保乎静也。法而不囿，肆而不流，拙出愈巧，刚而能柔，形立而势奔焉，意足而奇溢焉。以正吾心，以陶吾情，以调吾性，此吾所以游于艺也。③

一般说来，白沙先生多以诗、书著世，因此研究该方面的学者较多，但对白沙先生琴艺关注不多，琴人许海帆先生的相关研究则填补了这方面的空白。

> 白沙先生不仅在学问和人生上体现真机活泼、鸢飞鱼跃的龙象境界，而且在诗文、书法和雅琴的意境追求中呈现出万化归真、妙造自然的才情和天赋……历代研究白沙艺术思想的学者大多集中在白沙诗书两方面，而对白沙的琴艺思想极少探讨，更不用说是全面性的考察研究。有关白沙先生与古琴的关系，其零碎资料散见于他的诗文及其门生的记述当中，但没有一篇有关白沙和他门生对琴艺论述的文章，这对我们研究白沙的琴艺思想带来了一定困难。④

而事实上，立派之本的多个版本序言中均不约而同以白沙为宗，这

---

① 陈献章. 陈献章文集［M］. 中华书局，1987：192.
② 心学作为儒学学派，最早可推溯至孟子，北宋程颢开其端，南宋陆九渊则大启其门径，而与朱熹的理学分庭抗争。至明朝，由王阳明首提心学二字。
③ 陈永正. 岭南书法史［M］. 广东人民出版社，2009：22.
④ 许海帆. 古琴雅乐不尽的精神源泉——纪念陈白沙先生辞世五百周年［J］. 星海音乐学院学报，2009（4）：79.

难道不是说明白沙琴学对于岭南琴学所产生的影响吗?

> 冈州自白沙先生以理学为倡,其教人也,惟于静中养出端倪,以复其性灵,不以言语文字为工。故后之学者,每于稽古之余,多藉琴以为节性和情之具。此《古冈遗谱》所以流传也。余生也晚,适当老成凋谢之秋,窃取先君手抄《古冈遗谱》一帙。①

笔者认为黄景星《悟雪山房琴谱》的自序,已经将白沙先生对于岭南琴乐的重要影响和盘托出。"静中养出端倪"不仅是白沙琴乐理论的核心,而且还高度指出了琴学对于人格完善的重要作用。因此,白沙对于岭南琴乐的影响是深远的,其主要体现在两个方面:

一是心学思想在琴艺中的融会贯通,建构了岭南琴派立派之本的琴学思想体系。

如果说以"弄琴本无弦"②之理趣,是白沙先生琴乐思想的法理基础,那么,强调心物交融的顿悟,以及心道与琴道互为一体的自由心灵的回归与启蒙则是他琴学的核心思想。白沙先生在琴艺中十分讲究大本大源之造化枢机,追求琴乐精神的淡泊自得之趣,主张"技进乎道"的技术审美,以及支离繁技、一以贯之,体现自然之韵、醇和之心的琴乐实践之道。同时,白沙先生十分钟情"雅健"③之美。"尚得古贤雄直气,岭南犹似胜江南"中的气质,"不仅为岭南诗词、书法所推崇,而且也为岭南琴派所追慕",可以说这奠定了岭南琴派"古淡天真、雅健鲜活"④整体风格之基调。

二是岭南琴乐人才的培养。

根据海帆先生的考证,明代许多门生当时都跟白沙先生习琴,这些

---

① [清]黄景星.悟雪山房琴谱·何琴斋序[M].巴蜀书社,2010:4.
② 许海帆.古琴雅乐不尽的精神源泉——纪念陈白沙先生辞世五百周年[J].星海音乐学院学报,2009(4):80.
③ 许海帆.古琴雅乐不尽的精神源泉——纪念陈白沙先生辞世五百周年[J].星海音乐学院学报,2009(4):83.
④ 许海帆.古琴雅乐不尽的精神源泉——纪念陈白沙先生辞世五百周年[J].星海音乐学院学报,2009(4):83.

都散落于他的诗词之中。例如其门人张诩上京任职时，白沙先生就写了首诗表达对爱徒的别离之绪："五羊不出独何心，万里行囊又一琴。难写别离今日意，江门春水不如深。"①他的儿子陈景云、新会伍光宇、湖北嘉鱼的李承箕、陈禀常等不仅是白沙心学门生，而且大多都跟白沙先生习琴，此外还有深受他心学和琴乐思想影响的朋友们，例如东山先生、庄定山等。

而从元代《古冈遗谱》的刊印中也可知岭南陈子壮、邝露等琴人与陈白沙之间的关系——作为晚陈白沙近百年的后两者，他们的诗词受学于白沙先生的相关思想。

因此，海帆先生将白沙琴学的精髓概括为相当精辟的六句话：

> 以无弦虚静、天籁不昧为其雅琴之道体；以握造化之枢机，自得自立为其习琴之发用；以真机活泼、神游八极为其琴韵之气象；以勿忘勿助、不离日用为其体认之法则；以古淡雅健、洒然超迈为其审美之追求；以熙熙穆穆、氤氲和平为其意境之呈露。②

这些思想都对岭南琴学后世的发展产生了深远影响。

## 三、清代岭南琴乐与《悟雪山房琴谱》

清代是推动岭南琴乐起、承、转、合的第三个重要阶段。这期间，由清代琴人黄景星（字熤南）先生于1835年编定辑录而成的《悟雪山房琴谱》，是岭南琴派流传至今的代表性乐谱。分4册编选的近50首曲目，经过1842年杨锡泉、1887年李宝光的重新刊印及之后其他传本的传播，为后世留存了自宋元以来中原琴乐的精华和明代以来白沙先生建立的琴学精神内核，还为岭南琴派的师承支脉留下了相对清晰的踪迹。在一些琴人的历史记忆中，大都把岭南琴派真正立派时间与《悟雪山房琴谱》的编定时间相联系，从而，衍生出了道光年间得到发展、咸丰年

---

① 许海帆.古琴雅乐不尽的精神源泉——纪念陈白沙先生辞世五百周年［J］.星海音乐学院学报，2009（4）：79—80.
② 许海帆.古琴雅乐不尽的精神源泉——纪念陈白沙先生辞世五百周年［J］.星海音乐学院学报，2009（4）：83.

间达到盛世这一共识的结论。当然，这个结论是否准确笔者暂且不论，因为这需要更多文献和考古资料才能有所参证。但这跟《悟雪山房琴谱》跋文中几次提到的"一祖"①何琴斋的出现有一定关系，以及跟提及的以白沙先生为宗的记载有着重要联系。

众所周知，若论岭南琴乐之渊源，陈白沙先生创立的江门学派，可能要追溯到十五世纪中叶，由他和他的学生湛甘泉作为与王阳明浙宗心学相抗衡的广宗心学代表性人物，以"自然为宗"和"自得之学"的核心精神，对"岭南文化独特理论体系、思维方式和审美趣味"②的形成，尤其是对岭南琴学产生了重要影响。如果说南宋时期作为岭南琴学发展的第一个阶段为其奠定了民族性、外来性的琴乐性格基调，白沙先生时代作为岭南琴派发展的第二个阶段为岭南琴乐提供了美学、文化学的思想养料，那么岭南琴乐发展的第三个阶段，经过三百年的酝酿，则在十八世纪下半叶正式形成。岭南本土地域性文化观念逐步和前两个时代遗留下来的琴乐精髓相互渗透于"在广府地区产生、极具地域性特点的岭南琴乐"之中。

何琴斋又是何许人也？

> 先君之手抄古冈遗谱一帙，按而习之，而苦于心手不能相应也。已末岁的香山何琴斋先生（洛书）并其嗣君耕耘。③

> （何琴斋）早年仕途受挫，岁壮游历浙闽，参研琴学，推崇新浙派《春草堂琴谱》之律学，归邑中授琴，著有《友石山房琴谱》……这个琴谱确立了岭南琴派的风格，其中，书名中"石"字是指石斋陈白沙先生。何琴斋以"友石"为琴谱命名，凸显出他的立派思想是以白沙心学琴学为依归的。嘉庆四年（1799），何琴斋以琴授予黄景星。④

---

① 黎敏2008年采访徐海帆的文稿。
② 许海帆.许海帆论文集［Z］.未出版.2008.
③ ［清］黄景星.悟雪山房琴谱［M］.巴蜀书社，2010：4.
④ 黎敏2008年采访徐海帆的文稿。

从黄景星琴谱的自序中，我们得知第一代初祖何琴斋，又称洛书先生，中山香山人士，后来到新会教琴，由黄家供养。作为岭南琴派的开山鼻祖，他应该是正式将岭南地域的古琴艺术发展成古琴流派的代表人物之一。

> 琴派的标识是拥有自己的琴谱、传人，以及跟其他流派不一样的审美艺术风格和作品，而这些条件岭南琴派都具备。[①]

笔者认为琴派形成的标志——风格和琴技手法的同一性是立派的前提。当然若从当代各琴派信息互通、互融的现实境遇来看，已经无法刻舟求剑，无法仅以风格作为流派第一性的评价指标来衡量是否形成一个琴派。但是在当时环境中，这个因素是完全可以成立的，因为它受到的变量影响相对较少。而比风格因素更具有参照价值的应该是谱本因素。琴谱作为岭南琴派音乐的传承文本，不仅勾勒了岭南古琴传统承传的脉络，而且还展现了其特定风格的表达及特殊载体背后的象征符号。

第二代主要有四位重要传人，其中影响较大的是二祖黄景星（新会人），他于嘉庆四年师承何琴斋并坚守他的立派宗旨，著有《悟雪山房琴谱》。

> 始知心与手和，音与意合之旨。拜受十余曲，并前所习者，详加厘订。夫乃恍然于一唱三叹之遗音，自有真传，不容自作聪明也。壮岁以后，为糊口计，或混迹鱼盐，或劳形馆谷，琴侣星散，放疏者久之。丙子丁丑戊寅三载，舟山家兄，署粤秀监院，招生肄业复与立峰姪，稍理丝桐，纂辑三十余谱，然其时尚留心举业，未惶细订焉。既而潦倒场屋，自知无成，戊子科绝意进取，且倦于舌耕，聊藉于琴以自娱，适陈绮石芷乡昆季，并诸友联作琴社，连年相与讲求音律。至乙未岁订得旧谱五十曲，同人欲付剞劂，予以为希声之调，各有师传，而不相喻，只宜同调者自为领取，又何勘广布于人耶。广陵久绝，知音者稀，所期按弦操缦，以自写性情，无

---

[①] 黎敏2008年采访徐海帆的文稿。

愧静养之旨而已，不忘渊源，聊以自述，序而藏之，以俟高明采择云尔。道光十有五年乙未古冈悟雪山人黄景星序。①

在黄景星的这段自序中，已经将自己的师承关系、求学经历、人生经历，以及与同乡好友陈绮石和陈芷乡成立琴社、诗社并修订和刊印琴谱等事情都做了交代，这应该是我们研究黄景星最详细的一手资料。同时，在他广府好友赵古侬所作的序中，我们可以进一步加深对黄景星的认识。

丝竹管弦之音，琴理为最奥，故人罕得而知之，罕得而知，则亦罕得而好，夫孰得而乐之耶。冈州黄煟南余诗酒老友也，深契琴理，不但于知，且极其好，更为之乐此不疲也。夫煟南岂仅乐于琴而已哉。余尝见其屡试不售矣，又尝见其贫困不给矣，而淡薄自守。裕如也，惟以琴自娱，不汲汲于名利，彼岂无所得于中而能然耶，戊子岁余赋闲居家，煟南客属羊城，得以日聆其音，深喜其中和雅淡，足以去余矜躁之心，且观其所订之谱，辨别音律，而五音之中又明变音之所宜，与夫用吟之分位，条分缕析，洵知之真而好之笃者，莫煟南若矣，虽然煟南固不以琴自见者也，而无不可以自见，即此手挥目送世罕与俦，乃钟期既往，流水空弹，君即伯牙，知音谁属，睹兹琴谱，固有不得不倚诸后人为之继者，此谱之所以订，亦惟于绝无仅有中留一线之传而已。②

在这段文献中，我们看到了一位朋友眼中的黄景星。他不仅喜爱诗词美酒，而且对琴情有独钟，生性淡泊，不为名利所动，更不为五斗米折腰。他中和淡雅的琴乐风格，深深打动了好友赵古侬。

笔者认为，人们之所以承认岭南琴派的存在，在某种程度上也是对黄景星的承认与认可，因为他的琴学和琴谱对于岭南琴派在全国传播产生了很大影响力，这种历史贡献，我们应该给予充分肯定。

---

① [清]黄景星.悟雪山房琴谱·黄景星自序[M].巴蜀书社，2010：5—7.
② [清]黄景星.悟雪山房琴谱·赵古侬拜序[M].巴蜀书社，2010：2—3.

## 第二章　广府琴人群体生存的岭南文化背景及历史记忆中的岭南琴乐渊源

如果说黄景星自成体系的话，其他二祖分别是何琴斋的儿子何文祥，以及新会的莫氏兄弟莫骥昭和莫深昭。

>先居尝馆古冈莫南桥家，先大父琴斋公往焉，莫与先生里相近，数相往来，遂订道义交，皆好琴。①

从二祖何文祥的儿子何耀琨所作的序中，我们可以看到何文祥与莫氏兄弟的邻里关系友好，对琴乐也有相近的爱好。

>莫骥昭和莫深昭是两兄弟，当时莫氏大家族，邀请何琴斋和儿子何文祥去新会教授四书五经与古琴。当时何琴斋已经有七八十岁。隔壁黄景星也一起学习古琴。何文祥是莫氏的师兄也是师傅。在这第一辈传承中黄景星影响最大。莫氏去世比较早，后脉不长。②

据许海帆的考据，第三代的传承有新会的黄文玉、莫大宽、胡准、黄立峰，南海的杨锡泉、李宝光，顺德的梁森，凤州的冯筠，三水的刘子祥，中山的何耀琨、董百庆，鹤山的李梦庚，番禺何羽仪、芝仙父③，共十四位。其中，董百庆、芝仙父、李梦庚、黄文玉所形成的支脉对岭南琴派的发展与传播产生了重要影响。

>晨夕讲求，拊手取声法，先生性恬静，心和平，本所养以发为诗文，久为世重，精通琴道，乃其余事，先君尝为琨言，琨时尚少，即心仪其人，及先君没，始得拜识先生于羊城旅邸，先生一见琨，即最以纳正禁邪之道，为鼓汜桥进履、墨子思悲二曲，琨时服新阕，闭目静聆，宛出先君手，心为怆然，亦晓然于孺子可教，习不可不慎，先生所为即琴以示者，旨固有在……④

---

① ［清］黄景星.悟雪山房琴谱·何耀琨拜叙［M］.巴蜀书社，2010：8—10.
② 黎敏2008年采访许海帆的文稿。
③ 林芝仙的父亲，具体名字已经无从考证了。
④ ［清］黄景星.悟雪山房琴谱·何耀琨拜叙［M］.巴蜀书社，2010：8—10.

这段文献交代了三祖何耀琨曾受教于父亲何文祥，后父亲去世拜师黄景星的师承关系，其中主要描写了初次见师奏琴的情景，也表达了黄景星在听到何耀琨琴音后对于何文祥的感怀之情。

### 四、清末民初至今的岭南琴乐传承脉络

第三代之后，岭南琴派主要以上述所提到的支脉为主体，形成了本土传承和非本土传承两类传承渠道。在发展过程中，岭南琴派不再局限于岭南区域，而是传播至长江以南流域甚至西南边疆。

第一类：本土化传承

1. 中山董百庆支脉：据许海帆介绍，当下广府支脉之师承就主要是从第三代传人董百庆这个支脉传承下来的。

> 董百庆教授第四代传人即中山，都以何琴斋为他们的祖师，何幼敏和何斌襄是很好的朋友关系，密切。何幼敏就制作古琴的，何斌襄是研究古琴理论的，著有一本书《琴学汇成》，序言就是董百庆写的，十分有名。何幼敏做古琴很了得，是否由董百庆所教，还不敢下结论，但我们从何斌襄的书里知道他的老师是董百庆，他们又是很好的朋友，所以我推断何幼敏有可能也是董的学生，因为从他们琴里注的那些字里，很接近，都以何琴斋为初始。何幼敏传给了第五代传人郑夫人，郑夫人是谁呢？有一首诗表明郑夫人就是何幼敏的女儿。何幼敏有一把宋代的名琴，后来作为陪嫁到了第六代传人郑健侯的家族里，郑夫人是郑健侯的祖母，那把古琴就一直在郑氏家族里。后来郑健侯又将岭南琴派的风格传承给了第七代传人杨新伦。①

2. 番禺林芝仙父支脉：番禺林芝仙是第四代传人，后嫁给了满族的贵族容庆端，林芝仙是第五代传人容心言的姨母。容心言又将岭南琴派的内容传给了第六代传人卢家炳、饶宗颐、容思泽，卢家炳传给了第七代传人杨新伦和祁伟奥。据海帆介绍，当今岭南琴派的师承卢家炳并不

---

① 黎敏 2018 年采访许海帆的文稿。

是最重要的一支，但对其也产生了重要影响。

第二类：非本土化传承

鹤山李梦庚支脉：作为第三代传人，李梦庚是最早将岭南琴派的琴艺传播至云南的初祖，并使其在咸丰至光绪年间得到充分发展。

> 第四代传人陈仲屏曾求学于金陵派，由于在湘军攻打太平军时认识了李梦庚，因为拜服于他的古琴技艺，就跟随他入了岭南琴派。陈仲平又把研究成果、曲谱传给了第五代传人云南的刘瑞伯。刘氏将其传给第六代传人云南的徐祺，第七代是云南的倪和宣。①

新会黄文玉支脉：黄景星的侄儿黄文玉作为第三代传人，著有《琴亦》，自度曲《猿啼秋峡》《南湖秋雁》。

> 他将琴艺传给了第四代传人黄炳堃，他光绪元年到了云南，在那里做官，作为幕僚洪秀全起义之时跟着湘军去打仗，到了全国很多地区，还去了日本，对琴文化很了解，后才回到云南做县官，正是他的原因，使岭南古琴艺术传播到云南并成为其中影响最大的支脉。黄炳堃的弟子是第五代黄星房，黄星房又将琴艺传给了他的儿子第六代传人黄实，后来黄实把祖父的《西骨堂文传》整理印刷出版，我们可以从中了解到《南湖秋雁》的创作思想。黄实之女是这个支脉的第七代传人，她一直生活在上海，但具体在什么地方并不是十分清楚。②

此外，出家于温州的南海孤峰老衲，是岭南琴派的第四代传人，琴艺出色。他将何琴斋的《友石山房琴谱》作为传谱，将岭南古琴艺术带到了温州，并收当地人马元熙为徒。马氏是第五代传人，曾受到山东诸城派和浙派影响，中年之际，偶闻孤峰琴艺，拜师学艺。马元熙又将其传给第六代传人即他的儿子马寿洛。

---

① 黎敏 2008 年采访许海帆的文稿。
② 黎敏 2008 年采访许海帆的文稿。

近代，岭南琴派的重要传人是第七代传人杨新伦先生，番禺人，也就是现在广府琴人组织的师爷。他早年分别求教于中山郑健侯和番禺的卢家炳先生。杨先生从二十世纪六十年代起在广州音专教授古琴，并于八十年代初成立了广东古琴研究会。其间，作为第八代传人的有谢导秀、关庆耀、罗巧灵、万美霞、李春禅、袁建城、区君虹、朱丽冰、颜建邦、莫尚德、王怀志、喻引娣、胥远帆、苏巧筝等人。这些弟子有些先后出国定居，有些现在根本就不弹琴了。其中最具有代表性的是谢导秀、区君虹、莫尚德。他们对于岭南琴派的传承起到了重要作用。谢导秀取法管平湖的演奏，并融汇于刚劲爽朗的传承风格中，开辟出沉郁朴拙的岭南琴派演奏新风格。同时，谢老师在教学上培养了更多古琴学生。区君虹在斫琴的研究上成果斐然。莫尚德则是用现代方法研究广东历史、广东琴史的第一人，著有《广东琴话》，可以说是广东古琴历史研究的先拓者。更重要的是以陈磊、谢东笑、许海帆、方华、吕文望等人为代表的第九代琴人开始渐露头角，他们在教琴、斫琴、打谱、律学、创作和琴学等领域全方位进行探讨。第十代传人主要是第九代传人的弟子，其规模有近两百人。经过十代琴人近三百年的努力，岭南琴派的发展又进入了新的时期。

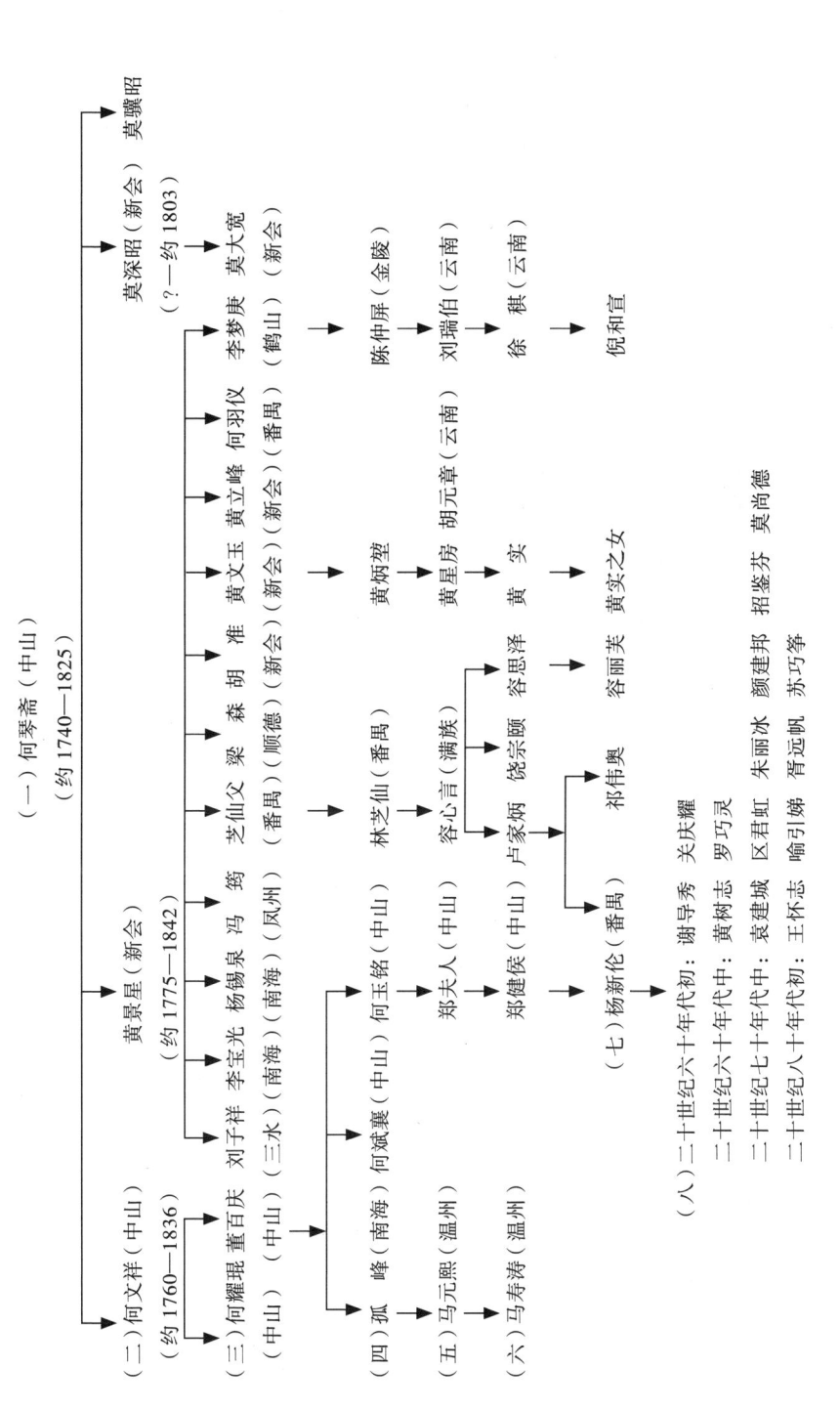

第二章 广府琴人群体生存的岭南文化背景及历史记忆中的岭南琴乐渊源

## 表 2-1 琴人群体的传承谱系

(一) 何琴斋 (中山)
(约 1740—1825)

├── 黄景星 (新会) (约 1775—1842)
│   ├── 刘子祥
│   ├── 李宝光 (三水)
│   ├── 杨锡泉 (南海)
│   ├── 冯筠 (凤州)
│   ├── 芝仙父
│   ├── 梁森 (顺德)
│   ├── 胡准 (新会)
│   │   ├── 黄文玉 (新会) → 黄炳堃
│   │   ├── 黄立峰 (番禺) → 黄星房 → 黄实 → 黄实之女 → 容丽夫
│   │   ├── 何羽仪 (番禺)
│   │   └── 李梦庚 (鹤山)
│   │       ├── 陈仲屏 (金陵)
│   │       ├── 刘瑞伯 (云南) → 胡元章 (云南)
│   │       └── 徐祺 (云南) → 倪和宣
│   └── 莫深昭 (新会) (?—约 1803) → 莫骥昭
│       └── 莫大宽 (新会)

(二) 何文祥 (中山) (约 1760—1836)
(三) 何耀琨
(四) 孤峰 (南海)
(五) 马元熙 (温州)
(六) 马寿涛 (温州)
    ├── 何斌襄 (中山)
    ├── 何玉铭 (中山)
    ├── 林芝仙 (番禺)
    ├── 容心言 (满族)
    ├── 卢家炳
    │   ├── 饶宗颐
    │   └── 郑夫人 (中山)
    ├── 郑健侯 (中山)
    │   ├── 祁伟奂
    │   └── 容思泽
    └── 容丽夫

(七) 杨新伦 (番禺)

(八) 二十世纪六十年代初: 谢导秀 关庆耀
二十世纪六十年代中: 黄树志 罗巧灵
二十世纪七十年代中: 袁建城 区君虹 朱丽虹 颜建邦 招鉴芬 莫尚德
二十世纪八十年代初: 王怀志 喻引娴 胥远帆 苏巧筝

## 本 章 小 结

"各地文化精神之不同，就其根源，最先还是由于自然环境有分别而影响其生活方式，再由生活方式影响到文化精神。"① 钱穆先生在著作中阐述了他对人与自然、文化的观点。

在本章里，笔者试图梳理广府文化生态各种不同因素相互间的关系和作用，观照琴人群体文化肌理所需要的自然基础和文化基础。因此，从自然环境的角度考察了广府的都市人文地理，从文化环境的角度考察了广府历史中的民系与文化层积。同时，以历史记忆的视角，对广府琴人群体的琴乐渊源——岭南琴派的发展与传承进行了梳理，力图以这种溯流探源的方式，加强对广府琴人群体文化脉络的理解与认识。

人作为文化的缔造者、承载者，无时无刻不在双向实践着创造文化、接受文化改造的过程。而这个过程在一定程度上展示了人与文化的共生关系，抑或是某种内在的一致性。

笔者深切地意识到，不同地理地貌、不同民系分支、不同文化层积是孕育不同群体的先天条件，它将生成不同的个体性格、文化意识、社会价值等观念。

人与自然地理、文化环境不断互动形成琴人群体，是人地关系、人文关系的综合表现。琴人群体生于斯、长于斯，必然与广府地域空间中的自然与文化息息相关。它与两者的相互作用，呈现了当代广府琴人群体与它赖以生存的文化生态之间紧密关系的事实。

通过解读广府文化生态中自然和文化两大因素，使笔者充分认识到它们是琴人群体生存的外在基础，也是琴人群体文化自起始至完成的重要动力。同时，也使笔者意识到两者对该群体的形成与发展可能会产生的诸般影响。

因此，期冀在琴人群体与两者双向作用的过程中，勾勒文化类型和文化模式与文化生态之间的关系，这也成了我之后几个章节了解人地关系、人文关系的重要途径。

---

① 钱穆. 中国文化史导论［M］. 商务印书馆，1996：2.

# 第三章　琴人群体"雅集"组织的形态研究

物以类聚，人以群分。

"人者，仁也。"《说文解字》云，"仁，亲也，从人二。"段玉裁注云："犹言尔我亲密之词，独则无耦，耦则相亲，故其字从人二。"耦即偶，意为二人。"仁"指出了"二人"所构建的人群关系，说明中国古人早已从数量的规定上对此予以界定。柳宗元曰"故近者聚而为群"，则指出了人群关系的内在性质。

人作为社会性动物，需要通过与他人的交往而感知个人的存在，其间同他人发生的各种联系所生成的结合关系，使个体的人变成复数的人。琴人以古琴为纽带而形成的人群聚合共同体的这种社会类属关系，我们称之为"琴人群体"。

"琴人群体"作为琴人个体的集合概念，在中国多以两种聚合形式出现：一是琴派聚合；二是琴社聚合（含研究会）。从琴派聚合而言，有浙派、广陵派、川派、梅庵派等琴人群体；从琴社聚合而言，有"北京古琴研究会"（1952）、"南京乐社"（1954）、"蜀新琴社"（1979）、"今虞琴社"（1979）、"辽宁古琴研究会"（1980）、"广东古琴研究会"（1981）、"广陵琴社"（1984）、"梁溪琴社"（1984）、"吴门琴社"（1986）、"和真琴社"（1986）[1]等琴人群体。

琴人群体一直有"集会结社"的传统，三五同好，以琴会友，畅叙友情，切磋琴艺。这种琴人群体的聚合方式我们称之为"雅集"。"集"，"会也，从人"，具有社会之含义。它作为社会文化的组成，其雅集形态、特质、主题等方面，都充分展示了琴人结合相互联系的独特模式。

本章节以2007年底至2009年的古琴雅集作为田野考察对象，基于琴人群体和雅集活动本身具有的社会属性，试图借用组织社会学中组织分析视角对其进行组织形态的分析和解读，通过对琴人群体雅集组织要素的人员结构统计分类、琴人角色的社会学分析的探讨，梳理琴人群体

---

[1] 源自"中国古琴网"。

的组织特征和琴人群体在广府社会结构中的位秩，亦即通过琴人群体在社会交往中所展现的群体特性，来了解琴人群体的社会性表达形式及其在社会结构中的边界问题。

## 第一节　礼失求诸野：琴人群体雅集活动的田野考察

田野考察（Field Work）是民族志"获取研究资料最基本途径"。如果说早期人类学的"先驱之作"是来自"地理大发现"之后蜂拥而来的"地理学家、冒险家、旅行家、殖民者、传教士"之手，那么，人类学产生的标志——1874年田野工作专业手册《人类学的笔记和询问》的发行，逐步确立了田野考察在人类学中的重要价值和意义。作为"人类学家收集资料和建立通则的主要根据"，田野考察成了民族志研究"最主要、最基本的方法"，也成为人类学的"真正核心和基石"[①]。

### 一、总体概况

从2007年12月23日第一次对广府琴人群体的雅集活动进行研究开始，不知不觉已经过去十多年了。一个不长不短的日子，让琴人们从最初研究的对象，逐渐成了笔者身边不可缺少的朋友与师长。局外人逐步变成近距离的观察者、参与者，原有身份定位的自我抛却和社会角色的自动位移，让笔者以一种更加趋近人观的姿态走进他们的世界、他们的生活，以一种同理心看待他们的琴、他们的情、他们的境。

雅集活动就是笔者了解琴人、琴人群体、雅集组织的最佳途径。作为每月底周日都要举行的琴乐活动，其目的当然不仅仅是琴艺展示，在某种程度上更带有交流的性质。这些雅集活动之所以能从最初二十世纪八十年代的举步维艰，到今天若无特殊情况都要坚持的例会活动，与岭南琴派几代掌门人的薪火相传和一帮弟子的多年追随分不开。从一个人在广府小街小巷里一只手推着自行车、一只手拿着琴桌、肩扛古琴，协助师傅杨新伦举办雅集传承琴乐；从一个人在为数不多的工资中，每月

---

① 庄孔韶.人类学通论[M].山西教育出版社，2005：247—248.

第三章　琴人群体"雅集"组织的形态研究 | 53

拿出一笔费用购买邮票、通知琴人参加雅集活动，这样为古琴奔忙的日子一晃就是多年。如今的这个人——谢导秀先生（杨新伦大师的嫡传弟子），早已是广东古琴研究会的会长、全国非物质文化遗产传承人。而现在的雅集活动也不再需要推着自行车去找聚会的地方，大多弟子们或者琴乐爱好者都会自告奋勇地承担雅集活动。过去被动的状态早已转变成了如今自发、自为的状态。

在笔者2007年底至2009年横跨两年多的民族志考察里[①]，每一次雅集都非常愉悦，它们既是一次次民族志的考察，同时也是一次次聚会。也正是这个平台，让笔者有机会较为全面地对广府地区琴人的传承现状、生存境遇进行实地调查。同时，还有机会接触到广东古琴研究会、潮汕古琴分会、佛山古琴分会等琴人组织，并通过书信、电子邮件、电话采访等多种方式对相关人员进行了补充调查。

表3-1　广府琴人群体雅集活动一览表（2007年底至2009年）

| 月份 | 雅集活动 | 雅集主办方 |
| --- | --- | --- |
| 12月<br>（2007年） | 主题：纪念杨新伦先生109周年诞辰古琴雅集<br>地点：中山大学哲学系<br>日期：2007年12月23日 | 中山大学哲学系、中山大学澄心琴社 |
| 1月<br>（2008年） | 主题：2008辞旧迎新古琴雅集<br>地点：广州城建大厦<br>日期：2008年1月27日 | 中国教育服务中心广东分公司 |
| 2月 | 主题：大佛寺佛教文化与古琴雅集<br>地点：广州大佛寺素食阁<br>日期：2008年2月24日 | 广州大佛寺 |
| 3月 | 主题：山东老家书画古琴雅集<br>地点：山东老家餐馆<br>日期：2008年3月30日 | 山东老家餐馆 |
| 5月 | 主题：悠悠琴声献爱心——岭南古琴赈灾义演<br>地点：麓景路136号麓湖大厦<br>日期：2008年5月18日 | 广东古琴研究会、广州市人民政府文史研究馆书画院 |

---

① 自2007年12月23日第一次参加中山大学纪念杨新伦先生109周年诞辰古琴雅集暨澄心琴社学员结业仪式开始，直到2009年10月，笔者参加雅集活动约14次，全面记载的有12次。

续表

| 月份 | 雅集活动 | 雅集主办方 |
| --- | --- | --- |
| 6月 | 主题：一画坊绘画赏析与古琴雅集<br>地点：黄埔大道中413号羊城创意产业园<br>日期：2008年6月29日 | 一画坊 |
| 10月 | 主题：纪念杨新伦先生110周年诞辰筹备活动古琴雅集<br>地点：海珠区文化馆<br>日期：2008年10月26日 | 广东古琴研究会、海珠区文化馆 |
| 11月 | 主题：纪念琴学大师杨新伦先生110周年诞辰暨弘扬岭南琴文化系列活动——"琴心寻根"古琴雅集<br>地点：新会陈白沙纪念馆<br>日期：2008年11月29日至30日 | 广东古琴研究会、新会陈白沙纪念馆 |
| 12月 | 主题：纪念琴学大师杨新伦先生110周年诞辰暨弘扬岭南琴文化系列活动——"琴坛新枝"古琴雅集<br>地点：中山大学南校区熊德龙学生活动中心二楼艺术厅<br>日期：2008年12月6日 | 广州城市职业学院、广东古琴研究会、中山大学哲学系、中山大学澄心琴社 |
| 12月 | 主题：纪念琴学大师杨新伦先生110周年诞辰暨弘扬岭南琴文化系列活动——"琴书诗印"古琴雅集<br>地点：广东省文史馆<br>日期：2008年12月7日 | 广东省文史馆、广东省音乐家协会、广东古琴研究会 |
| 12月 | 主题：纪念琴学大师杨新伦先生110周年诞辰暨弘扬岭南琴文化系列活动——"琴韵清华"古琴雅集<br>地点：广州城市职业学院<br>日期：2008年12月13日 | 广州城市职业学院、广东古琴研究会 |
| 2月（2009年） | 主题：辞旧迎新暨祝寿古琴雅集<br>地点：广州大佛寺素食阁<br>日期：2009年2月22日 | 广州大佛寺 |
| 10月 | 主题：渔歌晚唱琴画迎国庆古琴雅集<br>地点：广州渔歌晚唱画廊<br>时间：2009年10月 | 广州渔歌晚唱艺术沙龙 |
| 10月 | 主题：中秋节传佛心灯法会<br>地点：广州花都华严寺<br>日期：2009年10月3日 | 广州花都华严寺 |

笔者在以田野考察为核心的民族志实践中，对相关文献进行了收集，其中包括琴人群体演奏曲目的各种琴谱文本和音响文本。以参与观

察的方式，对广东古琴研究会近三年举行的雅集，进行了间隔性的观察和"定点跟踪"[1]。以个别访谈的方式，对不同性别、不同年龄雅集组织中的琴人进行了深入接触和走访。访谈对象的确定经过了反复思考和慎重选择，主要以雅集组织中的琴人为主。其中包括：时任广东古琴研究会会长谢导秀、副会长冯焕珍；男性琴人陈是强、许海帆、方华、简子聪；女性琴人刘姝君、徐思杭；中山大学澄心琴社社长罗筠筠；广州大佛寺传耀法师。重点考察内容是雅集组织中琴人群体与个体的生命史、琴乐追求、文化观念和文化认同。

## 二、分类简述

在《原始分类》中，涂尔干和莫斯指出"分类是指人们把事物、事件以及有关世界的事实划分成类和种，使之各有归属，并确定它们的包含关系或排斥关系的过程"[2]。根据琴人群体雅集活动的种类、主题、性质、规模，笔者将其分为三类：一是较大规模的"纪念杨新伦诞辰110周年"系列雅集活动；二是中等规模的主题性雅集活动；三是较小规模的日常性雅集活动。

**（一）类型一：纪念杨新伦110周年诞辰的古琴雅集活动**

1. 雅集活动背景

杨新伦（1898—1990），字克定，号振玉斋主人，广东番禺鸦湖乡人。他是我国当代著名的琴学大师，同时也是一位武术宗师。自幼喜欢舞拳弄棒，并在上海习武。青年时期，曾与霍东阁同住于酱栏街宁波会馆，朝夕相处，共同习武三年多，二人因精彩的武术对打而名噪一时。先后在上海精武体育会（霍元甲创办）、广东昆维女子师范学校、江苏振江闽城中学等地担任武术教师。

作为琴学大师，他将琴道与剑道相融合，以剑健身，以琴养性，"琴心剑胆"是他的座右铭。他在几十年的相互参悟中，领悟到琴剑都需要用意用气，音与气合、气随音转。弹琴时，用意用气到指尖，使左右手能做到刚柔并济，轻而不浮，重而不浊，疾而不乱，缓而不断。杨

---

[1] 庄孔韶.人类学通论[M].山西教育出版社，2005：258.
[2] 涂尔干，莫斯.原始分类[M].上海人民出版社，2000：4.

先生把古琴之典雅音律与古典剑术的风韵糅为一体，形成了自己"刚健、爽朗、明快"的独特艺术风格。多年来，他为将岭南琴学之血脉予以承续，培养了谢导秀、言建邦、关庆耀、区君虹、袁建城、李春婵、苏巧筝、万美霞、钟锦章、王怀志、陈一民、朱丽冰、梁兆荣、杨始德等大批传人，在继承和弘扬岭南琴学艺术方面作出巨大贡献。

杨先生承上启下的历史功德，不仅续接了岭南琴派的艺术传统，同时也明晰了岭南琴派刚健爽朗的艺术风格。2007年底，为纪念杨新伦110周年诞辰，广东古琴研究会的琴人们就开始着手策划筹备"纪念琴学大师杨新伦先生110周年诞辰暨弘扬岭南琴文化系列雅集活动"。

表3-2 纪念琴学大师杨新伦先生110周年诞辰暨弘扬岭南琴文化系列雅集活动

| 序号 | 活动名称 | 地点 | 日期 |
| --- | --- | --- | --- |
| 前期阶段 | 纪念杨新伦先生109周年诞辰古琴雅集暨澄心琴社学员结业仪式 | 中山大学 | 2007年12月23日 |
| 中期阶段 | 纪念杨新伦先生110周年诞辰筹备活动古琴雅集 | 海珠区文化馆 | 2008年10月26日 |
| 后期阶段 | 纪念琴学大师杨新伦先生110周年诞辰暨弘扬岭南琴文化系列活动——"琴心寻根"古琴雅集 | 新会陈白沙纪念馆 | 2008年11月29日至30日 |
| | 纪念琴学大师杨新伦先生110周年诞辰暨弘扬岭南琴文化系列活动——"琴坛新枝"古琴雅集 | 中山大学 | 2008年12月6日 |
| | 纪念琴学大师杨新伦先生110周年诞辰暨弘扬岭南琴文化系列活动——"琴书诗印"古琴雅集 | 广东省文史馆 | 2008年12月7日 |
| | 纪念琴学大师杨新伦先生110周年诞辰暨弘扬岭南琴文化系列活动——"琴韵清华"古琴雅集 | 广州城市职业学院 | 2008年12月13日 |

笔者记得大学毕业刚到广府的2001年，曾跟随导师赵宋光先生去邓世昌纪念馆第一次参加古琴雅集，当时就留下了深刻印象。也许正是那次结缘，促使笔者的毕业论题选择了广府琴人琴乐这一课题，2007年也十分有幸赶上这次大型的雅集活动。为了保证活动能够顺利开展，广府琴人不仅悉数到场，而且岭南琴派其他支脉组织都有派代表来参加活

动，可见此次活动对于广府和岭南琴派的琴人们来说是一件严肃、认真的大事。他们希冀通过这次系列活动，让更多的人了解古琴、认识古琴，并起到真正推动广府琴人琴艺、岭南琴学发展的目的。

> 杨新伦作为存亡继学的一代宗师，我们选择生日诞辰这个日子对他进行纪念，一方面是对他把岭南琴学传承下来表示感恩，另一方面是想总结岭南琴学过去的成果，并为开拓未来奠定一定的基础。①

因此，围绕这次系列活动，广东古琴研究会在时任会长谢导秀、副会长冯焕珍、谢东笑的带领下，专门成立了此次活动的筹备小组，琴会的理事们——方华、叶迎霜、宁澜清、刘辉、陈是强、陈磊、陈初生、许海帆、何沛沛、宋婕、罗筠筠、崔志民、梁基永等人实施、配合、协助。

为了向全国展示广府琴人和岭南琴派的最新面貌，这次组委会所设定的主题主要有两方面：一是琴人琴艺的交流、展演；二是琴学、琴论的编辑出版。举办这么大的活动，需要有财力予以支撑才行。这么多年来，广府琴人们手里是没有什么经费的，二十世纪八十年代末期还曾因为缴纳不上每年5000元的机构维持费用而一度遭到停办的危机。如今，经费来源的渠道机会相比前几年的确是好多了，而这次系列活动十分幸运，因为它得到了来自中山大学哲学系澄心琴社和广州城市职业学院中国传统文化研究中心的经费赞助和场地支持，这离不开两个关键人物——中山大学哲学系冯焕珍教授和广州城市职业学院宋婕教授的大力支持。这对夫妇同为中国传统国学的研究学者，因为古琴而修为连理，也正是在他们的呼吁、倡导下，中大哲学系教授、讲师联合成立了澄心琴社，广州城市职业学院则成立了中国传统文化研究中心。

有了财力、物力、人力保障，大家干劲十足。为了更好地开展系列活动，谢导秀老师跟这些琴会理事们举行了多次会议，商议具体的操作流程、活动安排。这些原本跟他们的生活没有太多关系的活动，既不

---

① 黎敏2008年采访琴人的文稿。

能带来经济利益，也不能带来多少名誉，可他们还是乐呵呵地操持着，"难得有次机会可以扬眉吐气地弄次活动，咱们得珍惜"①。是啊，就是抱着这样非常朴素的观念，他们将活动筹备得很好，而且通过前期、中期、后期三个阶段琴艺展演的效果来看，此次系列活动还得到了社会的广泛赞誉和全国其他琴派、琴人的高度肯定。

在谢老师的主持下，2007年12月23日在中山大学举行了"纪念杨新伦先生109周年诞辰古琴雅集暨澄心琴社学员结业仪式"的前期阶段雅集活动；2008年10月26日在海珠区文化馆举行了中期阶段雅集活动；2008年11月29日至12月13日期间，举行了后期阶段的四场大型雅集活动。

同时，为了配合纪念杨新伦先生110周年诞辰的雅集活动，琴人们在琴会的倡导下筹备了《岭南琴学集萃》的出版事宜，希冀借纪念性雅集活动开展的契机，对岭南琴学进行全面梳理和总结。"集萃"主要分为论文篇和资料篇两个部分。论文篇的架构包括"琴道探微""琴器求法""琴史考实""琴曲开新"四个板块。其中，"琴道探微"主要收集研究琴乐哲学、文化、乐律等方面的论文；"琴器求法"主要收集研究琴器规制、斫琴法度等方面的论文；"琴史考实"主要收集研究琴学历史、人物和琴谱传承等方面的论文；"琴曲开新"主要收集研究琴曲打谱、曲意等方面的论文。资料篇的架构包括"古冈遗谱""琴诗文录""琴会纪事""纪念存档"四个板块。其中，"古冈遗谱"主要收录《悟雪山房琴谱》中确知为《古冈遗谱》的曲谱；"琴诗文录"主要收录清代以前岭南短篇琴学文献；"琴会纪事"主要收录广东古琴研究会成立以来的历史纪实；"纪念存档"主要录存与此次系列纪念活动有关的图文。

2. 雅集活动简况

（1）前期阶段：略

（2）中期阶段："纪念杨新伦先生110周年诞辰筹备活动古琴雅集"的活动简况（表3-3）

**主题**：纪念活动古琴雅集

**主办**：广东古琴研究会、海珠区文化馆

---

① 黎敏2008年采访琴人的文稿。

日期：2008 年 10 月 26 日
主持人：叶迎霜

表 3-3

| 流程 | 时间 | 曲目名称 | 演奏者 |
|---|---|---|---|
| 雅集开始，叶迎霜主持 | 14:35—14:38 | 无 | 无 |
| 雅集演奏阶段 | 14:39—14:47 | 《秋思》 | 方华 |
|  | 14:48—14:53 | 《思弦操》 | 徐思杭 |
| 谢导秀讲话介绍纪念活动的宗旨与内容 | 14:55—15:00 | 无 | 无 |
| 冯焕珍讲话介绍纪念活动的日程安排 | 15:01—15:05 | 无 | 无 |
| 雅集演奏阶段 | 15:07—15:13 | 《忆故人》 | 袁孟宣<br>谢导秀（箫） |
|  | 15:15—15:20 | 《良宵引》 | 边江红 |
|  | 15:21—15:24 | 《赏荷》 | 许海帆 |
|  | 15:26—15:30 | 《神化引》 | 陈标杰 |
|  | 15:32—15:37 | 《乌夜啼》 | 吕宏望 |
|  | 15:39—15:44 | 《即兴曲》 | 马常胜 |
|  | 15:45—15:51 | 《高山流水》 | 李俊清<br>谢导秀（箫） |
|  | 15:53—16:00 | 《平沙落雁》 | 谭江燕 |
|  | 16:01—16:08 | 《阳关三叠》 | 梁茵 |
|  | 16:10—16:14 | 《仙翁操》 | 王可 |
|  | 16:15—16:20 | 《鸥鹭忘机》 | 不详 |

（3）后期阶段："纪念琴学大师杨新伦先生 110 周年诞辰暨弘扬岭南琴文化系列活动"的简况

在纪念杨新伦先生的后期阶段的雅集活动中，笔者由于各种原因，未能亲身到现场参与"琴心寻根"和"琴坛新枝"古琴雅集，但笔者在会后对其进行了补录。

1)"琴心寻根"古琴雅集（略）

2)"琴坛新枝"古琴雅集（表 3-4）

**主题**："琴坛新枝"古琴雅集
**主办**：广东省音乐家协会、广州城市职业学院、广东古琴研究会、中山大学哲学系、中山大学澄心琴社
**日期**：2008年12月6日
**主持人**：黎娴静

表 3-4

| 流程 | 时间 | 曲目名称 | 演奏者 |
| --- | --- | --- | --- |
| 雅集开始，中山大学学生黎娴静主持 | 19:40—19:42 | 无 | 无 |
| 冯焕珍介绍到场嘉宾 | 19:43—19:45 | | |
| 谢导秀讲话 | 19:46—19:49 | | |
| 雅集演奏阶段 | 19:50—19:55 | [齐奏]《阳关三叠》（琴学入门） | 谢导秀（箫）、宋婕、梁茵、林斯瑜、陈婕、齐飞智、黄芸等 |
| | 19:56—20:02 | 《流水》（天闻阁琴谱） | 简子聪 |
| | 20:03—20:11 | 《乌夜啼》（古冈遗谱） | 周俊薇 |
| | 20:13—20:20 | 《渔樵问答》（古冈遗谱） | 李明 |
| | 20:21—20:27 | 《碧涧流泉》（古冈遗谱） | 罗筠筠（琴）谢导秀（箫） |
| | 20:28—20:33 | 《玉树临风》（古冈遗谱） | 杜马斯然 |
| | 20:34—20:41 | 《水东游》（中洲草堂遗集，方华打谱） | 方华 |
| | 20:42—20:48 | 《高山流水》（武林逸韵，谢导秀改编） | 李俊青（琴）谢导秀（箫） |
| | 20:49—20:56 | 《神化引》（古冈遗谱） | 王可 |
| | 20:58—21:06 | 《梅花三弄》（琴箫合谱） | 陈磊 |
| | 21:07—21:11 | 《鸥鹭忘机》（古冈遗谱） | 区宏山 |
| | 21:14—21:19 | [二重奏]《天堂》（腾格尔作曲，谢东笑改编） | 谢东笑、谢梦缇 |
| | 21:21—21:28 | 《平沙落雁》（蕉庵琴谱） | 陈洪 |
| | 21:30—21:37 | 《别梦操》（春雨草堂琴谱） | 许海帆 |

续表

| 流程 | 时间 | 曲目名称 | 演奏者 |
|---|---|---|---|
| 雅集演奏阶段 | 21:41—21:46 | 《平湖秋月》（广东音乐，吕文成作曲） | 谢导秀（琴）、珠江·广东音乐团 |
| | 21:47—21:53 | [合奏]《莲》（卜灿荣作曲） | 谢导秀（琴）、珠江·广东音乐团 |
| 冯焕珍介绍下次活动安排 | 21:54—21:56 | 无 | 无 |
| 雅集活动结束 | | | |

3）"琴书诗印"古琴雅集（表3-5）

**主题**："琴诗书印"古琴雅集

**主办**：广东省文史馆、广东省音乐家协会、广东古琴研究会

**日期**：2008年12月7日

**主持人**：陈初生

表3-5

| 流程 | 时间 | 曲目名称 | 演奏者 |
|---|---|---|---|
| 雅集开始，陈初生主持，介绍到场嘉宾 | 14:45—14:50 | 无 | 无 |
| 谢导秀介绍杨新伦先生生平 | 14:51—14:54 | | |
| 雅集演奏阶段 | 14:54—15:01 | 《文王操》（梧冈琴谱） | 佘立宇 |
| | 15:02—15:08 | 《凤求凰》（梅庵琴谱） | 梁海坤 |
| | 15:09—15:12 | 《动·静》（谢东笑作曲） | 谢梦缇 |
| | 15:12—15:21 | 《忆故人》（理琴轩琴谱） | 郑湘烨 |
| | 15:22—15:25 | 《酒狂》（神奇秘谱） | 李梦琪 |
| | 15:26—15:30 | 《洞庭秋思》（琴书大全谱） | 梁球 |
| | 15:32—15:38 | 《平沙落雁》（琴学丛书谱） | 陈初生（琴）谢导秀（箫）刘笔华（箫）施枝（箫） |

续表

| 流程 | 时间 | 曲目名称 | 演奏者 |
|---|---|---|---|
| 雅集演奏阶段 | 15:39—15:44 | 《玉壶买春》（潮州弦诗乐）（林玉波传谱、董诗举改编） | 董诗举（琴）蔡伟谋（椰胡） |
| | 15:45—15:51 | 《忆故人》（理琴轩琴谱） | 袁孟宣 |
| | 15:52—15:57 | 《关山月》（梅庵琴谱） | 马晓虹 |
| | 15:58—16:03 | 《袍修罗兰·水》（成公亮） | 罗林翼 |
| | 16:04—16:10 | 《乌夜啼》（古冈遗谱） | 温沛标 |
| | 16:11—16:17 | 《玉壶满春》（潮州弦诗乐） | 不详 |
| 谢导秀讲话和嘉宾留影 | 16:18—16:35 | 无 | 无 |
| 雅集活动结束 | | | |

4)"琴韵清华"古琴雅集（表3-6）

**主题**："琴韵清华"古琴雅集

**主办**：广州城市职业学院、广东古琴研究会

**日期**：2008年12月13日

表3-6

| 流程 | 时间 | 曲目名称 | 演奏者 |
|---|---|---|---|
| 广东古琴研究会广州分会挂牌 | 08:45—9:00 | 无 | 无 |
| 琴学大师杨新伦先生110周年诞辰暨弘扬岭南琴文化座谈会 | 9:00—10:00 | | |
| 书法笔会 | 10:00—11:40 | | |
| 古琴名家音乐会 | 15:00—17:00 | 《忆故人》（虞山吴派） | 卫家理 |
| | | 《流水》（管平湖传谱） | 张子盛 |
| | | 《变徵引》（谢俊仁作曲） | 谢俊仁（琴）苏思棣（箫） |
| | | 《渔樵问答》（古冈遗谱，杨新伦传谱） | 区君虹 |
| | | 《长门怨》（梅庵琴谱） | 王永昌 |

续表

| 流程 | 时间 | 曲目名称 | 演奏者 |
|---|---|---|---|
| 古琴名家音乐会 | 15:00—17:00 | 《水仙操》（裴介卿传谱） | 苏斯棣 |
| | | 《乌夜啼》（神奇秘谱） | 姚公白 |
| | | 《捣衣》（梅庵琴谱） | 刘赤诚 |
| | | 《碧涧流泉》（古冈遗谱，杨新伦传谱） | 谢导秀（琴）戴树红（箫） |
| | | 《银汉浮槎》（徐元白传谱） | 徐君跃 |
| | | 《潇湘水云》（自远堂琴谱） | 朱晞 |
| | | 《颐真》（神奇秘谱，李凤云打谱） | 李凤云（琴）王建欣（箫） |
| | | 《广陵散》（神奇秘谱） | 李祥霆 |
| 谢导秀家中举行私人雅集会 | 20:00—21:30 | 略 | 略 |
| 雅集活动结束 | | | |

**（二）类型二：赈灾义演的古琴雅集活动**

1. 雅集活动背景

2008年5月12日14点28分，一组简单的数字背后饱含着整个民族的悲哀与痛楚。无端的地狱之门让无数人在时间面前显得如此脆弱，生命瞬间消失，留下触目惊心的沧桑。人们睁着焦虑不安的眼睛，满眼看到的都是支离破碎的废墟世界。

苍天纵无情，人间存大爱。汶川大地震之后，借着报纸、电视、网络、简讯、演出、展览、口传，汇成一股股暖流直达地震中心。广府琴人群体，以文字诉诸仁爱、以琴声诉诸仁爱，用自己的方式向汶川大地震罹难者致哀、向生还者致意、向救援英雄致敬。例如，琴人许海帆在汶川大地震哀悼日发表了诗歌《天边仍摇着希望的帕》：

艳如脓疮的腐败／绽出恶之花／滴着鲜血的贪婪／吞噬韶之华／那是成千上万名学童的血／那是承载着无数希望的帕／我还能说些什么呢／就在大地震的那一刹／很多新建的教学楼／粉碎性地

倒塌／就在苦海堕落的那一片／许多美丽的青春／戛然而止／变成一堆沉渣／呵！良心／你麻木了，还是在挣扎？

我哭泣／因为那些灿烂的笑容／被重压在欲望的废墟下／我愤怒／因为山村希望的学校／已埋葬无数花样的年华／我呐喊／因为势如烈马的贪婪／却找不到缰绳来驾／我悲哀／因为利欲熏心的年代／却总要关起良知的闸。

战栗的风／从午夜的狼嚎中刮／快乐的小鱼／在卑鄙的俎上剐／汶川啊！／你收割了灾难／更收割了人性最丑陋的煞／血色的残阳／死一样的寂静／天边仍摇着／希望的帕。

我们没有片瓦／挺着在苦难中爬／我们不再害怕／站着默默地把泪水擦／那里／是一片多么秀美的山河呵／那里／有许许多多逝去的孩子们／寄托梦想的童话／我们需要质问／在灵魂的深处／还有没有善良的芽／我们需要拷问／在欲肉癫狂的背后／难道就可以糟蹋精神的家／那里／是一片无挂碍的净土呵／那里／有最黑暗的时候／给予生命一道黎明的霞……

灾区需要救援，能力虽有大小，但爱心却无差别。为了表达对四川地震灾区人民的支持，2008年5月18日，广东古琴研究会的琴人们第一时间举办了以"悠悠琴声献爱心——岭南古琴赈灾义演"为主题的雅集活动，原本定于月底周末的雅集活动提前了两周。以谢导秀为首的多个琴人早早来到文史馆，在雅集中演奏了《阳关三叠》《忆故人》《鸥鹭忘机》《幽琴》《平沙落雁》《水东游》《平湖秋月》等琴曲。一个个爱的音符化为悠悠琴声，给予灾区死难者无限的哀思、受伤者深情的慰问、救灾军民崇高的敬意。义演雅集活动结束后，在场听众和琴人们踊跃捐款，以实际行动表达对灾区的爱心，所筹善款6245元人民币已通过广东省慈善总会捐赠给地震灾区。（图3-1）

2. 雅集活动简况

**主题**：悠悠琴声献爱心——岭南古琴赈灾义演（表3-7）
**主办**：广东古琴研究会、广州市人民政府文史研究馆书画院
**日期**：2008年5月18日
**主持人**：冯焕珍

第三章 琴人群体"雅集"组织的形态研究

图 3-1

表 3-7

| 流程 | 时间 | 曲目名称 | 演奏者 |
|---|---|---|---|
| 集体默哀 | 14:30 | 无 | 无 |
| 雅集演奏阶段 | 14:35 | 《阳关三叠》 | 罗筠筠<br>谢导秀（箫） |
| | 14:43 | 《鸥鹭忘机》 | 刘殊君<br>谢梦缇 |
| | 14:47 | 《长门怨》 | 张锦冰 |
| | 14:53 | 《幽琴》 | 吴亮花（演唱）<br>谢东笑（琴） |
| | 14:58 | 《玉树临风》 | 杜马斯然 |
| | 15:05 | 《平沙落雁》 | 陈初生<br>谢导秀等（箫） |
| | 15:12 | 《忆故人》 | 陈是强 |
| | 15:18 | 《凤求凰》 | 任翾（演唱）<br>谢导秀（琴） |
| | 15:25 | 《天堂》 | 谢东笑（改编）<br>谢梦缇 |
| | 15:35 | 《平湖秋月》 | 谢导秀演奏古琴、张雪蛟演奏筝、罗子殷演奏琵琶、刘婉莹演奏高胡、钟颖华演奏箫 |
| 雅集活动结束 | | | |

## （三）类型三：日常性的古琴雅集活动

### 1. 雅集活动背景

一般而言，日常性的古琴雅集均会在每个月第四个周日下午举行。它作为雅集活动的"常态"，是琴人群体进行琴乐交流学习活动的主要平台。这种雅集多是各琴人或者琴乐爱好者以自愿方式申请举办，按常理申办者只需提供场地即可，但为让琴人们有更好的雅集环境，一般都会准备丰富小点心或者小礼物予以款待，有时甚至还会宴请众琴人共进晚餐。一位资深琴人这样说道：

> 现在的条件比以前强多了，过去每次只有去海珠区邓世昌文史馆去弄雅集，每个月都去，总是这样，再好的雅集，去多了，人也就烦了，因为人喜新厌旧是共性，再加上弹琴人也就这么几个人……不像现在，关注雅集的人多了，提供场地的人也多了，每次雅集，都会去一个地方，每次相聚，除了可以交流琴艺之外，还可以去不同的地方去换换心情。通过这几年，我彻底是发现了如果哪次雅集有晚餐吃或者有什么其他的活动，我们会比往常高兴，这个道理其实不是说明我们有多想吃，而是我们琴人之间其实平常是很少见面的，一般都是君子之交，见面时候才侃侃，有晚餐吃，大家更是可以凑在一起交流的时间长一些。

2007年底至2009年，本人参与了五次日常性的雅集聚会，其中2008年6月一画坊的雅集活动，因摄影器械的问题，全场未能实录，因此略去。

表3-8　日常性古琴雅集活动总表

| 活动名称 | 地点 | 时间 |
| --- | --- | --- |
| 2008辞旧迎新古琴雅集 | 广州城建大厦 | 2008年1月27日 |
| 大佛寺佛教文化与古琴雅集 | 广州大佛寺素食阁 | 2008年2月24日 |
| 山东老家书画古琴雅集 | 山东老家餐馆 | 2008年3月30日 |
| 一画坊绘画赏析与古琴雅集 | 黄埔大道中413号羊城创意产业园 | 2008年6月29日 |
| 中秋节传佛心灯法会 | 广州花都华严寺 | 2009年10月3日 |

2. 日常性古琴雅集简况

1）主题：2008 辞旧迎新古琴雅集（表 3-9）

　　主办：广州城建大厦

　　日期：2008 年 1 月 27 日

　　主持人：刘　辉

表 3-9

| 流程 | 时间 | 曲目名称 | 演奏者 |
|---|---|---|---|
| 谢导秀新年致辞 | 15:10—15:12 | 无 | 无 |
| 雅集演奏阶段 | 15:13—15:20 | 《白雪》 | 方华 |
| | 15:20—15:26 | 《神化引》 | 简子聪 |
| | 15:26—15:30 | 《仙翁操》 | 陈初生 |
| | 15:30—15:34 | 《双鹤听泉》 | 蔡笛 |
| | 15:34—15:39 | 《平沙落雁》 | 蔡戈 |
| | 15:40—15:44 | 《怀古》 | 刘姝君 |
| | 15:45—15:54 | 《渔樵问答》 | 陈标杰 |
| | 15:55—16:00 | 《鸥鹭忘机》 | 林智伟 |
| | 16:01—16:05 | 《仙翁操》 | 梁茵 |
| | 16:06—16:11 | 《丝弦操》 | 徐思杭 |
| | 16:13—16:17 | 《归去来辞》 | 施枝 |
| | 16:19—16:27 | 《别梦操》 | 许海帆 |
| | 16:28—16:33 | 琴箫合奏：《梅花三弄》 | 谢导秀（箫）钟哥华（箫）简子聪（琴） |
| | 16:34—16:41 | 《平沙落雁》 | 刘笔华 |
| 谢导秀点评 | 16:42—16:47 | 无 | 无 |
| 雅集演奏阶段 | 16:48—16:54 | 不详 | 谢导秀 |
| | 16:55—17:01 | 《流水》 | 谢导秀 |
| 谢导秀讲话 | 17:02—17:03 | 无 | 无 |
| 雅集结束 | | | |

2）主题：大佛寺佛教文化与古琴雅集（表 3-10）

　　主办：广州大佛寺

　　日期：2008 年 2 月 24 日

　　主持人：传耀法师

表 3-10

| 流程 | 时间 | 曲目名称 | 演奏者 |
|---|---|---|---|
| 传耀法师开场致辞,内容是佛法三宝 | 14:40—14:44 | 无 | 无 |
| 陈是强代表琴会致辞,介绍该次活动的主题 | 14:44—14:46 | | |
| 在传耀法师的带领下,全体琴人起立演唱三宝歌、颂心经 | 14:47—14:56 | | |
| 谢导秀讲话致辞 | 14:56—14:58 | | |
| 传耀法师介绍大佛寺古琴班的历史、人员情况、未来发展规划 | 14:59—15:03 | | |
| 雅集演奏阶段 | 15:04—15:06 | 不详 | 施枝 |
| | 15:08—15:12 | 不详 | 方华 |
| | 15:13—15:18 | 《碧涧流泉》 | 陈标杰 |
| | 15:20—15:25 | 《平沙落雁》 | 蔡笳（琴）、谢导秀（箫） |
| | 15:26—15:28 | 《良宵引》 | 袁梦宣 |
| | 15:29—15:32 | 《良宵引》 | 汤颖仪 |
| | 15:33—15:41 | 《平沙落雁》 | 陈初生 |
| | 15:42—15:44 | 《暗香》 | 刘笔华（箫）、方华（舞剑） |
| | 15:45—15:49 | 《怀古》 | 林智伟 |
| | 15:50—16:01 | 《梅花三弄》 | 陈开华 |
| | 16:02—16:16 | 《春思》 | 许海帆讲解 |
| | 16:17—16:22 | 《醉渔唱晚》 | 简子聪 |
| | 16:23—16:27 | 《神人畅》 | 徐思杭 |
| | 16:28—16:31 | 《关山月》 | 不详 |
| | 16:31—16:39 | 不详 | 梁球 |
| 谢导秀致感谢辞 | 16:39—16:41 | 无 | 无 |
| 大佛寺主持讲话 | 16:41—16:47 | | |
| 陈初生通知下月活动安排 | 16:47—16:50 | | |
| 陈是强主持祝寿仪式和传达纪念活动的精神 | 16:50—16:53 | | |
| 冯焕珍说明编订纪念册事宜 | 16:53—16:55 | | |
| 谢导秀宣布成立活动筹备组委会 | 16:55—16:58 | | |
| 雅集活动结束 | | | |

3）主题：山东老家书画古琴雅集（表3-11）
主办：山东老家餐馆
日期：2008年3月30日
主持人：陈初生

表3-11

| 流程 | 时间 | 曲目名称 | 演奏者 |
| --- | --- | --- | --- |
| 陈初生讲话 | 14:30—14:32 | 无 | 无 |
| 雅集演奏阶段 | 14:33—14:39 | 《忆故人》 | 边江红 |
|  | 14:40—14:45 | 不详 | 袁梦轩（琴）、谢导秀（箫） |
|  | 14:46—14:49 | 《良宵引》 | 蔡戈 |
|  | 14:50—14:54 | 《鸥鹭忘机》 | 陈标杰 |
|  | 14:55—15:01 | 《阳关三叠》 | 梁茵、陈婕 |
| 谢导秀点评 | 15:02—15:04 | 无 | 无 |
| 雅集演奏阶段 | 15:05—15:08 | 《秋风词》 | 不详 |
|  | 15:09—15:12 | 《归去来辞》 | 施枝 |
|  | 15:13—15:18 | 《碧涧流泉》 | 梁求 |
|  | 15:19—15:22 | 《双鹤听泉》 | 谢伟彬 |
|  | 15:23—15:29 | 《古风操》 | 马常胜 |
|  | 15:30—15:32 | 《葬花吟》 | 吕宏望 |
|  | 15:33—15:39 | 《山居吟》 | 莫各伯 |
|  | 15:40—15:42 | 《酒狂》（未弹完） | 不详 |
|  | 15:43—15:53 | 《霹雳引》 | 许海帆 |
|  | 16:04—16:11 | 《平沙落雁》 | 陈初生 |
|  | 16:12—16:18 | 《欸乃》 | 谢导秀 |
|  | 16:19—16:29 | 《梅花三弄》 | 洪朝阳 |
|  | 16:30—16:38 | 《碧涧流泉》 | 吕宏望（琴）、谢导秀（箫） |
|  | 16:39—16:41 | 《关山月》 | 梁茵、陈婕 |
|  | 16:42—16:45 | 《仙翁操》 | 梁茵 |
|  | 16:46—16:51 | 《流水》 | 边江红 |
|  | 16:52—16:54 | 《乌夜啼》 | 刘辉 |
|  | 16:55—16:59 | 《关山月》 | 叶迎霜 |
| 陈述生设书桌，众琴人挥毫泼墨，谢导秀等琴人伴奏 | 17:02—17:10 | 《平湖秋月》 | 谢导秀 |
|  | 17:11—17:17 | 《渔樵问答》 | 袁梦轩 |
| 雅集结束 |  |  |  |

4）主题：中秋节传佛心灯法会（表 3-12）
　　主办：广州花都华严寺
　　日期：2009 年 10 月 3 日
　　主持人：冯焕珍

表 3-12

| 流程 | 时间 | 曲目名称 | 演奏者 |
| --- | --- | --- | --- |
| 布置道场 | 15:00 | 无 | 无 |
| 法会点灯 | 18:00 | | |
| 法师举腔 | 18:10 | | |
| 大和尚说法 | 18:20 | | |
| 传灯 | 18:35 | | |
| 法师举腔、众生绕殿 | 18:40 | | |
| 大和尚开示 | 18:55 | | |
| 回向 | 19:10 | | |
| 雅集演奏阶段 | 19:15 | 《平沙落雁》 | 谢导秀<br>大佛寺古琴班成员 |
| | 19:22 | 《阳春白雪》 | 周玲 |
| | 19:26 | 《春到湘江》 | 张雪娇 |
| | 19:32 | 《秋月照茅亭》 | 许海帆 |
| | 19:38 | 《普庵咒》 | 刘姝君<br>谢导秀（箫） |
| | 19:42 | 《菩萨赞》 | 谢东笑 |
| | 19:46 | 《流水》 | 简子聪 |
| | 19:54 | 《平湖秋月》<br>《高山流水》 | 谢导秀（琴）<br>钟颖华（箫）<br>张雪娇（筝） |
| 雅集结束 | 20:05 | 无 | 无 |
| 鸣放烟花 | 20:10 | 无 | 无 |

## 第二节　琴人群体雅集组织的形态要素分析

琴人群体的本质特性决定了雅集是琴人群体的社会生活基本形式。一般而言，对社会组织的概念有两种理解：第一种是"把一切人类共同活动的群体都看作社会组织"的广义概念；第二种是"与初级群体相对应的次级群体看作社会组织"[①]的狭义概念。所谓初级群体，它最初指家庭和儿童的游戏伙伴群，后扩展到一切有强烈感情归属和密切自由交往的群体；所谓次级群体，"即社会组织，又称间接群体和次属群体，指人们为某种特定目标而有意识建立起来的社会团队"[②]，琴人群体的雅集组织归属该类。

雅集组织是历史范畴，它的生成是琴人个体与群体发生联系且社会化过程的集中体现。琴人群体和雅集组织作为社会系统的微观显现，它的人员构成、角色与权利的认知与分化、组织运行的动态过程，充分展示了雅集组织是琴人群体社会化组合的最基本方式，更展示了雅集组织的社会性特质。

以社会学视角，观察雅集组织各结构要素之间的相互关联与作用，以及相对稳定、持久的联系模式是本节的逻辑起点。通过对雅集组织结构要素的探讨，为后面章节勾勒琴人群体特性和社会结构性位置奠定基础。

### 一、雅集人员的结构统计分析

人员结构是各种社会关系的结合，其规模、年龄、性别、学历、职业等要素是了解琴人社会结构特性的重要向度。作为雅集组织形态的基本要素，其组合方式和强度的差异均会对雅集组织的形态特性和社会特性产生影响，从中我们可以了解琴人群体在社会结构中的生存背景和发

---

① 初级群体是美国社会学家库利在1909年出版的《社会组织》一书中提出的观点。侯力等. 新编社会学［M］. 华南理工大学出版社，2002：95.

② 侯力等. 新编社会学［M］. 华南理工大学出版社，2002：113.

展状况，同时也可以了解琴乐传承的散播程度。

2007年底至2009年度笔者共参与14次雅集活动。为了对人员结构内部关系有一定明晰认识，笔者对其中8次雅集活动中的人员（琴人和观众）进行了深入调查。该部分笔者采用定量分析方法，并借助SAS（Statistical Analysis System）等数据软件系统对其数据予以分组、整理、描述。

### （一）出席频率和人数统计

1. 出席频率和人数整体概况（表3-13/表3-14）

据SAS数据统计，出席雅集共有208人[①]。从参与者的出席频率和出席人数来看（见表3-13），参与8次有2人，占1%；参与7次有2人，占1%；参与6次有2人，占1%；参与5次有5人，占2%；参与4次有8人，占4%；参与3次有11人，占5%；参与2次有23人，占11%；参与1次有155人，占75%。

表3-13 出席人员的频率和人数统计

| 频次 | 人数 | 累计人数 | 百分比 | 累计百分比 |
| --- | --- | --- | --- | --- |
| 8 | 2 | 2 | 0.01 | 0.01 |
| 7 | 2 | 4 | 0.01 | 0.02 |
| 6 | 2 | 6 | 0.01 | 0.03 |
| 5 | 5 | 11 | 0.02 | 0.05 |
| 4 | 8 | 19 | 0.04 | 0.09 |
| 3 | 11 | 30 | 0.05 | 0.14 |
| 2 | 23 | 53 | 0.11 | 0.25 |
| 1 | 155 | 208 | 0.75 | 1.00 |

根据以上数据，笔者对其进行了趋中值和离散值的统计。趋中值是表现一组数据集中趋势和集中程度的量，即通过数据分布观察统计量的平均水平和数量标志的各项数值距离中心值的倾向程度；离散值是表现一组数据分散趋势和分散程度的量，即通过标准差的统计，观察其数据差异水平和差异程度，从而展现其数据变异性特点。

---

① 该数据已除去重复出席雅集的人次。

第三章 琴人群体"雅集"组织的形态研究

从表格 3-14 中可以看出，出席频次的最小值和最大值分别为 1 次和 8 次，趋中平均值为 4.5；而标准差的离散值则达到 38.8，说明出席频率参次不齐，其离散程度较高。

表 3-14 出席频率的趋中、离散统计

| 项目 | 最小值 | 最大值 | 趋中值 | 离散值 |
|---|---|---|---|---|
| 出席频率 | 1.00 | 8.00 | 4.5000 | 38.80 |

2. 三类雅集活动——出席人数分类简况（表 3-15/ 表 3-16）：

第一节笔者将雅集活动分为了三种类型：一是较大规模的"纪念杨新伦先生 100 周年诞辰"系列雅集活动；二是中等规模的主题性雅集活动；三是较小规模的日常性雅集活动。

雅集类型一的出席人数[①]为 109 人，占总数的 33%；雅集类型二的出席人数为 62 人，占总数的 18%；雅集类型三的出席人数为 162 人，占总数的 49%。三类雅集出席人数相比较，最小值为 62 人，最大值为 162 人，趋中值为 111 人，离散值为 40.84。

表 3-15 三类雅集出席人数的分类统计

| 分类 | 人数 | 累计人数 | 百分比 | 累计百分比 |
|---|---|---|---|---|
| 雅集类型一 | 109 | 109 | 0.33 | 0.33 |
| 雅集类型二 | 62 | 171 | 0.18 | 0.51 |
| 雅集类型三 | 162 | 333 | 0.49 | 1.00 |

表 3-16 三类雅集出席人数的趋中、离散统计

| 项目 | 最小值 | 最大值 | 趋中值 | 离散值 |
|---|---|---|---|---|
| 三类雅集 | 62.00 | 162.00 | 111.00 | 40.84 |

（二）性别统计

1. 出席人员性别整体概况（表 3-17）

从性别角度来看，有 99 名男性参加了雅集，占 47.83%；有 108 名

---

① 因笔者只参与了两次该类型的雅集活动，故该数据主要是指这两场雅集活动的人数。

女性参加了雅集，占 52.17%。

表 3-17  出席人员的性别统计

| 性别 | 人数 | 百分比 | 累计人数 | 累计百分比 |
| --- | --- | --- | --- | --- |
| 男 | 99 | 47.83 | 99 | 47.83 |
| 女 | 108 | 52.17 | 207 | 52.17 |

2. 三类雅集活动——出席人员性别分类简况（表 3-18/ 表 3-19）

下列数据中表明：雅集类型一，男性 58 人，占男性总人数 33%，女性 51 人，占女性总人数的 33%，两者所占比例相当。雅集类型二，男性 32 人，占男性人数 18%，女性 30 人，占女性总人数的 20%，其比例略微高于男性。雅集类型三，男性 87 人，占男性总人数 49%，女性 74 人，占女性比例的 47%，其比例男性略微高于女性。

表 3-18  三类雅集出席人员男性的分类统计

| 分类 | 男 | 累计人数 | 百分比 | 累计百分比 |
| --- | --- | --- | --- | --- |
| 雅集类型一 | 58 | 58 | 0.33 | 0.33 |
| 雅集类型二 | 32 | 88 | 0.18 | 0.51 |
| 雅集类型三 | 87 | 175 | 0.49 | 1.00 |

表 3-19  三类雅集出席人员女性的分类统计

| 分类 | 女 | 累计人数 | 百分比 | 累计百分比 |
| --- | --- | --- | --- | --- |
| 雅集类型一 | 51 | 51 | 0.33 | 0.33 |
| 雅集类型二 | 30 | 81 | 0.20 | 0.53 |
| 雅集类型三 | 74 | 155 | 0.47 | 1.00 |

（三）学历统计

从出席人员的学历来看（表 3-20），博士参与 7 人，占总人数的 4%；硕士参与 13 人，占总人数的 7%；本科参与 103 人，占总人数的 58%；大专参与 37 人，占总人数的 20%；高中参与 12 人，占总人数的 7%；中专参与 5 人，占总人数的 3%；小学参与 1 人，占总人数 1%。从中可以看到，出席人员小学学历者为最小值，只有 1 人；本科学历者为最大值，说明他们参与程度最大。

表 3-20　出席人员的学历统计

| 分类 | 人数 | 累计人数 | 百分比 | 累计百分比 |
| --- | --- | --- | --- | --- |
| 博士 | 7 | 7 | 0.04 | 0.04 |
| 硕士 | 13 | 20 | 0.07 | 0.11 |
| 本科 | 103 | 123 | 0.58 | 0.69 |
| 大专 | 37 | 160 | 0.20 | 0.89 |
| 高中 | 12 | 172 | 0.07 | 0.96 |
| 中专 | 5 | 177 | 0.03 | 0.99 |
| 小学 | 1 | 178 | 0.01 | 1.00 |

（四）年龄统计

1. 出席人员年龄整体概况（表 3-21）

从出席人员年龄整体情况来看，其年龄主要分布于 20—40 岁之间。其中，22 岁和 34 岁各自有 14 人，分别占总数的 7.57%；25 岁的有 12 人，占总人数的 6.49%；27 岁的 9 人，占总数的 4.86%；33 岁、40 岁各自 8 人，分别占总人数的 4.32%；23 岁、28 岁、29 岁、31 岁、35 岁、36 岁的各自 7 人，分别占总人数的 3.78%；30 岁的 6 人，分别占总数人的 3.24%；26 岁、32 岁、48 岁的各自 5 人，分别占总人数的 2.7%；37 岁、42 岁、50 岁的各自 4 人，分别占总人数的 2.16%；20 岁、38 岁、39 岁、44 岁、53 岁、59 岁的各自 3 人，分别占总人数的 1.62%；17 岁、21 岁、43 岁、45 岁、46 岁、55 岁、62 岁的各自 2 人，分别占总人数的 1.08%。余下人员，下至 9 岁，上至 73 岁。通过以上数据不难看出，"橄榄型"年龄分布特性明显。

表 3-21　出席人员的年龄统计

| 年龄 | 人数 | 百分比 | 累计人数 | 累计百分比 |
| --- | --- | --- | --- | --- |
| 9 | 1 | 0.54 | 1 | 0.54 |
| 16 | 1 | 0.54 | 2 | 1.08 |
| 17 | 2 | 1.08 | 4 | 2.16 |
| 20 | 3 | 1.62 | 7 | 3.78 |

续表

| 年龄 | 人数 | 百分比 | 累计人数 | 累计百分比 |
| --- | --- | --- | --- | --- |
| 21 | 2 | 1.08 | 9 | 4.86 |
| 22 | 14 | 7.57 | 23 | 12.43 |
| 23 | 7 | 3.78 | 30 | 16.22 |
| 25 | 12 | 6.49 | 42 | 22.70 |
| 26 | 5 | 2.70 | 47 | 25.41 |
| 27 | 9 | 4.86 | 56 | 30.27 |
| 28 | 7 | 3.78 | 63 | 34.05 |
| 29 | 7 | 3.78 | 70 | 37.84 |
| 30 | 6 | 3.24 | 76 | 41.08 |
| 31 | 7 | 3.78 | 83 | 44.86 |
| 32 | 5 | 2.70 | 88 | 47.57 |
| 33 | 8 | 4.32 | 96 | 51.89 |
| 34 | 14 | 7.57 | 110 | 59.46 |
| 35 | 7 | 3.78 | 117 | 63.24 |
| 36 | 7 | 3.78 | 124 | 67.03 |
| 37 | 4 | 2.16 | 128 | 69.19 |
| 38 | 3 | 1.62 | 131 | 70.81 |
| 39 | 3 | 1.62 | 134 | 72.43 |
| 40 | 8 | 4.32 | 142 | 76.76 |
| 41 | 1 | 0.54 | 143 | 77.30 |
| 42 | 4 | 2.16 | 147 | 79.46 |
| 43 | 2 | 1.08 | 149 | 80.54 |
| 44 | 3 | 1.62 | 152 | 82.16 |
| 45 | 2 | 1.08 | 154 | 83.24 |
| 46 | 2 | 1.08 | 156 | 84.32 |
| 48 | 5 | 2.70 | 161 | 87.03 |
| 50 | 4 | 2.16 | 165 | 89.19 |
| 51 | 1 | 0.54 | 166 | 89.73 |
| 53 | 3 | 1.62 | 169 | 91.35 |
| 55 | 2 | 1.08 | 171 | 92.43 |
| 56 | 1 | 0.54 | 172 | 92.97 |
| 58 | 1 | 0.54 | 173 | 93.51 |

续表

| 年龄 | 人数 | 百分比 | 累计人数 | 累计百分比 |
|---|---|---|---|---|
| 59 | 3 | 1.62 | 176 | 95.14 |
| 60 | 1 | 0.54 | 177 | 95.68 |
| 61 | 1 | 0.54 | 178 | 96.22 |
| 62 | 2 | 1.08 | 180 | 97.30 |
| 63 | 1 | 0.54 | 181 | 97.84 |
| 67 | 1 | 0.54 | 182 | 98.38 |
| 70 | 1 | 0.54 | 183 | 98.92 |
| 71 | 1 | 0.54 | 184 | 99.46 |
| 73 | 1 | 0.54 | 185 | 100.00 |

2. 三类雅集活动——出席人员年龄分类简况（表3-22/表3-23）

据统计，出席三类雅集的人员年龄：在15岁以下，分别有0人、0人、1人，占比为0%、0%和0.5%。在16—25岁之间，分别有17人、14人、13人，占比为9.7%、7.9%、7.3%。在26—35岁之间，分别有44人、23人、63人，占比为25%、13%和36%。在36—45岁之间，分别有25人、8人、32人，占比总为14%、4.5%和18%。在46—55岁之间，分别有5人、10人、15人，占比为2.8%、5.6%和8.5%。在56—65岁之间，分别有6人、2人、10人，占比为3.4%、1.1%、5.6%。在66—75岁之间，分别有3人、3人、5人，总分为1.7%、1.7%、2.8%。

表3-22 三类雅集出席人员的年龄分类统计

| 分类 | 雅集类型一 | | 雅集类型二 | | 雅集类型三 | |
|---|---|---|---|---|---|---|
| 15岁以下 | 0 | 0.00 | 0 | 0.00 | 1 | 0.005 |
| 16—25 | 17 | 0.097 | 14 | 0.079 | 13 | 0.073 |
| 26—35 | 44 | 0.25 | 23 | 0.13 | 63 | 0.36 |
| 36—45 | 25 | 0.14 | 8 | 0.045 | 32 | 0.18 |
| 46—55 | 5 | 0.028 | 10 | 0.056 | 15 | 0.085 |
| 56—65 | 6 | 0.034 | 2 | 0.011 | 10 | 0.056 |
| 66—75 | 3 | 0.017 | 3 | 0.017 | 5 | 0.028 |

通过对三类雅集出席人员年龄的统计，我们可以看出，26—35 岁是主要的参与主体，其 43.33 的趋中值充分体现了该年龄区间的集中趋势，并以此为中心，分别以 14.667 的趋中值和 21.66 的趋中值，逐步朝上下两侧的 16—25 岁和 36—45 岁逐步分散。此外，最低年龄已经达到 15 岁以下，显示有 1 人参与，其平均值是 0.33；最高年龄区间为 66—75 岁，其平均值是 3.66，充分说明广府琴乐已经逐步扩展、渗入不同的年龄圈层，受到了相对低龄和高龄人群的喜爱。

从离散趋势而言，26—35 岁年龄区间的 16.33 的离散值为最高，说明该年龄阶段参与广府琴乐雅集的人员，其年龄分布相对分散；36—45 年龄区间的出席人员其标准差值为 10.07，其离散趋势次之。余下，依序排列为 46—55 岁年龄区间、56—65 岁年龄区间、16—25 岁年龄区间、66—75 岁年龄区间和 15 岁以下，其标准差的离散趋势分别是 4.08、3.26、1.69、0.94、0.46。通过以上离散数据的统计可知，标准差数值越大，所反映的出席人员年龄数据的差异水平越大，分散程度也越高。

表 3-23　三类雅集出席人员的年龄趋中、离散统计

| 项目 | 雅集类型一 | 雅集类型二 | 雅集类型三 | 趋中值 | 离散值 |
| --- | --- | --- | --- | --- | --- |
| 15 岁以下 | 0 | 0 | 1 | 0.33 | 0.46 |
| 16—25 | 17 | 14 | 13 | 14.66 | 1.69 |
| 26—35 | 44 | 23 | 63 | 43.33 | 16.33 |
| 36—45 | 25 | 8 | 32 | 21.66 | 10.07 |
| 46—55 | 5 | 10 | 15 | 10.00 | 4.08 |
| 56—65 | 6 | 2 | 10 | 6.00 | 3.26 |
| 66—75 | 3 | 3 | 5 | 3.66 | 0.94 |

## 二、多重角色的社会学分析

角色作为反映社会整体的局部存在，是指"按一定社会规范表现的特定社会地位的行为模式"[①]。从社会处于不同结构的微序和宏序层次性来看，角色是研究社会结构的有效切入点，同时也是认识自身社会性位

---

① 于显洋．组织社会学［M］．中国人民大学出版社，2001：133．

置的最佳途径。

以下内容希望从角色理论视角出发，观照"琴人雅集组织结构"和成员内部的社会特性。

**（一）角色构成方式：琴人先赋角色和自致角色**

先赋角色和自致角色是琴人角色构成的两种方式。先赋角色是指在实际生活中赖以生存的社会角色，亦称"制度性角色"[①]；自致角色是指琴人个体在社会中"经过自己的努力"，即通过接触琴乐而获得的与先赋性角色不一样的角色身份。众所周知，雅集组织结构是琴人社会关系的体现，其中不同角色反映琴人不同的社会关系和在雅集组织中所处的不同位置。琴人角色是社会身份的动态表现。我们以接触古琴的前后身份作为标准，根据角色构成方式的不同，将琴人划分为先赋角色和自致角色两种。

目前，雅集组织中琴人其先赋角色（见表3-24/表3-25）主要分为两大类：一是在社会中所确定的各种职业角色；二是从分类属性划分先赋角色。

从下列数据中可以看到，第一类主要涉及教师、管理、经济、传媒、医生、外语、化工、机械、艺术等先赋角色；第二类主要涉及学生和自由职业者的先赋角色。其中，教师角色11人，占总数的15%；管理角色11人，占总数的15%；经济角色6人，占总数的8%；传媒角色6人，占总数的8%；医生角色3人，占总数的4%；外语角色1人，占总数的1%；化工角色1人，占总数的1%；机械角色1人，占总数的1%；艺术角色2人，占总数的2%；学生角色18人，占总数的25%；自由职业者角色11人，占总数的15%。从琴人先赋角色的趋中、离散统计来看，十一类先赋角色其平均值为6.45，以此为中心其全距范围外语、化工、机械先赋角色呈现最小数据分布；学生先赋角色呈现最大数据分布，离散趋势为5.36。

---

① 风笑天.社会学导论[M].华中科技大学出版社，2008:80.

表 3-24　雅集组织琴人先赋角色统计

| 职业 | 人数 | 累计人数 | 百分比 | 累计百分比 |
| --- | --- | --- | --- | --- |
| 教师 | 11 | 11 | 0.155 | 0.155 |
| 管理 | 11 | 22 | 0.155 | 0.31 |
| 经济[1] | 6 | 28 | 0.085 | 0.395 |
| 传媒[2] | 6 | 34 | 0.085 | 0.48 |
| 医生 | 3 | 37 | 0.042 | 0.522 |
| 外语 | 1 | 38 | 0.014 | 0.536 |
| 化工 | 1 | 39 | 0.014 | 0.55 |
| 机械 | 1 | 40 | 0.014 | 0.564 |
| 艺术[3] | 2 | 42 | 0.028 | 0.592 |
| 学生[4] | 18 | 60 | 0.253 | 0.845 |
| 自由职业者 | 11 | 71 | 0.155 | 1.00 |

表 3-25　雅集组织琴人先赋角色趋中、离散统计

| 项目 | 最小值 | 最大值 | 趋中值 | 离散值 |
| --- | --- | --- | --- | --- |
| 先赋角色 | 1.00 | 18.00 | 6.45450 | 5.36 |

目前，雅集人员自致角色的形成，主要有三个渠道，一是中山大学的澄心琴社；二是大佛寺的古琴班；三是琴人私下授课。一般而言，中山大学的澄心琴社是以本校师生为主；大佛寺则对全社会开放，以一对二十人不等的集体课为主；琴人私下授课以一对一或者一对二的小课形式为主。对于雅集组织来说，一位从未接触古琴的人，能够从普通人成为一名"懂古琴""弹古琴"的人，也就意味着组织的增长。

据调查，雅集组织中的琴人自致角色主要分为"琴乐爱好者""传承人""组织管理者"三种类型。在人数规模上，"琴乐爱好者"自致角

---

[1] 含财会、金融、贸易等专业。
[2] 含编辑等专业。
[3] 含书法和设计专业。
[4] 含华南师范大学、中山大学和其他学校的学生。

色64人，占总数的90%；"琴乐传承人"自致角色5人，占总数的7%；"组织管理者"自致角色2人，占总数的3%。

从性别角度来看，"琴乐爱好者"的男性占42%，相对女性48%，其结果小于女性；"琴乐传承人"男性6%，相对女性1%，其结果大于女性；"组织管理者"男性3%，相对女性0%，其结果大于女性。男性琴人其频数分布最大值为30人、最小值为2人；女性琴人其数据分布最大值为34人、最小值为0人。

表3-26 雅集组织琴人自致角色统计

| 分类 | 男 | 女 | 累计人数 | 百分比（男） | 百分比（女） | 累计百分比 |
| --- | --- | --- | --- | --- | --- | --- |
| 琴乐爱好者 | 30 | 34 | 64 | 0.42 | 0.48 | 0.90 |
| 琴乐传承人 | 4 | 1 | 69 | 0.06 | 0.01 | 0.97 |
| 组织管理者 | 2 | 0 | 71 | 0.03 | 0 | 1.00 |

**（二）角色存在形态：主观角色和实际角色**

根据角色存在形态的不同，还可以分为主观角色和实际角色两种。

主观角色亦称"领悟角色"[1]，是指个体意识对角色行为模式的理解，多属于个人观念形态；实际角色亦称"扮演角色"，是指个人在执行角色规范过程中的现实行为表现，多属于客观现实形态。

做主观和实际角色的二重划分，是笔者与琴人的交往过程中，基于琴人对角色的不同认知和对角色的不同表现。琴人主观角色和客观角色行为模式之间的同一性和差异性，不同琴人有不同的表达方式。从上面琴人自致角色的分类统计中，我们可以看到"琴乐爱好者"认知程度相当高，占总人数的90%，这样的数据分布还是有些出乎笔者意料之外的。因为，通过这两年多的田野考察，在笔者观念里，从他们的生活方式、文化观念、人生追求来看，有些琴人不应该仅仅只是一个"琴乐爱好者"，后来经过笔者再次调访，笔者才认识到对于"琴人"核心概念的不同理解，直接形成局内人和局外人角色观念的差异。

---

[1] 风笑天.社会学导论[M].华中科技大学出版社，2008：82.

1. "琴人"的角色概念

"现在很多人自诩为琴人,琴人是怎样的概念,可能并不是太清楚,学了几堂课或者买了一把琴,就叫琴人吗?这是应该考虑的。"[①]

的确,琴人的反问引起了笔者的思考。琴人作为一种身份象征,它的角色概念和角色特性从一开始就被雅集组织成员和社会文化所限定,雅集组织成员对于角色行为模式的期盼和要求,每个人不尽相同,角色如同剧本人物,"全面规定了交往中要遵守的原则和方式"[②]。

对于琴人角色的认识,不同琴人有不同的界定:

第一类:"琴人,我认为是懂琴的人或者说是理解琴乐内涵的人和能弹琴的人。"[③]

第二类:"琴人概念分为三个层面,第一个层面是琴士层面;第二个层面是表演艺术家层面;第三个层面是琴乐爱好者层面。"[④]

第三类:"一个内在修养很高的人才能称为琴人。"[⑤]

以上是关于琴人角色概念的三类定义。在表达琴人角色概念的同时,也表述了琴人自身对于"琴乐爱好者"和"琴乐传承人"主观角色的内涵边界。第一类从受众角度扩大了传统琴人角色之范畴,他认为"琴人,不一定要会弹,例如学佛的人,不一定要信佛,只要能懂琴,他就是琴人";第二类从文化层面对其进行了划分,"所谓琴士,是通过古琴进行形而下和形而上的文人性关怀的这种有理想、有情怀的人;所谓表演艺术家,是指通过古琴展示乐器技能并以此为职业的人;所谓琴乐爱好者,就是能坚持弹琴的人。这三类都是琴人,只是琴人的层面不一样。琴士是中国传统文人的象征,古琴是他修身养性的法器;而表演艺术家把古琴当成乐器,以器娱人;琴乐爱好者则两者都兼顾。琴士精神层面要求高,表演艺术家技术层面要求高,爱好者两者兼而有之,或各自要求都不高"[⑥]。第三类从古琴生存状态对其进行划分,"琴乐本身包

---

① 黎敏 2009 年采访琴人的文稿。
② 风笑天.社会学导论[M].华中科技大学出版社,2008:78.
③ 黎敏 2009 年采访琴人的文稿。
④ 黎敏 2009 年采访琴人的文稿。
⑤ 黎敏 2009 年采访琴人的文稿。
⑥ 黎敏 2009 年采访琴人的文稿。

含深厚的文化背景，其中还蕴含了它特有的价值观念，这些观念要能贯穿到行为之中并能在各方面有所体现，这才是真正的琴人"[①]。

| | 不一定会弹 | 懂琴 |
|---|---|---|
| 琴人 | 琴士<br>琴乐表演艺术家<br>琴乐爱好者 | 人文关怀<br>技术表现<br>坚持弹琴 / 以上两者兼而有之 |
| | 修养功夫很高 | 贯穿到行为之中，能在各方面有所体现 |

2."琴乐爱好者"与"琴乐传承人"的主观角色和实际角色

雅集组织成员关于"琴人"角色概念三层分类的自述，在展示该概念从广至狭、由表及里的内衍过程的同时，也充分体现了不同琴人对于"琴乐爱好者"和"琴乐传承人"主观角色的不同界定。

（1）"琴乐爱好者"的主观角色和实际角色

关于"琴乐爱好者"主观角色的认识，主要分为两类：第一类认为"琴人，不一定要会弹，只要能懂琴，他就是琴人"；第二类认为"所谓琴乐爱好者就是能坚持弹琴的人"。这是琴人对于"琴乐爱好者"主观角色不同认知的体现。第一类虽然尚未界定什么是"琴乐爱好者"主观角色规定性内容，但笔者认为"琴乐爱好者"角色，是囊括其中的，因为"懂琴"作为限定条件，决定了琴人至少是"琴乐爱好者"才能实现，同时也决定了"琴乐爱好者"主观角色在内涵上应该是对琴乐文化相当了解的人。第二类明确指出了"琴乐爱好者"是"能坚持学琴的人"。两者分别从琴乐文化、时间长短的角度对主观角色进行了限定。

琴人实际角色的行为模式体现了对主观角色的实践性。据笔者观察，在不同层面、角色期盼的促进下，琴人实际角色的表达程度和表达方式也是不尽相同的。

目前，笔者以"琴乐爱好者"（表3-27）主观角色必须"懂琴"和"坚持"为标准，进而衡量实际角色的实现程度，可以说"琴乐爱好者"相当部分尚停留于"琴乐文化初级阶段"。在下列数据中，习琴时间一年以上者为11人，占总数的17%；二年以上者为16人，占总数

---

[①] 黎敏2009年采访琴人的文稿。

的 25%；三年以上者为 8 人，占总数的 13%；四年以上者 6 人，占总数的 9%。尽管习琴时间之长短与了悟琴乐并无绝对关联，但至少也有相对关联。古琴博大精深，四年习琴尚且有限。能够"坚持"五年以上，"才有资格说对琴乐略知皮毛"[①]。可在"琴乐爱好者"的实际角色中，这种"略知皮毛"的琴人比例却仅占总数的 36%，其中学习五年以上为 14 人，占总数的 22%；六年以上是 2 人，占总数的 3%；八年以上是 5 人，占总数的 8%；十年以上是 2 人，占总数的 3%。

表 3-27 "琴乐爱好者"实际角色习琴时间统计

| 分类 | 男 | 女 | 累计人数 | 百分比 | 累计百分比 |
| --- | --- | --- | --- | --- | --- |
| 一年以上 | 4 | 7 | 11 | 0.17 | 0.17 |
| 二年以上 | 3 | 13 | 27 | 0.25 | 0.43 |
| 三年以上 | 6 | 2 | 35 | 0.13 | 0.56 |
| 四年以上 | 1 | 5 | 41 | 0.9 | 0.66 |
| 五年以上 | 8 | 6 | 55 | 0.22 | 0.88 |
| 六年以上 | 2 | 0 | 57 | 0.03 | 0.90 |
| 八年以上 | 5 | 0 | 62 | 0.08 | 0.98 |
| 十年以上 | 1 | 1 | 64 | 0.03 | 1.00 |

在笔者观念里，一直心存这样的疑问，是什么力量致使习琴五年以上的琴人都还自愿扮演"琴乐爱好者"实际角色？仅仅出于兴趣吗？他们的两种回答解了这个迷：一种认为"现在古琴有过分高尚化的趋向，有故弄玄虚之嫌，尽往高里说，弄得云里雾里，把古琴整得神圣得不得了……说到底，古琴毕竟只是一个乐器，它无法承载那么多的东西，我没有那么高深，只是喜欢、有兴趣罢了，没有那么多的目的"；另一种认为"传承人的要求太高了，可能是我们一辈子都无法达到的目标，琴乐文化的深厚，需要我们以认真的态度去对待，总体而言实在是了解得太少"[②]。

出于兴趣和敬重成了"琴乐爱好者"实际角色结构方式。90% 比例

---

① 黎敏 2009 年采访琴人的文稿。
② 黎敏 2009 年采访琴人的文稿。

数据虽然说明"琴乐爱好者"是琴人群体主要角色，但其主观角色与实际角色的一致性不足。

如果"懂琴"和"坚持"是"琴乐爱好者"主观角色内涵核心的话，那么实际角色围绕着领悟琴乐文化之程度和习琴时间之长短进行了不同层次的行为表述。

| 五年以内的习琴 | 琴乐初级阶段 | 浅层次"懂琴" |
| --- | --- | --- |
| 五年以上的习琴 | 琴乐进阶阶段 | 深层次"懂琴" |

从"懂琴"而言，在习琴阶段上五年以内和五年以上是有分别的，一是"初级阶段"，二是"进阶阶段"；在习琴层次上一是浅层次"懂琴"，三是深层次"懂琴"。正是这种分野，导致主观角色期盼和实际角色行为内在一致性不足。

（2）"琴乐传承人"的主观角色和实际角色

关于"琴乐传承人"主观角色的认识，主要分为三类：一类将古琴视作"职业、专业、事业"的琴人；二类是"具备相当深厚的文化传统和自觉的文化意识的人"；三类是指"琴士"①。从以上关于"琴乐传承人"主观角色的自述中，琴人对其角色期盼是相当高的。它们不仅指出作为"琴乐传承人"，其精神特质应具有"形而下和形而上的文人性关怀"的相互观照，而且还指出作为"琴乐传承人"其行为特质的践行性。

"职业是外在形式，专业水平是基础，事业是内心的追求。"②谢导秀成了琴人眼中最具典型性"琴乐传承人"实际角色的代表。因为上述三类在他身上都有充分体现，有琴人这样谈道："谢导秀的功绩是谁都没有办法抹掉的，他为当代广东古琴的发展做出了很大贡献。"当笔者去谢导秀家中采访时，他很真挚地说："为了古琴的事业，再大的打击我也受得了。老实说，现在的古琴事业在广东是历史上最兴旺的时候，根源在于它一直在传承，并不是凭空就形成的。"③

---

① 黎敏2009年采访琴人的文稿。
② 黎敏2009年采访琴人的文稿。
③ 黎敏2009年采访琴人的文稿。

谢导秀为岭南古琴事业的付出琴人们有目共睹。有人认为"谢导秀最大贡献是在岭南古琴奄奄一息的时候，将琴乐坚持了下来，并且将琴艺也传承了下来，教了不少学生，这是对岭南古琴最大的功德"；有人认为"他这么多年，为了将琴人群体予以维持、将琴乐文化有一传承，尽了最大的努力。从早期举办雅集自带琴桌、身背古琴、手推自行车那个阶段开始，直到今天，如果没有特殊情况，琴人们每月最后周日的下午都会举行雅集，这已经形成了我们的传统"；有的认为"他非常坚持本土的风格，乡土观念很强，个人风格很突出，外地琴人也都认可他，觉得他的琴音很贵、很少"[①]。鉴于谢导秀对古琴的文化遗产保护所做的贡献，2008年7月，他正式被认定为广东省非物质文化遗产传承人，2009年初又被认定为国家级非物质文化遗产传承人。

如果说"具备相当深厚的文化传统和自觉的文化意识"[②]是作为一名"琴乐传承人"应有的特质，那么琴人许海帆则也是其中的代表。尽管琴人们对他有不同评价，但笔者认为，他对琴乐文化保护和文化传承多年付出的努力，是值得我们记住的。在"琴乐传承人"实际角色的扮演中，他应该是相当称职的。在琴韵上立定精神、弦指间决出生活，就是他实际角色的真实写照。在人文追求上，他讲究"返本开新"。本，是本源，回到生活的原初状态，也就是回到传统的深处，以传统生命性文化体悟古琴，或者说是以古琴反证中国传统文化。在岭南琴乐文化研究方面，"他的价值在于他对琴乐文化的研究，从这个层面，他继承了传统"[③]。可以说他是目前关注传统领域最多的琴人之一，其研究主要分为琴人、琴史、琴器、琴曲、审美研究五大类，撰写了《重建中国人的雅乐精神》《岭南派琴家卢家炳年谱及师承关系考》《论一代宗师卢家炳的琴艺人生》《卢家炳与〈别梦操〉》等多篇论文，这些对研究广东古琴有重要的文献价值意义。

同样，女性琴人徐思杭也是"琴乐传承人"中极具特色的人物。作为女性琴人的实际角色，她有深厚的浙派家学渊源，其伯祖父是近代浙

---

① 黎敏2009年采访琴人的文稿。
② 黎敏2009年采访琴人的文稿。
③ 黎敏2009年采访琴人的文稿。

派宗师徐元白，祖父是著名篆刻家、书画家徐元境，虽然从小没有接受二位的言传身教，但因家学传统，她的血脉自然就流动着对传统文化的亲近和传承传统文化的意识。"我的性格很开朗，正是传统文化让我有了开朗性格的另一面——沉静，它让我学会思考，让我有机会回到自己的内心，与传统、与琴乐对话。"[①]她将"古琴传承与自己的职业相结合"，一方面通过"茶艺师"的职业，将浙派古琴的家学和岭南琴学予以传承，另一方面也准备自己开一个琴茶馆，为琴人提供"交流、宣扬传统文化的平台"[②]。

多年来，这些"琴乐传承人"不曾一刻离开过琴乐，从习琴时间的统计上，我们就可以见到他们都是在五年以上，甚至有些已经在四十年以上。

表 3-28 "琴乐传承者"实际角色习琴时间统计

| 分类 | 男 | 女 | 累计人数 | 百分比 | 累计百分比 |
| --- | --- | --- | --- | --- | --- |
| 五年以上 | 0 | 1 | 1 | 0.20 | 0.20 |
| 八年以上 | 2 | 0 | 3 | 0.40 | 0.60 |
| 四十年以上 | 2 | 0 | 5 | 0.40 | 1.00 |

趋中和离散性的数据表明，"琴乐爱好者"和"琴乐传承人"的习琴时间平均值一是三年多（3.53），二是二十余年（20.2），从时间上就可以看到"琴乐爱好者"和"琴乐传承人"的量化差距所体现的实质差异。同时，"琴乐爱好者"习琴时间比较接近，其数据为2.18年，而"琴乐传承人"习琴时间为18.11年，这说明在"琴乐传承人"内部，个体习琴时间的差异很大。

表 3-29 两类实际角色习琴时间趋中、离散统计

| 项目 | 最小值 | 最大值 | 趋中值 | 离散值 |
| --- | --- | --- | --- | --- |
| 琴乐爱好人 | 1.00 | 10.00 | 3.5397 | 2.18370 |
| 琴乐传承人 | 5.00 | 40.00 | 20.2000 | 18.11629 |

---

① 黎敏 2009 年采访琴人的文稿。
② 黎敏 2009 年采访琴人的文稿。

从以上可以看出"琴乐传承人"的主观角色与实际角色是相当一致的,若以"职业、专业、事业"和文化修养乃至传统的人文关怀作为标准,他们的实际角色诠释得相当出色。

(3)"组织管理者"的主观角色和实际角色

"组织管理者"是与组织运行密切关联的角色。雅集作为具有整体性和结构性特质的琴乐活动组织,其"组织管理"实际上体现了人与组织的互动过程,即雅集组织管理者与环境的物质、能量、信息输入输出的交换过程。组织管理者运行组织的核心问题并非是制造常规的物态"产品"①,而是生产琴乐等由"价值观念恒定的特殊产品"②。组织管理者角色通过产品的制作与输出实现雅集组织的某种目标,这个程序的完成并非自发过程,必须由组织者运用有效的管理手段,正确理解和运用决策、协调、控制、实施组织管理者角色的基本管理职能。

关于组织管理者的主观角色,主要有两个层面:

第一层是组织管理者应该具备三个条件:一是必须具有国内公认的琴艺;二是必须有众多的学生;三是必须能找到经费。也就是说,首先专业水平要好,业界公认;其次要有群众基础,能够一呼百应;再次要有经费来源,仅靠每人一年几十元的会费是无法应付基本开支的。"如果手里有钱,搞个雅集吃个饭,大家都自然高兴,因为琴人间在吃饭的时候,可以充分交流,情感也加深了,就像上海二十世纪三十年代的今虞琴社,每月的雅集费用都是餐费,经济虽然不是决定因素,但还是非常重要的。"

第二层是一个组织管理者通常要开展的工作包括社会性的推广宣传、学术交流、教育传承、日常雅集组织等工作。③

第一类从组织管理者自身应具备的素质角度,提出了琴人对该角色的期待;第二类从组织管理者主观角色所涵盖的职能范畴提出了琴人对该角色的期待。

关于雅集组织管理者的实际角色,主要通过如下几个方面有所体现:

---

① 侯力等.新编社会学[M].华南理工大学出版社,2002:132.
② 侯力等.新编社会学[M].华南理工大学出版社,2002:132.
③ 黎敏2009年采访琴人的文稿。

1. 决策者和组织者

组织管理的运行模式是通过组织管理者一定的管理结构和管理方式及程序进行的,其过程跟雅集组织的角色性质和现状有关。对此五位琴人发表了自己的观点:"我们应该是个自发性的民间组织","我们的组织形式很松散、很自由,团体不会太大,组织性也不会太强,不像北方一些雅集组织具有较浓厚的官方色彩","我们这个群体只是具有组织的功能,还谈不上什么正式组织,准确说是松散的、没有强制性的一个民间聚会组织","我们这个群体实际上是个较为松散的民间机构……因此并不是一个正规组织","我们这个群体应该算是一个组织吧,因为它有明确的分工,有会长、副会长、秘书长"。[1]

| "民间组织" | 自发性 |
| --- | --- |
| "民间聚会组织" | 自由性,小型化 |
| "松散的民间机构" | 非官方性,非正式组织性 |
| "组织" | 明确分工性 |

从以上关于雅集组织的性质自述中,几位琴人从不同角度指出了雅集组织其核心概念——"民间性",并以此展开论述了该组织"自发性""自由性""小型化""非官方性""非正式组织性"和"分工性"的次级特质。因此,组织管理者的实际角色在雅集组织这样的组织特性中实施角色,其组织运行的模式必然生成它自己的特点。

琴人一:"我们雅集活动采取怎样的方式,主要看雅集活动的性质。如果是平常的雅集,一般都是由组织管理者发动琴人自行提出申请后,再由我们这些做组织工作的人去看场地,后通知大家来参加活动;如果是大型雅集,我们就要动脑筋,商议人、地、财,三者都要具备才能成功举办……"

琴人二:"我们内部是有分工的,主要有一个理事会,成员有会长谢导秀;副会长谢东笑、陈磊、冯焕真;秘书长陈是强;理事许海帆、方华等人,一般而言,重要的事都要开理事会,三分之二的人通过就可

---

[1] 黎敏 2009 年采访琴人的文稿。

以执行。当然事实上都是约定俗成地去做，也没有分得那么细。所谓理事、会长之类的看起来有些名头，但实际上都是具体做事的。"①

琴人三："在做重大决策的时候，一般都是谢导秀拍板，我们可以提出不同意见，但是我还是认为一个群体中间应该有一个人最终要拍板，反正不要在私心中做事就够了。"②

| 日常雅集 | 动员琴人提出申请 | 组织 |
| --- | --- | --- |
| 重大雅集 | 筹集人、地、财 | 决策、运行 |

2. 运行者和执行者

根据表 3-30 雅集组织管理者的运行模式可以看出，雅集组织管理者还担任了运行者和执行者的实际角色。

表 3-30　雅集组织管理者的运行模式

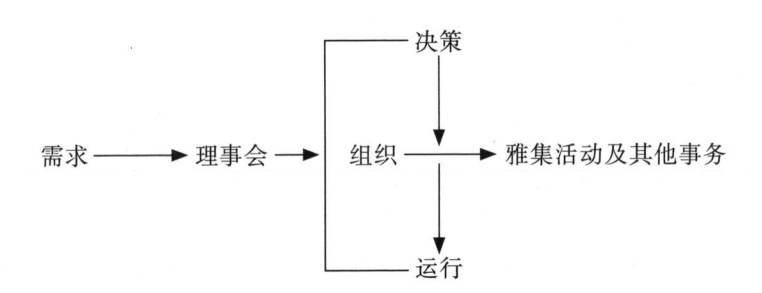

需求 ⟶ 理事会 ⟶ 组织 → 雅集活动及其他事务（决策／运行）

在雅集组织过程中，冯焕真、陈是强等琴人一直在第一线奔走忙碌。在 2007 年底至 2009 年的雅集活动中，以他们为主体筹划的雅集活动，包括 2007 年杨新伦先生 109 周年诞辰古琴雅集会、2008 年 10 月在广东文史馆举行的纪念活动古琴雅集会、再到"琴坛新枝""琴诗书印""琴韵清华"等活动，同时还有其他日常性活动。

> 操办一场雅集真是不容易啊，有多方面条件的制约，有钱出钱、有力出力、有人出人。例如，这次纪念活动，我自始至终都参

---

① 黎敏 2009 年采访琴人的文稿。
② 黎敏 2009 年采访琴人的文稿。

与了，之所以能这么成功并在全国都有一定的影响，这主要是因为我们有谢老师和一帮琴友的支持，大家都有共识。这次活动主要分为四块内容，第一是去发祥地新会寻根，这不仅让琴会的琴友深深感到岭南琴派的源远流长，而且更重要的是将岭南琴乐回传到了发祥地。新会虽然有部分人对岭南琴派有些了解，但弹的人很少，在陈白沙纪念馆搞了一场雅集后，当地就准备开设古琴班了，这是重要成果。第二是琴坛新支脉、岭南琴人新生代的演出，目的是展示新一代琴人的琴学修养，在中山大学举行也有进一步向广东高校普及、推广之意。第三是在文史馆举办了"琴诗书印"，是一场将古琴雅集和书法、琴器一起展览的综合性活动，目的是将古琴艺术整体展示，30多张琴和30多幅书画作品是想让大家了解古琴的多样性和丰富性。第四是古琴名家演奏会，此次活动得到了广州城市职业学院的赞助，在大礼堂举行，开始以为没有多少人，但后来效果不错，著名的琴家都来了十多位，这在岭南可以说是盛况空前，并且各位演奏者都发挥出色，演出圆满。这让本地琴家与外地琴派，以及中国港澳地区的琴家们都获得了一次难得的交流机会，扩大了岭南琴人的影响力和知名度。我们应趁着这样的良机努力用功，将岭南古琴的音乐推到更高的境界。[①]

3. 琴乐传播的发起者

自2005年起，在雅集"组织管理者"的发起下，琴人走进了岭南高等校园。2005年12月在华南师范大学教育信息技术学院电教厅隆重举行了"古风印象"的古琴艺术欣赏会。原本只容纳300人的电教厅当晚竟筑起了两层人墙。近500名莘莘学子与各界人士欣赏了琴歌妙韵。2006年6月，在中山大学南校区的熊德龙学生活动中心成立了中山大学澄心琴社。庆典之日，冯达文、刘小枫、陈永正等知名教授出席了典礼。中山大学澄心琴社之名取于明代岭南著名理学家和古琴家陈白沙"静坐澄心，从中悟道"之意。它的成立标志着高雅的古琴传统艺术第一次以学生社团的形式进入了岭南的高等院校，这对传承中华古老琴

---

① 黎敏2009年采访琴人的文稿。

道、提升学生精神品格等方面有重要的作用。

雅集组织管理者冯焕真这样谈道：

> 当时北京大学已经有了琴社，但岭南还没有。在我写的倡导书里，有20多个教授都签了名，并且学校领导还下拨了经费购置琴桌。澄心琴社的成立我只有牵线搭桥之功，主要由罗筠筠老师管理，发扬光大在他们。当代是整个工业文明技术至上的时代，不仅是我国的问题，全世界都一样。在当代时空下，人的单面性相当严重，通过古琴等不同方式，丰富人的精神世界，提升人的健康人格，这对高校来说是非常重要的。将传统文化引进校园，以缓解大学单面化、工具化的速度……目前，来报名的人很多，由于老师安排不过来，只好择优录取，将4个班合成2个班，以此来传播琴乐文化。[1]

如果按组织管理者的主观角色要求，其实际角色的实施与主观角色要求相比以前是大大接近了，尤其是在推广宣传、教育传承上踏入了新的台阶与平台："现在跟社会的互动比以前多了很多，琴乐走进高校可以说是我们这个组织目前最重要的事情之一，这说明我们有了进一步改进组织结构成员的机会，注入的新鲜血液让我们组织在提升文化层次方面有了新的可能。"[2] 若从两个角色一致性而言，主观角色和实际角色的趋近度促使两者逐步走向同和。

## 第三节　广府琴人雅集组织的传承样态、实践模式与发展路径

### 一、传承样态

广府琴人群体的"雅集"组织，作为文化精英聚落化的空间形态，是传承本土优秀文化、保护地域人文根脉的重要传习地，古老的文化记

---

[1]　黎敏2009年采访琴人的文稿。
[2]　黎敏2009年采访琴人的文稿。

忆和鲜活的文化基因都应在这个文化空间中实现自觉、自为、自序的文化递续：一种是自上而下的文化传递，另一种是自下而上的文化承接。前者完成文化的传导输出，后者完成文化的承接输入。这其中又分别呈现了以岭南琴艺教授为主体的师徒传承、琴社传承、高校课程传承共三种从"雅集"组织孕育产生、分化、发展的琴乐教习样式。这是实现岭南琴乐文化传递和承接的主要形式，也成就了岭南文化空间琴乐传承的现实现状和基本格局。

1. 师徒传承

师徒传承一直是古琴延续几千年的传承传统。这种以单一、稳定的口耳相传授课形式作为传承途径的主要方式，是以岭南古琴传习为纽带形成的社会角色之聚合关系。目前，岭南古琴以师徒传承方式走进"雅集"的第八代岭南古琴掌门人谢导秀先生是贡献最大的岭南古琴推动者和践行者，他自己的求艺生涯也如同其他同门师兄弟一样，都是师徒传承的获益者，其师就是岭南琴派大名鼎鼎的近代宗师——杨新伦先生。杨先生是二十世纪六十年代初第一批被广州音乐专科学校（现星海音乐学院前身）特聘为教授的民间艺人，也是从民间走进岭南高校文化空间的岭南古琴第一人，而谢导秀先生就是杨新伦先生在音专授徒不足十人中最为重要的学生。以谢先生为首的岭南古琴第八代琴人群体，经历了"文革"等历史时期被迫另操他业，在岭南古琴的发展遭遇了前所未有的冲击下，他们依然选择了守护岭南古琴的一息血脉。谢先生不仅较为完整地继承了杨先生在音专任教时期从琴谱、琴技、琴论中概括出的琴学体系，而且还将杨先生关于"少上、多弹、慢对、勤学"的操琴心得发扬光大，尤其是他所培养的第九代传人——谢东笑、陈磊、方华、许海帆、陈是强等人都是后来推动和传播岭南古琴传承的代表性人物。

表 3-31　谢导秀师门入室弟子在高校授业的主要人员一览表

| 姓名 | 求艺年代 | 师承关系 | 文化角色 | 曾任教的高校 |
| --- | --- | --- | --- | --- |
| 陈　磊 | 二十世纪八十年代中期 | 首批弟子之一 | 广东古琴研究会副会长 | 中山大学（艺术普识课） |
| 陈是强 | 二十世纪八十年代中后期 | 早期弟子之一 | 广东古琴研究会秘书长 | 中山大学（澄心琴社）广州城市职业学院（国学院） |

续表

| 姓名 | 求艺年代 | 师承关系 | 文化角色 | 曾任教的高校 |
|---|---|---|---|---|
| 方　华 | 二十世纪八十年代中后期 | 早期弟子之一 | 广东古琴研究会理事 | 中山大学（澄心琴社）广州城市职业学院（国学院） |
| 许海帆 | 二十世纪八十年代中后期 | 早期弟子之一 | 广东古琴研究会理事 | 广州城市职业学院（国学院） |
| 谢东笑 | 二十世纪九十年代中期 | 中期弟子之一 | 广东古琴研究会会长，省级、国家级传承人，原星海音乐学院教师 | 星海音乐学院 |
| 冯焕珍 | 二十一世纪初 | 后期弟子之一 | 广东古琴研究会副会长 | 中山大学（澄心琴社） |
| 罗筠筠 | 二十一世纪初 | 后期弟子之一 | 广东古琴研究会理事 | 中山大学（澄心琴社） |
| 宋　婕 | 二十一世纪初 | 后期弟子之一 | 广东古琴研究会理事 | 广州城市职业学院（国学院） |

2. 琴社传承

琴社传承是从"雅集"中衍生出的以琴社为载体、琴乐文化递续的传统形态。而这种传统一直以古琴为纽带、因社员的相同雅趣雅好集合结社，呈现为人群聚落化的组织样态。三五同好以琴会友、以琴叙情、以琴磋艺而形成的结社传统，其悠久的历史更说明了它早已成为琴乐传承重要的、富有中国意蕴的存在方式。这种以普及传播琴乐文化为主要目的，以自发雅集、培训人才为主要功能，以相对稳定性、相对封闭性的组织为特性的琴乐传承方式，承载了岭南古琴的传承重责。如今，中山大学的澄心琴社和谢东笑老师成立的七木琴社就是其中具有代表性的岭南古琴传承组织。

澄心琴社以中山大学哲学系学生为主体，在哲学系冯焕珍教授和罗筠筠教授倡导下，在黎红雷、刘小枫、倪梁康等教授共同推动下，是岭南地区第一个以民间自为自发的形式率先进入高校文化空间的琴乐组织，因取明代岭南著名理学家、古琴家陈白沙的"静坐澄心、从中悟道"心学之意而命名，成立于2006年6月25日。而七木琴社则是由时任广东古琴研究会会长、原星海音乐学院教师——谢东笑和宁澜清夫妇于2008年4月共同创办，2009年9月19日正式揭牌成立。这个位于大学城旁的琴社，因琴系七弦、琴载一木所彰显的崇尚自然、回归简单的文化理念而得名。

两个琴社作为代表性的岭南琴乐传承、传习和传播的组织，从其共性而言：两者均是非职业化的民间传承社团；两者均是以传承、传播岭南古琴为己任；两者授业对象均是以学生为主体；两者均是由谢导秀先生门下的第九代传人作为授业教师。从其差异性而言：1.从社团性质来看，澄心琴社体现的是以琴艺"传承"为主要目标的"单一"性社团性质，而七木琴社则体现了集"创作、交流、传承"为主要目标的"综合"性社团性质。2.从社团授业对象的人员组成而言，尽管两者均是以学生作为主要的授业对象，但是澄心琴社则从成立之初就早已将授业对象清晰锁定为中山大学的在职教工、在校研究生与本科生。而七木琴社的授业对象并不局限于某个单一高校文化空间中的教师与学生，而是将其他高校的老师和学生也吸纳其中。3.从社团的运行机制而言，由于澄心琴社是多人倡导下成立的社团，而"七木琴社"则纯粹是由个人力量成立的社团，因此，社团成立的基础、条件的差异性决定了运行机制的不同。在授课周期上，澄心琴社多年来基本上坚持每两周一次的晚上"集体"授课，每次90分钟，每人每次50元，哲学系学员的古琴由琴社提供，外系学员则需自备。而七木琴社则有"入门、初级、进阶、中级、高级"的课程分阶，授课也呈现出"一对一""一对四""一对六""一对十"等多种形式，收费不等。

3. 高校课程传承

高校课程传承是以课程为载体的琴乐传承形式，多是以参加"雅集"活动的学生为主体，并以其兴趣爱好为导向，通过双向互选方式进行岭南琴乐文化的递续。它的授课形式相对自由、教学内容相对自主、授课对象相对多元。这种特质的选修课，对推动广府琴乐传承有着重要价值。如今，广州城市职业技术学院国学院的古琴选修课程就是其中最具有代表性的传承体系之一。

广州城市职业学院（以下简称"广职"）的国学院创始于2008年7月，是普及国乐、提高国学实践能力的实体性组织，所开设的"岭南古琴"选修课更是官方制定的特色课程。作为2005年才成立的院校，"广职"因其立足市场、服务社会的高等职业院校属性，与一般非职业化的高等院校有着不同的办学方向。"广职"不满足于技术型、市场型的院校定位，而是以"文化塑校、特色兴校"的办学理念贯穿于职业教育的人才培养之中，将岭南文化优良传统的传承和时代精神的交互作为推动学校发展的重要主轴。因此，自2009年开放的"岭南古琴"选修课对于提升职业院校学生的人文关怀有着重要意义。作为一门选修课，它隶属于国学院"国学精粹"选修系列中的"实践课程"部分。每学期设置18讲的授课内容，每周选用两个晚上共四个小时，为期一年，包括琴技、琴理、琴曲，尤其是岭南经典曲目的习得。同时，授课团队均来自当时在广东古琴研究会承担重任的谢导秀所培养的第九代传人，如方华、陈是强、许海帆等。目前，在广职接受"岭南古琴"选修课学习的学生已有几百人。经过18课时岭南琴艺的习得之后，学生可以自行上报国学院所涵纳的国乐社，经过社团择优录取，不仅可以参与以琴乐为中心、若干古琴雅集的社团实践，而且还可以参与每年下半年举办的两三次系列性古琴音乐会的艺术实践。"广职"这样的实践性选修课程，不仅延续了"岭南古琴"选修课程的习得功能，而且还拓展了"岭南古琴"选修课程的实践功能。这种以"岭南古琴"为核心，所形成的"琴艺学习""社团建设""艺术实践"三维一体的互动性课程体系，对于广府高校文化空间的古琴传承传播发挥着重要作用。

## 二、实践模式

从以上关于广府琴人群体"雅集"组织琴乐教习样式的分化、发展来看，三种传承方式形成了三种不同但紧密相关的文化递续。同样，也形成了以师徒传承为主体的自然传承、以琴社传承为主体的自组织传承、以特色选修课组合为主体的他组织传承的实践模式。自然传承、自组织传承、他组织传承形式作为岭南古琴富有特色的三种实践模式，从系统论的哲学观点来看，师徒的自然传承完成了岭南琴乐模拟血缘关系的文化基因序列自我传递的相状一致性，自组织传承完成了岭南琴乐文化序列以同门聚族方式而形成的亲缘性纵向传承，他组织传承完成了岭南琴乐文化序列以异质性相互依赖所形成的泛缘性横向传播。

第一种师徒传承完成了岭南古琴从近代到当代、历史性的文化承接，以谢导秀先生为首的第八代传人在"雅集"中肩负了岭南古琴的薪火相传，尽管只有为数不多的岭南古琴坚守者，但是他们却在艰难的历史岁月中坚定地守护了岭南古琴的一息血脉。自二十世纪八十年代陆续培养的一批第九代岭南古琴传承人，自然成了如今岭南古琴传播的中流砥柱。

这种以师徒传承为主体的形式在岭南琴学传承中体现的是类似血缘宗法的文化投射，它是以师徒双方自愿为前提的情况下通过岭南古琴之载体，模拟血缘关系而形成的文化性社会群体。"一日为师，终身为父"的传承定位，意味着肩负对师传之业守正固持之责，这种根植于自给自足、传统农业社会的传承方式，呈现出家族宗法结构中浓郁的人伦底色，以"近亲繁殖"和口耳相传的传承路径，守护着岭南古琴的本源性、纯真性、完整性，对于传承岭南琴派正宗血脉有着重要的文化价值。

第二种琴社传承实现了岭南古琴在现当代、亲缘性的代际文化续接。在"雅集"中脱胎而出的澄心琴社和七木琴社，以"雅"为好，以"集"促学，它们代表的是琴社组织在本质上属于岭南古琴传承系统中的子系统。在岭南古琴历时性的发展中，它将第八代师徒传承的星星之火在至今数十年里迅速燎原，培养的社团成员均达数百人。这种以自发性、传习性为主体的组织形式，对于岭南古琴文化认同的培育、推广有着重要的文化意义。这种以琴社为主体的形式与师徒自然传承的关系在于，这种自组织的实践模式是对内在家族文化本位属性的天然拓展，尽管自组织传承在性质上并非依据外部指令，而是通过相互默契的某种规则所形成的具有组织性的社团结构，但这种结构的核心，依旧是师徒传承组织化、代际性的纵向自然延续，并形成了相对松散的有序性组织结构。

第三种高校课程传承实现了岭南古琴在现当代、泛缘性的代际文化传播。由于"雅集"组织不断增长的影响力和话语权，广州部分高校率先将古琴纳入了课程体系。例如，广州城市职业学院的岭南古琴选修课，促使了师徒制度与师生制度的双向并轨与对接。与授课形式相对固定、教学内容相对计划性、授课对象相对统一的必修课而言，特色选修课有相对灵活性的课程形态，所呈现的课程特质已经形成了广府琴乐传承的重要特色，并对推动岭南古琴的传承传播有着重要的意义。

这种以课程为主体的形式，与师徒自然传承相比，师徒身份转变为具有契约性质的师生关系，人才培养的规模化、标准化、教育管理规范化和制度化，在向现代教育制度接轨的过程中已经呈现出独有特色。但从传承模式的本质而言，传播主体是岭南第九代琴人，这种约定契约依然流露出师徒自然传承的伦理钳制和泛缘性的传播意义。尽管学院教育注重标准量化和知识性，可是古琴自身的特殊属性决定了其在岭南高校文化空间中依旧以岭南古琴的地域性、文化性为支柱，一对多的精英教育实质上还是师徒传承的另一种承续。

通过对以上广府琴人群体"雅集"组织三种传承模式的梳理，可以看到以拟亲制为核心、类似血缘家族本位的岭南古琴传承体系之建构过程。建构过程所体现的宗族性特质，将"家"的同族性、同源性视作岭南古琴在高校文化空间中的基本模型。宗，体现为"尊祖"与"敬宗"，流淌在岭南古琴群体中的文化血脉早已是伦常礼仪的文化意象，以师徒方式传承并以此集结成社，或者拓展为师徒制与师生制的双向结合，从中看到的是"师傅"在整个传承体系中的绝对意义，实质上体现的是以"父"为圆点的传承模式，即以血缘亲情为逻辑起点，从而获得父亲—师傅—老师这种父权自然血亲伦理的拟制和延续，从而使岭南古琴在家本位（第一种传承）—家族（第二种传承）—宗族（第三种传承）的传承路径中获得了逻辑和价值的双重构建。

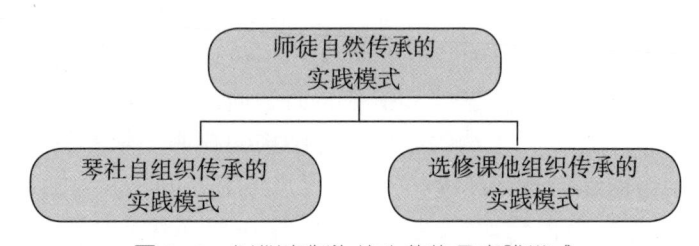

图 3-2 以拟亲制为核心的传承实践模式

因此，以"雅集"为枢纽的岭南古琴传承模式，的确构成了一种"亲属网络"，不论自然传承和自组织传承的师徒关系，还是他组织传承的师生关系，都"通过拟亲结成一种特殊之社会共同体"[1]。这种在三种传承模式背后建构的伦理关系网络，"拟亲性"的传承模式和"家"性的传承载体，成了岭南古琴传承固有的文化底色：第一，彰显了"父"

---

[1] 李星蕾、刘云生.传统中国"师徒如父子"隐喻及其伦理关联：师生关系之传统塑造及现代转型［J］.十堰职业技术学院学报，2010（2）：15—19.

与"师"从师徒到师生身份的对接与转换,这不仅意味着身份关系的承续,而且还意味着师生伦理必须通过模拟血亲而获得岭南琴艺体系内在价值同一性的确认;第二,拟亲不仅是时间意义上在广府文化空间中的承续,而且还是通过这种上下等级明晰、具备祖宗崇拜和族权威慑的传承方式,完成了岭南琴艺血脉的纯正性和琴德完整性的追求与实现。从而,以拟亲制为核心的传承体系,决定了模拟父系血缘传承成了岭南古琴传承体系的重要途径。同时,以"家"为同心圆的组织系统,实现了传承模式本质的多层建构。这个过程作为承前启后的文化链接,已经完成了"雅集"组织在广府文化空间中纵向上的承续和横向上的拓展。

## 三、发展路径

"雅集"作为岭南琴乐这一非物质文化遗产传统表现形式的传播载体之一,对于岭南文化认同的凝聚、社会传统的维系、地域精神的提取,以及文化多样性的展现都有着重要意义。然而,面对全球化浪潮的冲击,如何保护和发展岭南古琴?如何使岭南古琴传统以新的生机去适应现代化文化的转型?依托"雅集"创造契机,在岭南文化空间中如何建构岭南古琴的传承系统?如何将琴学与教育机制进行链接,建构体系化、科学化、可行化的发展路径?这已经成为推动岭南古琴活态化发展的迫在眉睫需要思考的问题。

"雅集"作为传播、创造先进文化的重要基地,作为传统文化与其他多元文化连接的桥梁,在继承、创造、弘扬地方文化方面起着独特的作用。"从某种意义上讲,'雅集'的建设应是岭南古琴文化的旗帜和先导,挖掘人才培养和社会服务的动力,在整个社会上起到传播和辐射古琴文化的重要作用。"[①] 因此,"雅集"自然成了传播岭南古琴学问、技能的重要传习空间。

作为传播岭南古琴最为稳固的文化平台,地域的文化内涵和琴学精神都需要在良性生态中活态化渗透与发展,岭南古琴进入到"相对稳定的动态文化传承体系"之中,它以三种形式进入到岭南琴乐传习之中,

---

① 陈文婷.关于闽南地区高校传承闽南文化的思考[J].漳州师范大学学报(哲学社会科学版),2008(3):126—129.

依据其"自身的规律和受众对象的特性,进行二次整理、归纳、重组,将其理论化、系统化、最终形成一条培养传承人的完整链条"[①]。

因此,岭南琴乐传习通过"雅集"进行传承传播,其意义体现为:第一,突破岭南古琴传统传承方式的局限性。当传统与教育并轨面对现代化、异质化洗礼之际,在某种程度上突破一对一传统授课的唯一方式,取而代之的是一对多等更加多元化的传承方式。第二,让岭南古琴的稳态传承在岭南文化空间中成为可能。作为一个乐种,岭南古琴是否能持续,取决于群体的生存样态。面对传承主体日渐萎缩的现实境遇,岭南古琴通过"雅集"走进岭南各个文化空间,并以几何级效度推进了岭南古琴在青年群体中的传播效应,促其实现现代传承体系的稳态性和效用性。

岭南古琴作为传承文脉的道器,是岭南传统文化不可替代的文化象征。在"雅集"影响力不断提升、影响新的受众之下,岭南古琴以第一种师徒传承为主体的方式完成了历史性的接续,以第二种琴社传承和第三种高校课程传承则完成了岭南古琴在当代的递续,并且传达岭南古琴作为非物质文化遗产的传承主体性权属,聚焦在以文化递续为主导任务和主要责任的琴人肩膀上。换言之,岭南古琴的传承应该充分发挥"雅集"的传播力和琴人群体的向心力,将其纳入以岭南古琴的地域文化传承为主体,科学研究、社会服务、人才培养相互联动和并举的"三元交互"传承路径之中。

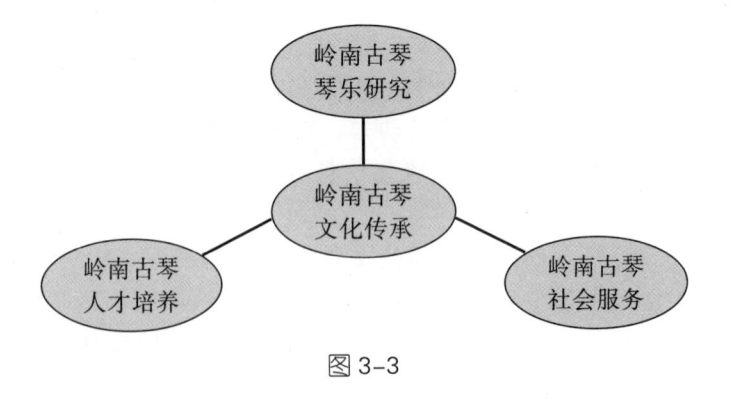

图 3-3

---

① 周亮.民族民间音乐在高校传承的趋势:以花儿为例[J].甘肃社会科学,2013(1):252—255.

"三元交互"从文化的纵向传递和横向传播两个角度来梳理出岭南古琴传承与"雅集"组织发展必然性的联系。基于岭南古琴的传承是整个机制的核心，而实现岭南古琴的传承，笔者认为不应仅仅停留于人才培养的环节，因为深厚的文化必须有厚重的文化土壤来承载其成长、实践的可能。实现这种可能，就必须将人才培养视作岭南古琴文化再生的重要过程，将琴学研究视作岭南古琴文化创新的重要途径，将社会服务视作岭南古琴文化传播的重要部分：

第一，人才培养实际上体现着岭南古琴文化输入与输出的过程。有关岭南古琴的技法与观念体系，不仅以有组织和有计划的教育过程，将岭南古琴的文化基因更加集中、有规律地进行文化传递，而且还充当着岭南古琴未来的传承者与传播者的双重角色，从保护与创新的角度完成岭南古琴文化生态的培育与提升。

第二，岭南古琴的创新离不开持续、系统的琴学研究。岭南琴学是有关岭南古琴打谱、琴史、琴典、琴器、琴人、美学、流派、风格等等的学问。其中，系统性研究岭南古琴传统琴学的人少之又少，对于岭南琴学经典的解读与认知还尚停留于起步的阶段。"雅集"组织的资源不仅可以为岭南古琴的文化创新提供相对自由的制度资源，而且还可以提供具有开拓精神的人力资源，进而从岭南古琴文化与琴学研究互动中淀积、凝练出岭南古琴文化创新的重要特质。

第三，社会服务是将岭南古琴从传统象牙塔中走出的、以互动方式与社会进行为特点的文化链接。岭南古琴的横向传播有利于汇聚人才，让其有更多机会走近岭南古琴、走进传统文化，而消弭文化的区隔意识。这不仅有利于"雅集"组织的构建，而且通过"雅集"组织与社会文化的双向链接，岭南古琴借此文化精神和人文传统可以向社会辐射与扩散，从而加速岭南古琴的文化传导，并赋予其自身更深的文化使命与文化价值。

尽管，目前岭南古琴的传承还存在传播的滞后性、人才的匮乏性、教学体系的单一性、高校职能对于推动岭南古琴发展的现实性等诸多问题，但"三元交互"的发展路径仍是可以进一步推动岭南古琴发展的合适方式：1.制定岭南古琴"雅集"组织传承与保护的长远发展规划；2.制定师资建设措施；3.制定适合的本土性教材；4.构建课程体系；5.构建定向的培养模式；6.构建岭南古琴研究平台；7.构建岭南古琴特色文化数据库；8.构建岭南古琴与社会互动的交流途径。因此，"雅集"组织的活态传承，岭南古琴"三元交互"的发展路径，其意义体现如下：

一是促进了地域传统文化的传播与弘扬。其作为承载地域文化和地域精神的艺术载体与特色文化进入岭南文化空间，可以加强学生对本土文化的认知与认同，增加其文化自信与自豪感。二是促进了以年轻人为主体的文化素质提升。作为蕴含深厚地域文化底蕴的岭南古琴，其独特的文化内涵对学生的精神观念与人格的完善有着重要的意义，尤其是对于年轻人身心和谐发展过程中的情绪调节、心态调整、美感能力的建构有着重要意义，从而促进岭南古琴传承主体其人文情怀的提升。三是促进了岭南古琴传承的文化自觉性。由于文化生态的生存环境、生活方式和生活理念的变化，地域文化意识的逐渐淡薄，致使岭南古琴传承有其艰难性。作为非物质文化的地域性代表，"雅集"组织对它的传承与弘扬有着不可推卸的历史使命。"雅集"组织的活态传承，有利于整个体系信息的文化传递及创新开发，并进行社会化转化，还可以提供相当的人力资源保障。四是促进了岭南古琴传承规范性的补足。"雅集"平台作为传承的重要阵地，与相对传统的技术传承模式相比有着明显优势，其中蕴含的文化延续的重要基因，可以在年轻人的文化积累中予以沉淀。这种容纳技术、经验和意识形态的全方位传承，促使岭南古琴文化传承得以正本清源。

## 本 章 小 结

琴人群体与雅集组织两者交互所形成的雅集群体组织是指琴人们按照一定的社会关系所结成的有共同活动的稳定集体。它既是琴人个体精神生活的基本单位，又是构成琴乐社会的基本实体。

本章第一节笔者对2007年底至2009年度的三类雅集活动进行了全方位的田野考察。雅集类型一是以纪念杨新伦为主线的系列雅集；雅集类型二是以赈灾义演为主题的雅集；雅集类型三是以日常性为主题的系列雅集。三种雅集作为琴人群体的组织表征，具有了明显的传承功能、社会功能和交流功能。

　　本章第二节笔者对雅集组织形态要素（含琴人与观众）进行了统计学和社会学的分析。规模、性别、学历、年龄是衡量琴人群体组织形态的重要向度。从雅集出席人数和频率的数据来看，该群体整体规模不大；从出席人员性别而言，整体上女性略多于男性，但对不同雅集类型的关注度，男性每次参与雅集的频率又略高于女性；从学历而言，本科是雅集组织人员主体，并以大专、硕士、高中、博士、中专、小学依次为序，其中博士、本科、大专等以关注雅集类型三居多，硕士以关注雅集类型一居多，中专以关注雅集类型二居多。从年龄角度来看，出席人员以 22—35 岁为参与主体，其中 16—25 岁以关注雅集类型一居多，46—55 岁以关注雅集类型二居多，26—35 岁、36—45 岁、56—65 岁、66—75 岁以关注雅集类型三居多。

　　同样，角色作为分析雅集组织的重要角度，它体现了对琴人群体和琴人社会中琴人特定身份人的行为期待。若从角色构成方式来看，笔者将其划分为琴人先赋角色和自致角色两类。先赋角色以学生、教师、管理为主体；自致角色以琴乐爱好者、琴乐传承人、组织管理者为主体。如果从角色存在方式来看，可将其划分为主观角色和实际角色两类。其中"琴乐爱好者"的主观角色若以"懂琴为标准"，主观角色与实际角色的内在一致性存在差异；"琴乐传承人"的主观角色与实际角色一致性很强；"组织管理者"作为琴人群体活动的决策者、组织者、运行者、执行者、传播者，其主观角色与实际角色的趋近度促使两者走向同和。

　　本章第三节主要关注了广府琴人雅集组织的传承样态、实践模式与发展路径。琴人凭借雅集组织从一种松散和自然的联系走向整合和规范的关联。通过琴人在雅集组织中的合作、交流，使该群体与社会之间、与琴人之间、与文化之间保持着持续的互动并拥有了比较稳定的结构关系和特定相互作用的模式。从琴人与组织联系的广泛性和多样性来看，人的社会性促使琴人和组织发生着直接和间接的联系，这种联系体现了雅集组织中的琴人并不是其组成成员的简单相加，而是以古琴作为自我独特意义和价值体系的彰显，从而产生与他者身份予以区分的特质。作为社会形态的微观显现，琴人与雅集组织的关系，就如同人与社会的关系一样。

## 第四章　琴人群体的琴乐语言

语言即人。

理解琴乐语言就是理解琴人。

琴乐语言与琴人"音""心"对应——《礼记·乐本篇》中"凡音之起，由人心生也"的记载，早已揭示了琴人与琴乐语言所展现的琴人"内在生命情态"[1]和"情感生活的外现动态"[2]之间的密切关系。

琴乐语言作为琴人"精神意愿的陈述与表达"[3]，其本身不仅是用来表达生活经验和生活态度的手段，更是一种与人内在生命性息息相通的彰显途径。中国传统文化是种生命哲学，讲究万事万物的生机、贯通与渗融，琴人作为宇宙生命之网中的一个纽结，将琴乐语言视为生命情态在旁通互贯中的流衍变化和"生命存在方式连续递进流程"[4]的实现。正如苏珊·朗格在《艺术问题》一书中所言："一件作品包含着情感……也就是它具有艺术的活力或展现出一种生命的形式……生命组织是全部情感的架构，因为情感只存在于活的生物体中，各种能表现情感的符号的逻辑，也必然是生命过程的逻辑。"该过程不仅阐明了琴人其"内在形式和外在形式的表里互一"，而且也阐明了"没有不表征为外在情态的人的内在生命情态，也不存在脱离了人的内在生命情态的外在情态表征，人的内在生命情态总会通过外在生命情态得以显现"这一事实。

从以上的论述中，我们可以看到琴乐语言"与生命情态的异质同构的某种相关性"[5]和琴人观念世界向实体世界的转换与生成。因此，琴乐语言作为表达自己、认识他人的重要方式，我们了解了琴乐语言就可以

---

[1] 黄汉华. 抽象与原型——音乐符号论 [M]. 上海音乐学院出版社，2004：51.

[2] 罗小平. 音乐美学通论 [M]. 上海音乐出版社，1999：342.

[3] 孙佳宾. 音乐作为人的精神意愿与美的经验之存在 [J]. 中国音乐学，1996（4）：78.

[4] 邵桂兰. 论音乐存在的生命形式及其同构关系 [J]. 中央音乐学院学报，1997（4）：18.

[5] 黄汉华. 抽象与原型——音乐符号论 [M]. 上海音乐学院出版社，2004：88.

了解琴人琴乐观念与行为。鉴于琴乐语言静态物化和动态声响化其存在方式的二重性质，在本章中笔者将对琴乐语言的琴谱文本和音响文本予以分析，其目的在于通过文献文本和实录文本二重证据的相互印证，勾勒它在构象与运象过程中聚散形态展示出的结构陈述、音色聚合、音时演变、音律呈示，呈现琴乐语言的固化和活化样态，从而梳理琴人群体在语言表述上的异同关系，探讨琴乐语言变容或者共容的移步换形或者移步不换形，并以此角度观察琴人琴乐语言群体的内在一致性和群体化过程。

## 第一节　琴乐语言的谱本分析

谱本分析是以琴人群体中四位琴人演奏的《鸥鹭忘机》琴谱为对象，就其琴乐解题和琴乐版本，展开的琴人琴乐语言静态形式的研究。

琴乐《鸥鹭忘机》又名《忘机》《海鸥忘机》。最早见于1425年朱权之《神奇秘谱》。相传该曲根据《列子·黄帝》中"海上之人有好鸥鸟者，每旦之海上，从鸥鸟游，鸥鸟之至者，百住而不止。其父曰：'吾闻鸥鸟皆从汝游，汝取来，吾玩之。'明日之海上，鸥鸟舞而不下者也"寓言典故而作，其作者《神奇秘谱》云"臞仙曰，是曲也，宋天台刘公志方之所制也"，《重修真传》和《琴苑心传全编》均曰"是曲宋天台刘治方所制也"，南宋琴人刘志芳自此被同好以及后辈琴人认定为该曲的作者。

### 一、《鸥鹭忘机》的琴乐解题

忘机，是道家语，意指忘却计较、巧诈之心，自甘恬淡，与世无争，淡泊隐居，不以事实为怀，后人常用"海翁忘机、鸥鸟不飞"比喻逸士的旷达态度和坐忘尘世的怡然自得，以及"海日朝辉，沧江夕照，群飞众和，翱翔自得，一派浑然天机"、人禽和谐相处的情景。正如《重修真传》琴谱解题所言"其意若海翁忘机，鸥鸟不飞之谓欤。而功名富贵视如草芥，一无动心然"，也如《一经序琴学》所言"闻诸子列子，人有好鸥鸟；朝夕与之游，依依相狎扰；一旦机心起，翱翔先已晓；伊谁谱斯曲？情寄物我表；涵擬渌水深，明同秋月皎，鸣凤栖高梧，舞鹤娴清沼，相得在忘机，无欺物类小"。该曲没有刻意地言志，全然表达的是物我两忘、不怀尘想、闲看潮起潮落的境界，"人能忘机，鸟即不疑；人机一动，鸟即远离；形可欺，而神不可欺；我神微动，彼神即知，是以圣人与万物同尘，常无心以相随"。该曲不仅体现了不着形迹、莫生机心的主题，更体现了心无纷竞、心无挂碍的至上境界。

《鸥鹭忘机》全曲清新典雅、曲意隽永，其整体规模并不大，纯属"用意自不俗"的"游戏小品"。琴意"轻松活泼"、流畅明朗，"实有天空任飞之概"，"一幅美好的海边胜景，一片祥和的般若心境，使人听之不由豁然"，难怪近代著名琴家徐元白先生曾盛赞该曲："气息幽逸，为琴中独步，当净境良宵，瓣香静鼓，神舒意畅，太上忘情，机心从何可得起。"鉴于它独到的特色，该曲从明代一直流传至今，在这六百多年的历史之中，《鸥鹭忘机》被35个存见琴谱所收录，见下表：

表4-1 《鸥鹭忘机》所载琴谱[①]

| 序号 | 琴谱名称 | 乐曲名称 | 调式 | 段落 |
| --- | --- | --- | --- | --- |
| 1 | 神奇秘谱 | 忘机 | 商调 | 凡三段 |
| 2 | 风宣玄品 | 忘机 | 商调 | 凡二段 |
| 3 | 西麓堂琴统 | 鸥鹭忘机 | 商调 | 凡三段 |
| 4 | 古音正宗 | 鸥鹭忘机 | 宫调 | 连尾声计五段 |
| 5 | 徽言秘旨 | 鸥鹭忘机 | 羽调 | 凡七段 |
| 6 | 陶氏琴谱 | 忘机引 | 宫调 | 凡四段 |
| 7 | 愧庵琴谱 | 鸥鹭忘机 | 羽变宫商 | 凡四段 |
| 8 | 琴苑心传全编 | 忘机 | 商调 | 连尾声计五段 |
| 9 | 松风阁琴谱 | 忘机 | 清宫 | 凡六段 |
| 10 | 琴瑟谱 | 忘机 | 宫调 | 凡七段 |
| 11 | 德音堂琴谱 | 鸥鹭 | 宫调 | 凡五段 |
| 12 | 蓼怀堂琴谱 | 海鹭忘机 | 宫羽调 | 凡五段 |
| 13 | 五知斋琴谱 | 鸥鹭忘机 | 宫调 | 凡三段 |

---

① 该表是笔者于查阜西《存见古琴曲谱辑览》原始材料的基础上整理统计而来。

续表

| 序号 | 琴谱名称 | 乐曲名称 | 调式 | 段落 |
|---|---|---|---|---|
| 14 | 琴书千古 | 鸥鹭忘机 | 羽调 | 凡五段 |
| 15 | 春草堂琴谱 | 鸥鹭忘机 | 仲吕均宫调 | 凡五段 |
| 16 | 琴剑合谱 | 鸥鹭忘机 | 宫调 | 凡六段 |
| 17 | 兰田馆琴谱 | 鸥鹭忘机 | 宫调 | 凡六段 |
| 18 | 琴香堂琴谱 | 鸥鹭忘机 | 宫调 | 凡六段 |
| 19 | 研露楼琴谱 | 鸥鹭忘机 | 宫调 | 凡五段 |
| 20 | 自远堂琴谱 | 鸥鹭忘机 | 宫调 | 凡三段 |
| 21 | 琴谱谐声 | 鸥鹭忘机 | 角宫调 | 凡五段 |
| 22 | 指法汇参确解 | 海鸥忘机 | 宫调 | 凡五段 |
| 23 | 峰抱楼琴谱 | 鸥鹭忘机 | 宫调 | 凡五段 |
| 24 | 琴学韧端 | 鸥鹭忘机 | 宫调 | 凡六段 |
| 25 | 邻鹤斋琴谱 | 鸥鹭忘机 | 不详 | 凡五段 |
| 26 | 悟雪山房琴谱 | 鸥鹭忘机 | 仲吕均宫调 | 连尾声计七段 |
| 27 | 张鞠田琴谱 | 鸥鹭忘机 | 宫调 | 凡三段 |
| 28 | 一经庐琴学 | 鸥鹭忘机 | 宫调 | 凡七段 |
| 29 | 琴学入门 | 鸥鹭忘机 | 仲吕均宫调 | 凡五段 |
| 30 | 蕉庵琴谱 | 鸥鹭忘机 | 宫音 | 凡三段 |
| 31 | 以六正五之斋琴学秘谱 | 鸥鹭忘机 | 宫调 | 凡三段 |
| 32 | 天闻阁琴谱 | 海鹭忘机 | 宫调 | 凡五段 |
| 33 | 希韶阁琴瑟合谱 | 鸥鹭忘机 | 不详 | 凡五段 |
| 34 | 琴学初津 | 鸥鹭忘机 | 宫调 | 凡五段 |
| 35 | 诗梦斋琴谱 | 鸥鹭忘机 | 不详 | 凡三段 |

《鸥鹭忘机》在发展过程中形成了同名异曲和异名同曲的现状，以及以商调和宫调系为主体的多个琴乐系统。统计结果表明，称为"鸥鹭忘机"者有25个，占总数的72%；称为"忘机"有5个，占总数的14%；称为"海鹭忘机"有2个，占总数的5%；称为"鸥鹭""忘机引""海鸥忘机"均有1个，本别占总数的3%。

表 4-2

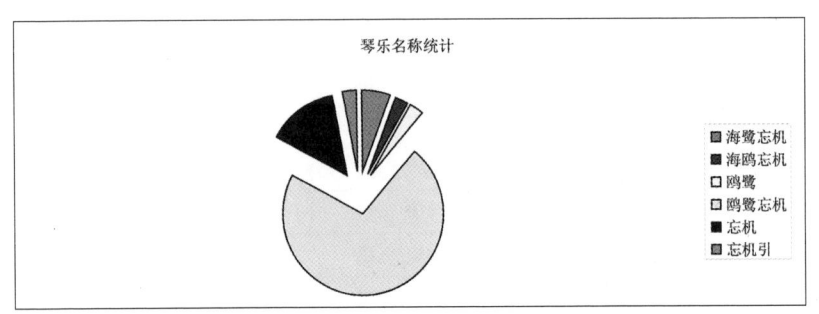

琴乐名称统计

- 海鹭忘机
- 海鸥忘机
- 鸥鹭
- 鸥鹭忘机
- 忘机
- 忘机引

宫调式有 22 个（含仲吕均宫调），占总数 63%；商调式有 4 个，占总数的 11%；羽调式有 2 个，占总数的 5%；清宫调有角宫调、宫羽调、羽变宫商调，各有 1 个，分别占总数的 3%。

表 4-3

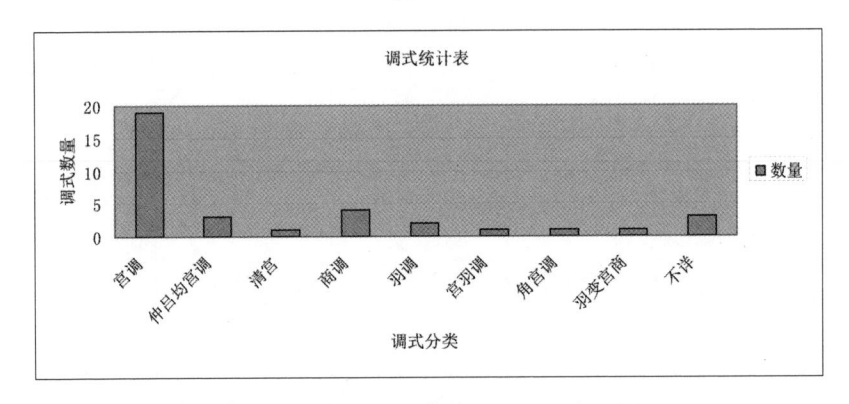

调式统计表

对琴乐名称和调式进行统计的目的在于，通过厘定名称之脉络，借助调式归属的分析，梳理同名异曲或者异名同曲的亲缘关系，从而客观呈现本章所选定的研究对象——《鸥鹭忘机》历时演进中同类琴乐的现实境遇。

它们之间到底是一曲多名还是多名多曲，笔者因没有做过深入调查，不敢妄下定论，但至少我们可以剥离出这样的事实——被称为"鸥鹭忘机"的乐曲，大部分均属于宫调。调式的一致性，很有可能形成音调上的相似性，同时产生琴乐之间的关联性和派生性，其内在的真实情况究竟如何，则是笔者下一步的研究主题。

琴人若遗关于《鸥鹭忘机》传承支脉所做的分类对笔者研究该领域极有参考价值。在他看来，该曲主要分为商调系列和宫调系列两种，其中以《神奇秘谱》和《思齐堂琴谱》分别作为两类分支的琴乐源头：

"《神奇秘谱》一系商调忘机仅有《神奇》、《风宣》（1539）、《西麓》（1549）、《重修真传》（1585）四家琴谱辑录。"

"自《思齐堂琴谱》（1620）的另一系宫音'忘机'……可分为五列：一列以《思齐堂琴谱》、《古音正宗》（1634）、《陶氏琴谱》（琴歌）、《琴苑心传全编》（1670）为代表；二列以《愧庵琴谱》（1660）为代表；三列以《德音堂琴谱》（1691）、《蜂园琴谱》（1705）为代表；四列以《松风阁琴谱》（1677）、《蓼怀堂琴谱》（1703）、《兰田馆琴谱》（1755）、为代表；五列以《徽言秘旨》（1647）、《五知斋琴谱》（1722）、《琴香堂琴谱》（1760）、《研露楼琴谱》（1766）、《自远堂琴谱》（1802）等琴谱为代表。"

与本章内容紧密相关的《悟雪山房琴谱》（1836）和《古冈遗谱》的"鸥鹭忘机"，同《松风阁琴谱》"忘机"、《蓼怀堂琴谱》"海鸥忘机"、《兰田馆琴谱》"鸥鹭忘机"相比基本相同。

## 二、琴乐版本

琴乐版本作为琴乐语言传承的重要途径，自有文字谱记谱法以来，为后世留下了三千多首琴乐，其价值和功劳不言而喻。尤其是明清时期，文人提倡琴学，将"民间流传的曲目编纂成集，并对其表现内容给予解释和说明"后集资刊印之风气盛行，在十五至十九世纪这五百年间，先后刊印的琴曲谱集达数百种之多，流传至今的尚有一百五十余种"[①]。

从笔者对《鸥鹭忘机》所载琴谱的梳理结果来看，同一琴曲出现了数种乃至数十种谱本的流传，但同时我们也不要忽略了同一谱不同的抄本和刻本。抄本又称写本，是指以抄写方式不同而产生的文献文本；刻本是指通过官刻、坊刻、家刻的方式而产生的文献文本。它们一直是中国传统版本学的核心形式。众所周知，琴曲在流传过程中，经常会出现

---

[①] 章华英.古琴音乐打谱之理论与实证研究[D].中国艺术研究院，2006：56.

琴乐变容的情景，不同谱本和不同刻本或写本的琴曲会因师承、地域和审美取向的不同，呈现出各自相异的旋律音调、演奏技法、谋篇布局等流派特征。因此，琴人演奏琴乐多会因自己的喜好偏爱，而对各版本的琴曲通过"查检考证法""经验判断法""版本对勘法"进行版本鉴定，从而选择自己中意的琴曲类型。

**（一）抄本《古冈遗谱》**

在本章中，四位琴人演奏的《鸥鹭忘机》琴乐版本均来自岭南派传承的重要曲本：《古冈遗谱》和《悟雪山房琴谱》。

图 4-1

《古冈遗谱》是元代遗留下来的琴曲秘本。"自宋亡之后，宋室遗丞及士族名流便隐居于珠江三角洲。从中原带来的文物亦大量散落在民间，其中就有琴器和琴谱。元初宋遗民为追忆前朝，在新会搜集宋室遗留的琴曲，辑成《古冈遗谱》四册共二十四曲，该谱收录有浙谱、徽谱、闽谱和阁谱的部分曲目"[①]，因印数不多，加之刻板在明初毁于战火，目前所见曲谱多为手抄本。

根据手抄本的流传地域，琴人许海帆对其进行了分类：一是南海"古冈"抄本，其中的《鸥鹭忘机》是道光年间在粤西传抄的古冈琴曲；二是番禺"古冈"抄本，主要以满族容庆瑞家藏抄本为代表；三是新会

---

① 许海帆.《古冈遗谱》琴曲传承及演变探微[J].星海音乐学院学报,2008（4）:57.

"古冈"抄本，主要以岭南二祖黄景星之父家藏抄本为代表，道光十六年其家藏的古冈抄本收录在《悟雪山房琴谱》当中；四是中山"古冈"抄本，则以郑健侯世代相传的元刻本为代表。

抄本的并存，并不意味着《古冈遗谱》存在时间上的确定性。出于这样的疑惑琴人若遗对其进行了考据，他认为如果"宋末秘谱《古冈遗谱》实有其谱，当早于1279年；若《古冈遗谱》确有元代刻本，亦当早于1368年；若白沙曾录《古冈遗谱》实有其事，莫论是时所见传谱真伪，其谱必早于1500年，当接近于《神奇秘谱》（1425）、《风宣玄品》（1539）、《梧冈琴谱》（1546）、《西麓堂琴统》（1549）等明代早中期琴谱"。他通过杨新伦传谱的《鸥鹭忘机》与《悟雪山房琴谱》和其他派别《鸥鹭忘机》音乐形态的比较，发现其曲调、指法等均与明代中期的琴谱差别很大，而将《古音正宗》（1634）、《陶氏琴谱》（明版）、《琴苑心传全编》（1670）、《愧庵琴谱》（1660）、《徽言秘旨》（1647）、《德音堂琴谱》（1691）彼此之间的关联进行了分析，发现除细微之处有所差别之外，大体基本相同。

因此，存见的《古冈遗谱》其出现时间应该定为清代中期，并与《悟雪山房琴谱》"必有相同的传承渊源或一定的传承联系"，但"古本《古冈遗谱》或许实有其谱，为元代刻本或明初抄本，然黄景星父亲所抄《古冈遗谱》及杨新伦所承传《古冈遗谱》已非宋元真本"或者"真本《古冈遗谱》盖早已佚失"[①]。

**（二）刻本《悟雪山房琴谱》**

《悟雪山房琴谱》是岭南另一重要谱集，它由岭南派二祖清代黄景星纂辑。黄景星（1766？—1842），字家兆，别号煟南，自署悟雪山人，新会会城人。出自书香之家，父、兄都是古琴嗜好者，他自小受到熏陶，从其兄黄观炯习琴，练指法，操琴音。后拜香山县琴师何洛书及其子何文祥为师，随从习琴，"尽得其操法"。黄景星毕生务琴，对岭南琴学的兴起和发展有所贡献。他取其父手抄的《古冈遗谱》（据说是明代大儒陈白沙所录南宋王室遗留新会的秘本）中的三十余操曲谱，加上其师

---

① 许海帆.《古冈遗谱》琴曲传承及演变探微［J］.星海音乐学院学报，2008（4）：58—59.

何洛书传授的十余操,订编汇成《悟雪山房琴谱》四卷,于道光十六年（1836）刊行问世。他于道光二十二年（1842）逝世后,其弟子李宝光将《悟雪山房琴谱》重刊行世。据说此谱方辑成,琴人便竞相出奥传,"纸为之贵"。清光绪丁亥（1887）重刻《悟雪山房琴谱》中的《怀古》《鸥鹭忘机》《渔樵问答》《碧涧流泉》《玉树临风》五曲,曲目后面均注有"古冈遗谱"四字。

全谱刻本共六卷,收录五十曲。扉页载有道光十五年黄景星的自序、道光十六年何耀琨的序、光绪十三年李宝志的序,以及谱目、七调图、指法和琴谱,并在"凡例"中提及"集中各谱,有经师友传授、参订者,一一注明,俾知实有渊源,非敢自作聪明也"。从书中曲目后及后记中可知《清夜闻钟》《高山》《碧天秋思》《雁度衡阳》《圯桥进履》《醉渔唱晚》诸曲授自何琴斋父子;《碧涧流泉》《怀古》《鸥鹭忘机》诸曲出自《古冈遗谱》;《雁落平沙》得自孙鸾啸本;《塞上鸿》传自新会莫锡龄;《金门侍漏》为秀水盛复初谱;《水仙操》为张文焯谱;《静观吟》及另本《高山》为《春草堂谱》。

关于《悟雪山房琴谱》收录《古冈遗谱》的琴曲数目,目前还没有定论,但许海帆认为招学庵略抄本中注明有五曲,《存见古琴曲谱辑览》注明"古冈"有四曲,云南倪和宣"悟雪"抄本中注明为三曲,莫尚德亦曾见过"悟雪"谱,称注明有三曲。经过梳理,他个人较为倾向于五曲,因为查阜西的"存见"所据的是广东抄本,故抄漏可能性较大。

综上所述,《古冈遗谱》和《悟雪山房琴谱》作为岭南琴派传承和得以光大的重要基石,不仅众多经典琴曲浓缩其中,而且亦凝聚了诸多辈琴人的心血,为促进琴学的发展作出了贡献。

## 第二节 琴乐音响语言的结构陈述

谱本静态呈示和音响动态呈示是琴乐语言的两种表达形式。

琴乐音响语言作为琴乐语言本质存在的特性之一,以动态化的音响方式将琴乐语言谱本静态符号予以阐释。众所周知,谱本是琴乐传承传播和表演的物质凭借,减字谱的形成与古琴乐器"一位多音""一音多位""一音多色"的特性有密切联系。作为音位谱,在某种程度上琴乐音高和节奏的更多展示是以间接的方式而非直接的方式予以表达。正是这种特质决定了琴人琴乐语言表达的共性和特殊性所在。笔者认为真正认识琴乐语言仅以解释谱本语言是远远不够的,"任何一种乐谱的存在,没有解释系统的存在,或者说只有对其符号概念的解释,而没有音响的解释,就是一份'没有生命'的乐谱"①,深入到音响本身研究琴乐语言是必须的,因此,笔者选择了四位琴人②演奏的岭南琴曲《鸥鹭忘机》作为观察琴人群体琴乐语言的手段和工具,在谱本符号表象性系统中,还原琴乐语言在流动过程中的语言要素、组织和构成方式,从而观察物化形态与活化形态之间的相互转化,以及其中所传达的行为特性和观念特征。

## 一、琴乐音响语言陈述的宏观布局

琴乐语言的音响性确定了琴乐表达过程的动态性。"正因为音乐本体的随声随灭,流动不居的特色"③,琴乐语言在音响横向呈示中,将"具有一定音高关系"的音体系"运用各种表现手段,按照某种形式"④进行有机多样的结合,形成了琴乐音响语言在流动中所体现的乐音组织过程以及音响的运转逻辑,从而呈现出不同的陈述结构和层次,其中包括宏观结构和微观结构。

### (一)琴乐音响语言的结构布局

宏观结构是指琴乐语言陈述的整体布局样式。因其样式差异性,体现了琴乐语言陈述要素(旋律、调式等)的多样性,它作为"音乐整体的要素,运用一定的手法来组织并发展音乐材料,使音乐的整体结构显示出某种规律"⑤,这种规律所形成的布局特色及类型,充分表现了琴人

---

① 修海林.对古谱译解与音响再现学理层面上的认识[J].音乐艺术,2002(1):17.
② 谢东笑、许海帆、刘殊君、简子聪。
③ 马卫星.浅析音乐音响的存在基础与结构特征[J].中国音乐学,1996(4):85.
④ 杨儒怀.音乐的分析与创作[M].人民音乐出版社,2003:2.
⑤ 李小诺.音乐结构原则形成的心理平衡效应初探——简单结构与简单平衡原则[J].音乐艺术,2003(2).

琴乐语言陈述的外部形态和各部分之间的联系以及不同的陈述方式。

《鸥鹭忘机》作为中等规模的琴曲，四位琴人琴乐音响语言的宏观陈述可以分为起引、主体、尾声三个部分。起引部分由两个乐段组成，将主要的乐核组织得以呈示。主体部分由三个乐段组成，其乐思经过系列手法在第四段的第19句达到了高潮，整体乐思在渐慢中，进入到第六段的尾声部分之中。

表4-4 《鸥鹭忘机》琴乐音响语言的结构布局

| 起引 | | 主体 | | | 尾声 |
|---|---|---|---|---|---|
| （一） | （二） | （三） | （四） | （五） | （六） |
| 1—3 | 4—8 | 9—14 | 15—19 | 20—27 | 28—31 |
| C徵 | F宫 | D羽 | D羽 | D羽 F宫 | F宫 |

### （二）琴乐音响语言的音区布局

从琴乐音响语言陈述的音区布局而言，第一段主要集中于大字组；第二段整体移高至小字组；第三段在小字组和小字1组交替；第四段在小字1组区中第一次出现了乐曲的最高音A羽；第五段音区布局分为两个阶段，第一阶段以围绕小字1组的横向运行为主，第二段从小字1组逐层整体下移至于小字组；第六段在小字组上结束。音区的布局呈示也就构成如下的旋律曲线：

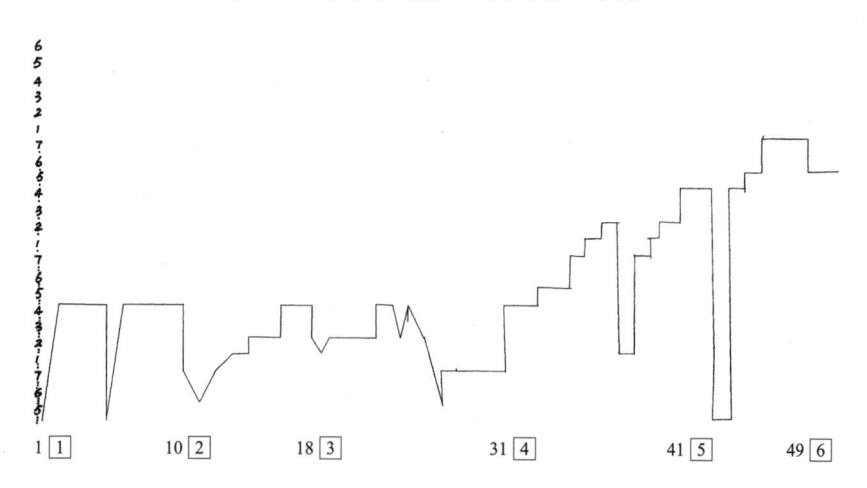

表4-5 琴乐音响谱音的宏观音区布局

第四章　琴人群体的琴乐语言

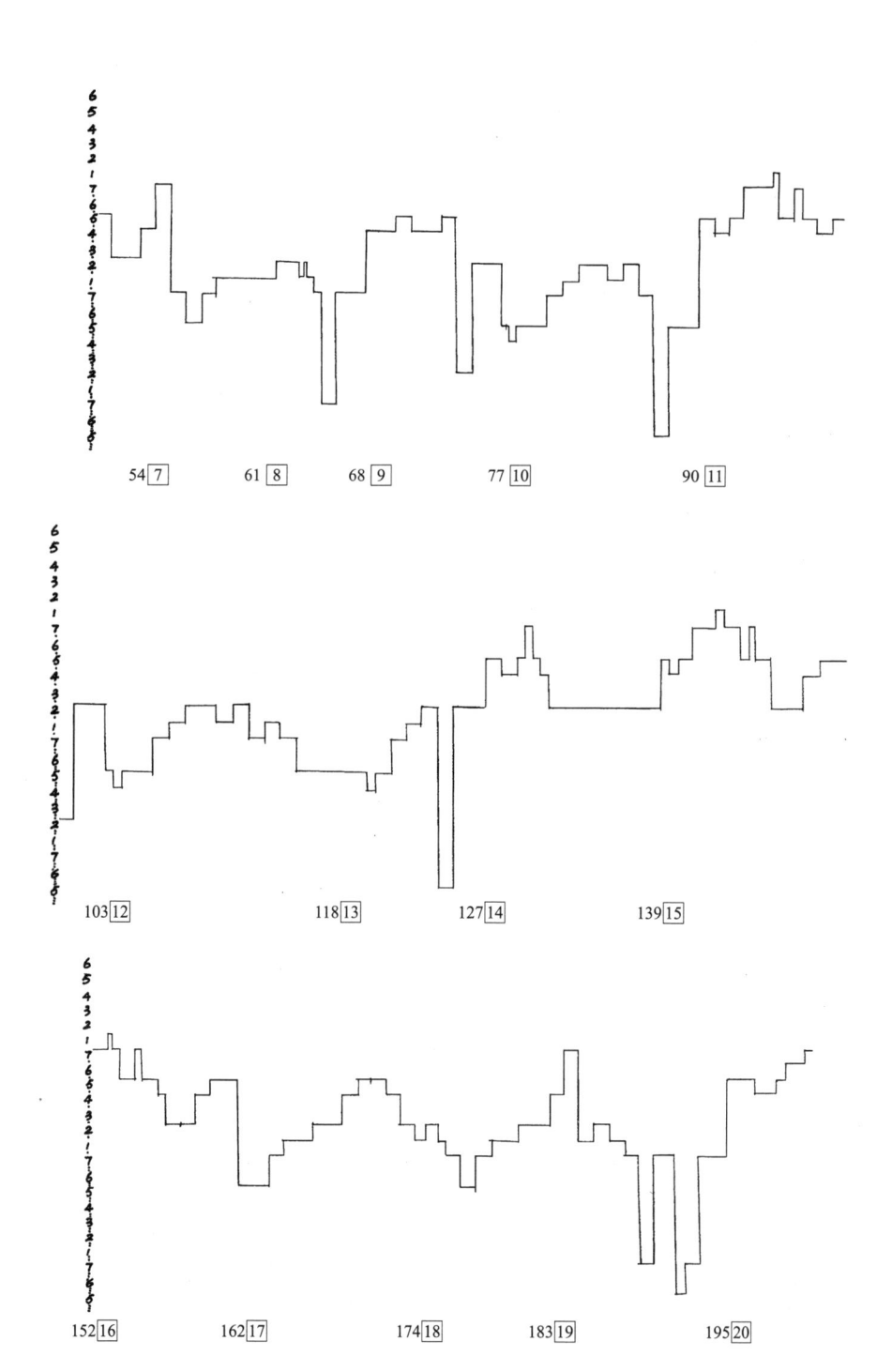

54 [7]　　61 [8]　　68 [9]　　77 [10]　　90 [11]

103 [12]　　118 [13]　　127 [14]　　139 [15]

152 [16]　　162 [17]　　174 [18]　　183 [19]　　195 [20]

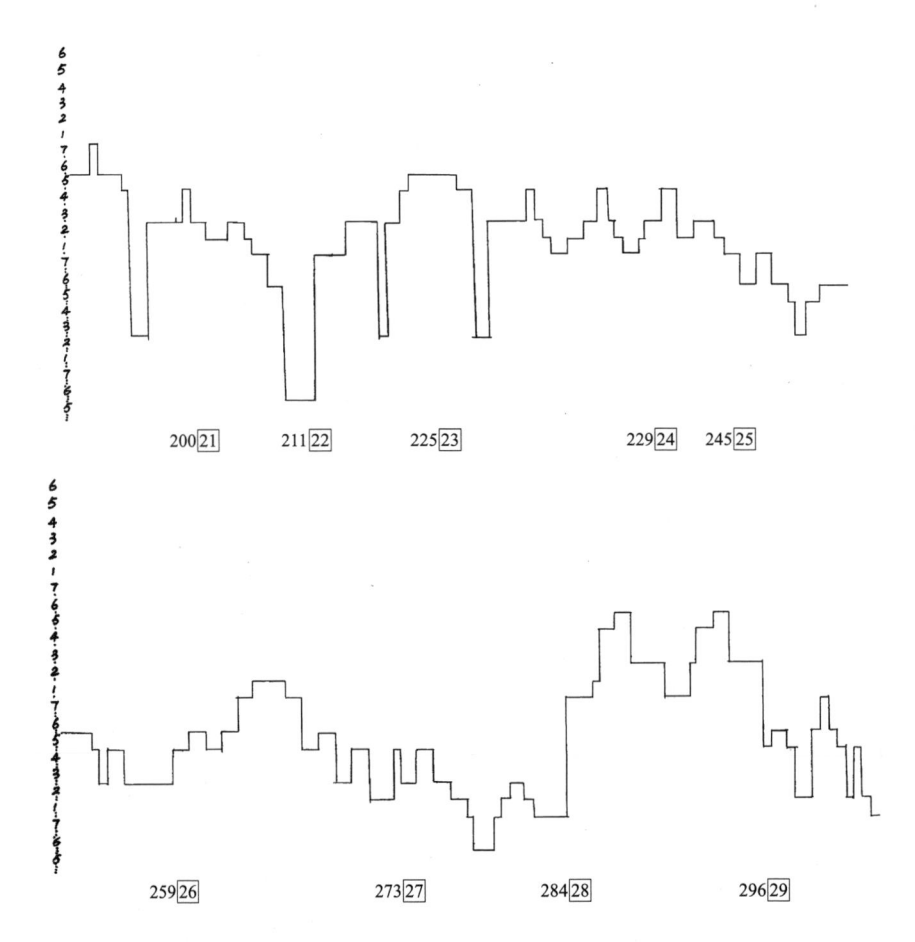

### （三）句法布局

从句法规模上看，四位琴人演奏的《鸥鹭忘机》均为31句，在规模上没有差异；从句法单位结构的组合上看，四位琴人的陈述形成了对、半等各种不同的结构类型。

第一段由三个乐句组成，其结构类型为两种结构单位组合而成的长短不均匀结构；第二段由五个乐句组成，其结构类型为短长不均匀结构；第三段是三组结构长度相等的对半均匀结构；第四段是由对半均匀和一组长短非均匀的混合结构组成；第五段同样也是混合结构；第六段是对半的均匀结构。

表 4-6 《鸥鹭忘机》琴乐音响语言的宏观句法结构

| 起引 | | 主体 | | | 尾声 |
|---|---|---|---|---|---|
| （一） | （二） | （三） | （四） | （五） | （六） |
| （1—3） | （4—8） | （9—14） | （15—19） | （20—27） | （28—31） |
| 3 | 5 | 6 | 5 | 8 | 4 |
| （2＞1） | （2＞1＞1＞1） | （2＝2＝2） | （2＝2＞1） | （2＝2＝2＞1＝1） | （2＝2） |
| 2∶1 | 2∶1∶1∶1 | 2∶2∶2 | 2∶2∶1 | 2∶2∶2∶1∶1 | 2∶2 |

从句法结构的内部动力来看，四位琴人琴乐语言陈述的"起引"部分以长短非均匀结构为主，体现了结构单位从大到小方向的倾斜，句法在长度比例上失去均衡，使结构单位处于失衡状态的组合之中，增强了结构的推动力，从而促成向主体部分的结构运行。"主体"部分由对半的均匀结构和长短组合的非均匀结构组成。第三段对半的均匀结构使结构单位在长度上保持均衡，它以平稳运动的方式，使乐思得以平衡呈现。第四段和第五段主要是均匀和非均匀的混合结构，它使琴乐语言在平衡和非平衡的张力中间，达到了对比效果。琴乐音响语言在尾声部分的均匀结构中结束。

**（四）宏观落音布局**

落音布局与调式色彩、调式[①]音级的稳定性有密切关系，是了解琴乐语言风格呈示的重要认知途径。从琴乐落音布局来看，四位琴人在整体上呈现了一致的格局，说明其琴乐语言横向运行方式与趋势相当接近。按常理，琴乐语言会因人而在落音上多少表现出一定程度的差异性，但从这四位琴人的落音布局来看，处于趋同的状态。

---

① 调式是指以主音为中心，按照一定关系联结在一起组合而成的体系。音阶是指从宫音到其高八度宫音由低到高的排列。在中国乐理概念中，音阶和调式不属于同一层级，音阶比调式高一级。例如，中国主要有雅乐音阶、下徵音阶、清商音阶三种，每种又有宫、商、角、徵、羽五种调式，共计十五种。音阶主音又名音主，其阶名为宫音，它不仅是音阶序数的第一级首音，同时也是一音列中宫、商、角、徵、羽等调式的特殊中心音。音阶主音是将宫作为音阶主音，调式主音是指每种调式各自的调头（童忠良.对称乐论集［M］.上海音乐学院出版社，2004：407—409）。

表 4-7 《鸥鹭忘机》琴乐音响语言的宏观落音布局

| 乐句 | Xdx | Xhf | Lsj | Jzc |
| --- | --- | --- | --- | --- |
| 1 | C 徵 | C 徵 | C 徵 | C 徵 |
| 2 | C 徵 | C 徵 | C 徵 | C 徵 |
| 3 | F 宫 | F 宫 | F 宫 | F 宫 |
| 4 | F 宫 | F 宫 | F 宫 | F 宫 |
| 5 | F 宫 | F 宫 | F 宫 | F 宫 |
| 6 | A 角 | A 角 | A 角 | A 角 |
| 7 | G 商 | G 商 | G 商 | G 商 |
| 8 | F 宫 | F 宫 | F 宫 | F 宫 |
| 9 | A 角 | A 角 | A 角 | A 角 |
| 10 | D 羽 | D 羽 | D 羽 | D 羽 |
| 11 | A 角 | A 角 | A 角 | A 角 |
| 12 | D 羽 | D 羽 | D 羽 | D 羽 |
| 13 | A 角 | A 角 | A 角 | A 角 |
| 14 | A 角 | A 角 | A 角 | A 角 |
| 15 | D 羽 | D 羽 | D 羽 | D 羽 |
| 16 | D 羽 | D 羽 | D 羽 | D 羽 |
| 17 | A 角 | A 角 | A 角 | A 角 |
| 18 | A 角 | A 角 | A 角 | A 角 |
| 19 | F 宫 | F 宫 | F 宫 | F 宫 |
| 20 | A 角 | A 角 | A 角 | A 角 |
| 21 | D 羽 | D 羽 | D 羽 | D 羽 |
| 22 | D 羽 | D 羽 | D 羽 | D 羽 |
| 23 | A 角 | A 角 | A 角 | A 角 |
| 24 | D 羽 | D 羽 | D 羽 | D 羽 |
| 25 | A 角 | A 角 | A 角 | A 角 |
| 26 | G 商 | G 商 | G 商 | G 商 |
| 27 | F 宫 | F 宫 | F 宫 | F 宫 |
| 28 | A 角 | A 角 | A 角 | A 角 |
| 29 | A 角 | A 角 | A 角 | A 角 |
| 30 | F 宫 | F 宫 | F 宫 | F 宫 |
| 31 | F 宫 | F 宫 | F 宫 | F 宫 |

## （五）调式布局

琴调是琴乐语言陈述的重要内容，包括琴乐演奏的定弦方法，涉及"定弦音阶和不同定弦音阶之间的音高对应关系，以及此种或彼种音阶所包含的各种调性结构、调式结构方面的关系"[①]。

从宏观调性布局而言，全曲为仲吕均基础上建立的同宫系统，从起引部分第一段的 C 徵调式、第二段的 F 宫调式，到主体部分的 D 羽调式，再到尾声部分的 F 宫调式，其都围绕仲吕均同宫系统展开，没有旋宫。仲吕均，又称五音调、正调、仲吕宫弦、正宫调、正弦调。它在诸多琴调中占有重要的位置。关于五音正调的调弦法，从现存史料看，总括主要有"三种不同"[②]的说法：一是以三弦为宫、三弦为黄钟；第二种以三弦为宫，一弦为黄钟；第三种以一弦为宫，一弦为黄钟。《淮南子·天文训》中对此早有论述："甲子仲吕之徵[③]也，丙子夹钟之羽[④]也，戊子黄钟之宫[⑤]也，庚子无射之商也，壬子夷则之角也。"

表 4-8 关于"仲吕均"的文献图说

---

[①] 吴文光. 琴调系统及其音乐实证 [J]. 中国音乐学，1997（1）：5.

[②] 第一种，林南黄太姑林南（首调音名为徵羽宫商角徵羽）；第二种，五音序列黄太仲林南黄太（首调唱名为徵羽宫商角徵羽）；第三种，黄太姑林南黄太（首调唱名为宫商角徵羽宫商）。

[③] 甲是指分类，子对应黄钟，是指一弦黄钟为徵，三弦仲吕为宫的仲吕均。

[④] 指一弦黄钟为羽，二弦夹钟为宫的夹钟均。

[⑤] 指一弦为宫的黄钟均。

| 分类<br>弦序 | 甲子<br>仲吕 | 丙子<br>夹钟 | 戊子<br>黄钟 | 庚子<br>无射 | 壬子<br>夷则 |
|---|---|---|---|---|---|
| 一弦 | 徵 | 羽 | 宫 | 商 | 角 |
| 二弦 | 羽 | 宫 | 商 | 角 | 徵 |
| 三弦 | 宫 | 商 | 角 | 徵 | 羽 |
| 四弦 | 商 | 角 | 徵 | 羽 | 宫 |
| 五弦 | 角 | 徵 | 羽 | 宫 | 商 |

从文献的表述来看，如今琴乐常用第二种五音调。在琴人的音乐实践中，仲吕调的弦次音名为黄、太、仲、林、南、清黄、清太，即ＣＤＦＧＡＣＤ，其首调音名为徵、羽、宫、商、角、徵、羽，即sol、la、dol、re、mi、sol、la。这种以第三弦当仲吕律并以此作宫弦、具备五声音阶中全部五正音的定弦方法，被古人称为"中和之声"。朱载堉在《律学新说》中谈到"所谓中和者，古之正调是也，俗呼为清角调，轩辕氏之所造。以第三弦为宫音……老者歌之不揭，少者歌之不拽，不高不下，是名为中和也"。

## 二、琴乐音响语言陈述的微观结构

微观结构是指音组织形态内部构成关系所形成的样式。作为陈述语言的基本要素，它所体现的琴乐音响结构有序性，主要表现为乐核材料的衍展与变形，并以此生成的乐音组合形式，以琴乐音响语言的综合表现手段而得以展现。微观结构的有限音组织的多样化表达，使其呈现了琴乐音响语言是怎样构成的过程。

### （一）音核组织

音核组织是琴乐音响语言中最小的核心结构。在琴乐语言陈述中，音核组织的变形、衍化，体现为内质聚合和外化离散两种基本的运动形态。

音核组织作为琴乐音响语言，是具有相同特性事物组成的整体，也能将不同乐音组合成不同的集合组织。它的存在就如同"文化基因"存在的意义一样，以"非遗传的方式，通过模仿而得以传递"[①]。正是"细

---

① 童忠良.对称乐学论集［M］.上海音乐学院出版社，2004：194.

胞的生命活动及其细胞的衍生发展的无限性，可发现其中惊人的相似性"，以及琴乐语言"基本的活性组织与各要素之间进行相关发展的密切关系"①。

《鸥鹭忘机》由31个乐句连缀而成，以 sol、la、do1 和 la、do1、re 为主体的音核组织，在仲吕均均场中，以不同的音乐逻辑关系或组织形态，从头至尾贯穿其中。该音核属于五声调式的文化层面，作为体现五声调式特点的最小单位，它以模仿、变形、复制与传递不同的排列组合而形成了独有的琴乐音响语言系统，并赋予了不同的调式内涵。

本曲的音核组织形态要素 sol、la、do1 和 la、do1、re 分别是五声调式的原型基因和逆反型基因。这种由"大二度和小三度这两个基本材料"组合而成的"复合体"（complexes），缺一不可，是相互依存相互制约的关系，构成了体现五声调式基本要素，其他一切形式的音核组织，不过是在这两种基因的基础上所进行的"模仿、复制与变形复制"②。

在《鸥鹭忘机》中，四位琴人的琴乐音响语言，其音核组织主要分为五类，并体现出"一基多态"的特点：

表4-9 《鸥鹭忘机》的音核组织形态要素

A 原型基因音核组织

B 逆反型基因音核组织

C 双重全音式基因音核组织一

---

① 相西源.细胞衍化理论与琴曲旋法形态［J］.交响，2001（4）：28.
② 童忠良.对称乐学论集［M］.上海音乐学院出版社，2004：195.

D 双重全音式基因音核组织二

E 原型逆反复合式音核组织

五种基因类型所形成的音核组织因其"调头"①的不同，分别在徵调式和羽调式、宫调式、角调式、商调式的基础上，构成了五种音核组织，只是 A 型和 B 型是核心：A 型是"腔头全音式三音列"的徵调式；B 型是"腔尾全音式三音列"的羽调式。其余三种都是在前两种的基础上分别予以归类。C 型是"腔头腔尾"均为大二度的"双重全音式三音列"的宫调式；D 型是"双重全音式三音列"的角调式；E 是原型逆反复合式的商调式。

根据阿伦·福特《集合表》A 型与 B 型都是"3—7"号集合②，原型集合（前者）为〔0，2，5〕、逆反型集合（后者）为〔5，2，0〕，其音程量是〔011010〕；C 型和 D 型都是"3—8（12）"号集合，原型集合为〔0，2，4〕、逆反型集合为〔4，2，0〕，其音程量〔020100〕。

集合类型的类似，形成了调式色彩的不同类属：

表 4-10 《鸥鹭忘机》A 型和 B 型音核组织集合关系

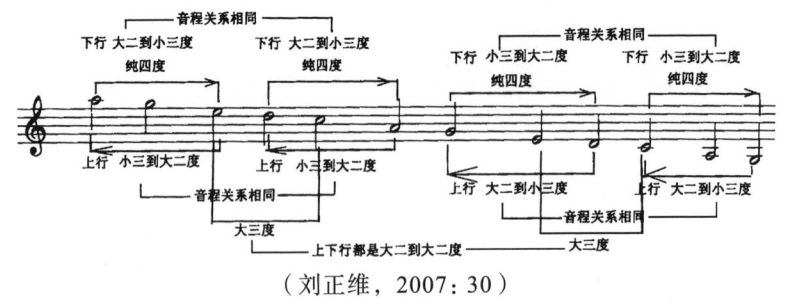

（刘正维，2007：30）

---

① 调头指调式主音。
② 音核组织的集合数的计算原则：两端最小的框架为最佳排列，在最佳排列中，以相邻两音之间所形成的最小音程的一端为始列音，正逆亦复如此。

从上图可以看出，音核组织不论上下行，都同样含有"纯四度框架"。按其结构特性，将其分为两类：一类是"四度框架的低音部分为大二度，高音部分为小三度"的原型基因，"它完美展现了五声徵调式的色彩"；第二类是"四度框架的低音部分为小三度，高音部分为大二度"①的逆反型基因，它完美展示羽调式的色彩。

表4-11　A型和B型音核组织剖析

A) 徵调式＝原型基因＋原型基因（两个调式基因形态完全相同）

B) 羽调式＝逆反型基因＋逆反型基因（两个调式基因形态完全相同）

（童忠良，2004：196）

根据赵宋光先生"同主音综合观念"的调式色彩理论，《鸥鹭忘机》琴乐音响语言的音核组织，分别体现了"定位不同、内部结构相同、色彩浓淡不同"②的特性。根据相对波长连比式内各项数值的逻辑关系，以上音核组织可以分为"两类色彩的数理界定"③：一是A型音核组织的徵调色彩；二是B型音核组织的羽调色彩。A型的徵调色彩，以"调式结构本身的各阶排序来看""纯三阶"框架中间阶，决定了徵调式色彩的形成，其数理界定为1/27；B型的羽调色彩，"纯三阶"框架中间阶也同样决定了羽调色彩的形成，其数理界定为27。

---

① 童忠良.对称乐学论集[M].上海音乐学院出版社，2004：196.
② 2009年5月笔者跟赵先生的通话。
③ 赵宋光.管子律数与古琴徽位的嫩芽翠枝[J].中国音乐，2007（1）：25.

同时,《鸥鹭忘机》的音核组织因其功能定位的不同,以律学投影,形成了"主环""下属环""属环"[①]三种不同的浓淡色彩:

表4-12 《鸥鹭忘机》音核组织的调式色彩

| 宫 | 校正值 | | +.02 | | +.04 | | +.01 | | +.03 | |
|---|---|---|---|---|---|---|---|---|---|---|
| | 相对波长 | 1 | : | $\frac{8}{9}$ | : | $\frac{64}{81}$ | : | $\frac{2}{3}$ | : | $\frac{16}{27}$ | : | $\frac{1}{2}$ |

| 徵 | 校正值 | | +.02 | | -.01 | | +.01 | | +.03 | |
|---|---|---|---|---|---|---|---|---|---|---|
| | 相对波长 | 1 | : | $\frac{8}{9}$ | : | $\frac{3}{4}$ | : | $\frac{2}{3}$ | : | $\frac{16}{27}$ | : | $\frac{1}{2}$ |

| 商 | 校正值 | | +.02 | | -.01 | | +.01 | | -.02 | |
|---|---|---|---|---|---|---|---|---|---|---|
| | 相对波长 | 1 | : | $\frac{8}{9}$ | : | $\frac{3}{4}$ | : | $\frac{2}{3}$ | : | $\frac{9}{16}$ | : | $\frac{1}{2}$ |

| 羽 | 校正值 | | -.03 | | -.01 | | +.01 | | -.02 | |
|---|---|---|---|---|---|---|---|---|---|---|
| | 相对波长 | 1 | : | $\frac{27}{32}$ | : | $\frac{3}{4}$ | : | $\frac{2}{3}$ | : | $\frac{9}{16}$ | : | $\frac{1}{2}$ |

| 角 | 校正值 | | -.03 | | -.01 | | -.01 | | -.02 | |
|---|---|---|---|---|---|---|---|---|---|---|
| | 相对波长 | 1 | : | $\frac{27}{32}$ | : | $\frac{3}{4}$ | : | $\frac{81}{128}$ | : | $\frac{9}{16}$ | : | $\frac{1}{2}$ |

[赵宋光,音乐艺术,2007(1):25]

---

① 赵宋光.管子律数与古琴徽位的嫩芽翠枝[J].中国音乐,2007(1):25.

1. 徵调式
1）徵调式主环

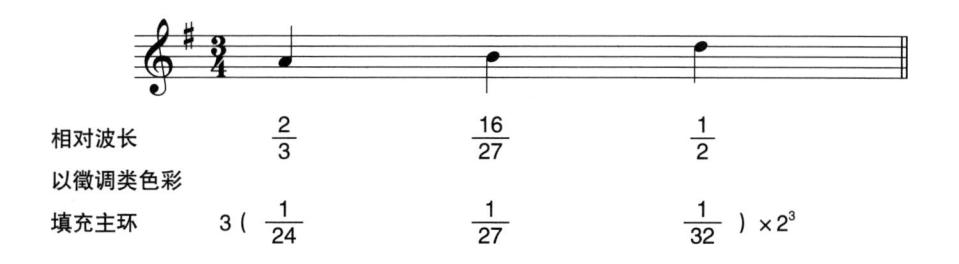

相对波长　　　$\frac{2}{3}$　　　　$\frac{16}{27}$　　　　$\frac{1}{2}$

以徵调类色彩
填充主环　　3（$\frac{1}{24}$　　　　$\frac{1}{27}$　　　　$\frac{1}{32}$）$\times 2^3$

2）徵调式下属环

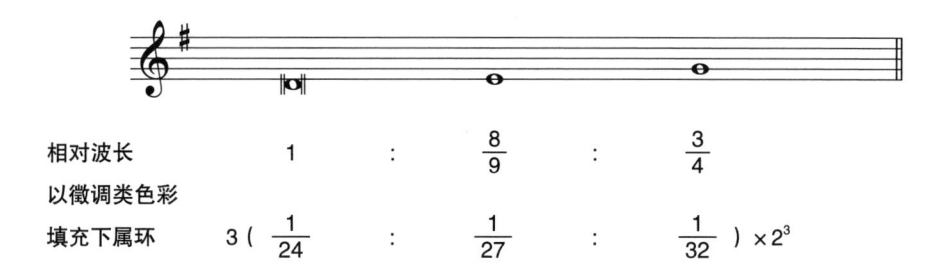

相对波长　　　1　：　$\frac{8}{9}$　：　$\frac{3}{4}$

以徵调类色彩
填充下属环　　3（$\frac{1}{24}$　：　$\frac{1}{27}$　：　$\frac{1}{32}$）$\times 2^3$

3）徵调式属环

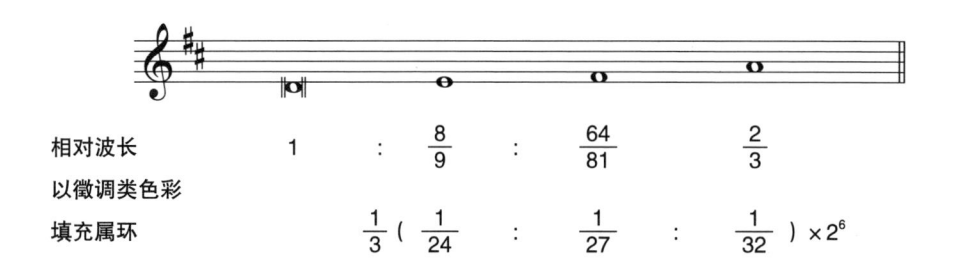

相对波长　　　1　：　$\frac{8}{9}$　：　$\frac{64}{81}$　　$\frac{2}{3}$

以徵调类色彩
填充属环　　　$\frac{1}{3}$（$\frac{1}{24}$　：　$\frac{1}{27}$　：　$\frac{1}{32}$）$\times 2^6$

## 2. 羽调式

### 1）羽调式主环

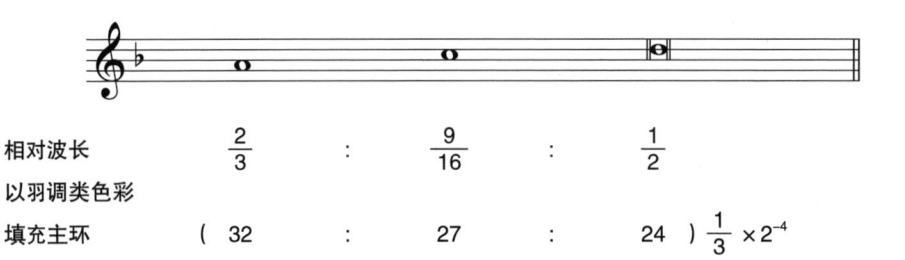

相对波长　　　$\dfrac{2}{3}$　　:　　$\dfrac{9}{16}$　　:　　$\dfrac{1}{2}$

以羽调类色彩
填充主环　　　（ 32　　:　　27　　:　　24 ）$\dfrac{1}{3} \times 2^{-4}$

### 2）羽调式下属环

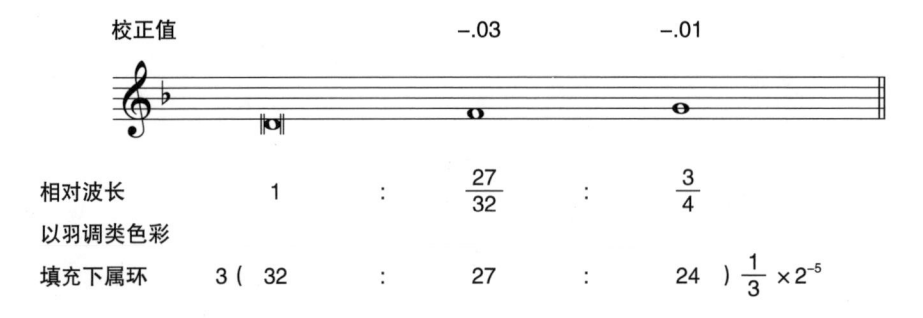

校正值　　　　　　　　　　　　−.03　　　　　−.01

相对波长　　　1　　:　　$\dfrac{27}{32}$　　:　　$\dfrac{3}{4}$

以羽调类色彩
填充下属环　　3（ 32　　:　　27　　:　　24 ）$\dfrac{1}{3} \times 2^{-5}$

### 3）羽调式重下属环

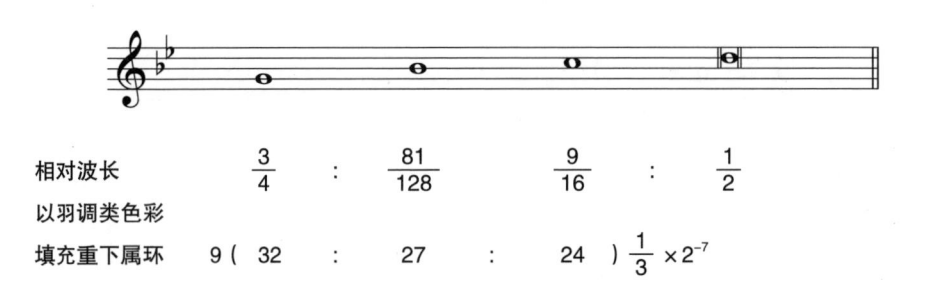

相对波长　　　$\dfrac{3}{4}$　　:　　$\dfrac{81}{128}$　　:　　$\dfrac{9}{16}$　　:　　$\dfrac{1}{2}$

以羽调类色彩
填充重下属环　9（ 32　　:　　27　　:　　24 ）$\dfrac{1}{3} \times 2^{-7}$

从以上的律学投影中，我们通过数据可以充分看到其音核组织所体现的单徵色彩、单羽色彩、浓徵色彩、浓羽色彩、重浓徵色彩、重浓羽色彩的浓淡变化。

## （二）音核组织在同宫场内的变易与传递

四位琴人谢东笑、许海帆、刘殊君、简子聪演奏的《鸥鹭忘机》第1乐句都从 A 型音核组织的徵调式宫音出发，以八度的"翻"字诀的传统音乐发展手法，在主音上以持续的方式，将徵调式稳定音级得以强调和呈示，单徵色彩表达完整。

第 2 乐句，A 型原型音核组织第 1 次开始出现。与第 1 乐句相比较，四人的琴乐音响语言以不同的节奏在表达。

第 3 乐句由 B 型逆反型基因音核组织的后半部和 C 型双重全音式基因音型组织的后半部组成。在一个乐句中出现两种音核组织，在色彩上

呈现单羽和重浓徵两种色彩。其尾音结束到宫阶，但因 B 型逆反型基因音核组织占主导地位，突然转入 F 宫系统，所以在此处调式由于准备不足，具有一定不稳定感。

C 型双重全音式基因音型组织的后半部采用传统音乐中的"做庄"手法，在第 4 乐句中继续呈现，在乐句尾采用了"过板掏"的手法，将下一句的乐思抢先展现。虽然此处 F 宫调式明确，但因此手法的运用，削弱了宫调式主音的稳定感。

第 5 乐句音层加厚，并再次使用"翻"字诀手法，将 C 型双重全音式基因音型组织的后半部进一步巩固，终于在 F 宫调式主音第 3 次出现

之后，宫调式稳定性得以确立。

第 6 乐句 B 型逆反型基因音核组织以"倒垂帘"的方法将其呈示，落音在角音上，具有不稳定感。

第 7 乐句 A 型原型音核组织再次出现，与第 1、第 2 句遥相呼应，落音在 G 商上，承接上句再次将不稳定感持续，并以"鱼咬尾"的手法，进入到围绕 C 型双重全音式基因音型组织展开的第 8 乐句，落音落在 F 宫上，具有稳定感，起引部在此得以结束。

第三乐段的第 9 乐句由 A 型原型音核组织和 B 型逆反型基因音核组织交织在一起出现，两种色彩的呈示意味着是对起引部分的材料的回顾，也使 B 型逆反型基因音核组织从此进入了主体角色之中。第 10 句是 B 型逆反型基因音核组织的第一次完整出现。第 11 至第 14 句，B 型

逆反型基因音核组织通过音区和节奏加密、加宽等"连枷头"和"翻"字诀等手法不断变形衍化。同时，第9句的角阶落音、第10句羽宫落音、第11句的角阶落音和第12句的羽宫音落音，形成了两个对称的乐句，使音核组织在不稳定和稳定之间形成了张力，推动着乐曲的发展。第13句和第14句两句都落在了角阶上，句法的不平衡和角阶的不稳定让乐曲的进行形成了新动力。

泠泠七弦醉南风
——广府都市文化空间中的琴乐雅集研究

第四段的第 15 句是 B 型逆反型基因音核组织；第 16 句 C 型双重全音式基因音型组织在此处隐约出现，重浓徵色彩使其具有 C 宫调式的意味，但是马上就被 A 羽宫调式的羽调色彩所取代。第 17 句音核组织再次变形，节奏整体变得均匀，第 18 句从 A 型音核组织出发，再次进入到 C 型双重全音式基因音型组织之中，为乐曲达到高潮做了准备，调式回到 F 宫，但由于所处位置结构的特殊，虽其主音有不断肯定，但还是被削弱了功能。

泠泠七弦醉南风
——广府都市文化空间中的琴乐雅集研究

第五段是乐曲的高潮阶段，第 20 句和第 21 句以 B 型音核组织展开，句尾落在了角阶和 A 羽的宫音上，形成了一个大的乐句；第 22 句具有 C 型音核组织的影子，使其具有重浓的徵调式色彩与第 23 句的 A 羽的羽调色彩形成了呼应。同时以"顶针"的方式进入到第 24 句。由于此处主体使用的是双重全音式基因音核组织，具有重浓羽色彩，造成乐曲调式感在此处产生明显的游移性，增加了琴乐语言横向运行的动力。

泠泠七弦醉南风
——广府都市文化空间中的琴乐雅集研究

第 25 句，琴乐语言再次回到 B 型音核组织，在此节奏加密，并在第 26 句和第 27 句逐渐渐慢，以 A 和 B 型两种混合的形态，为进入第六段第 28 句做好铺垫。

乐曲第六段是尾声部分，第 28 句和第 29 句以 C 型的音核组织为主，重浓徵的色彩和相对急速的感叹，与第 27 句形成了对比。第 30 句再次渐慢，第 31 句在泛音出现在 F 宫音上后结束全曲。

第四章 琴人群体的琴乐语言

## （三）琴乐音响语言的结构特点

### 1. 对称性

对称性作为"自然界的一种显著模式"①，是指事物中相同或相似因素所形成的两个彼此相称的组合关系，其同样在琴人音响语言的结构呈示中也有所体现。从琴乐语言的句法结构来看，第三段（2=2=2）和第六段（2=2）是对称结构；从调式来看，这两段也体现了对称特性。众所周知，中国古代的乐学理论都是将宫音作为整个核心，但从琴乐语言而言，其音乐实践却是以"商核"为中心，也就是以商作为均场内核的核心，它是"调"结构背景的存在，即"具有涵盖诸调式又不同于各调式的统约性结构内涵"②。

在《鸥鹭忘机》的陈述中，全曲调式在起引部是徵调式和宫调式的交替；在主体部分主要在羽调式和具有角调式色彩的角阶之间游移；在尾声再次回到宫调式。根据琴乐音响语言的调式布局，我们可以看到如下的对称结构：

---

① 童忠良.对称乐学论集［M］.上海音乐学院出版社，2004：1.
② 蒲亨建.论五度相生"均""调"关系的弹性机制——一个与中西调式特征相关的理论探讨［J］.星海音乐学院学报，1995（1）：81.

## 表 4-13 《鸥鹭忘机》调式对称图

宫 ← 徵 ← 商 → 羽 → 角

商音在全曲中出现的次数不多，但就"均"与"调"的关系来看，不论是徵调式抑或羽调式都是以商为核——"均的统一结构的基础上"[①]所形成的调式中心。这种新的逻辑结构，实际上表明了母体均对全曲调式以五度相生关系的发生、发展过程的制约和调式全面控制的统一。从上图中可以得知，徵和羽调式是以商核为中心的五度双环，调式内在结构与商核的近远程度，无疑要比宫调式和具有角调式色彩的调式更加接近，受到均的控制在基础结构上体现更大依附性，而宫调由于离商核相隔两个五度，调式主音的作用加强，调式逻辑结构愈巩固，故而均对调的控制力就会弱一些。正是均对多调式的相互渗透和横向联系，使其呈现了完整的对称结构。

2. 平衡性

平衡性是指两个相称或者不相称比例的组合所形成的特质。这种特质体现了两个等量和非等量相互制衡与相互作用的关系。如果说对称性与平衡性有一定的对应关系的话，那么按"方整性结构本质上是对称的，非方整性结构则本质上是不对称的"观点，很多事物都不具备平衡性。但事实上，方整和非方整结构"相互渗透和相互转化"[②]，非方整性也同样具有平衡性。

从乐曲规模来看，全曲共有 31 句，如果根据 0.618 "黄金分割"的原则，则在 31×0.618=19.158（句）——令人难以置信的是，该数正是乐曲主体部分第四段向第五段高潮段落过渡的段落划分处，从美学意义上讲，这里的 19.158 句可以说是全曲理想的不对称划分点。

---

[①] 蒲亨建. 论五度相生"均""调"关系的弹性机制——一个与中西调式特征相关的理论探讨［J］. 星海音乐学院学报，1995，（1）：83.

[②] 童忠良. 对称乐学论集［M］. 上海音乐学院出版社，2004：254.

### 表4-14 《鸥鹭忘机》的结构布局与黄金分割律

31句（顺分割）

| 段落 19.158句 | | 段落 11.842句 | |
|---|---|---|---|
| 前前段落7.32（逆分割）（1—8句） | 前后段落11.838（逆分割）（9—19） | 后前段落7.31（20—27） | 后后段落4.53（28—31） |

从调式构成来看，平衡性是调式构成的重要原则，它是"根据旋律中的高、中、低音数量与质量，即音的多少与音的长短，于旋律架设进行中，在一系列矛盾、倾斜后获得的某种平衡"。"这种倾斜与平衡的运动关键在于终止音的法码或秤砣作用……多句平衡旋律的组合必然导致整个曲调运动过程中呈现系列平衡终止，从而获得稳定与满足，并确定调式属性。"[1]

### 表4-15 《鸥鹭忘机》调式构成计量图

| 音距 | 4 | 2 | | 2 | 4 |
|---|---|---|---|---|---|
| 半音数 | 2 | 3 | 2 | 2 | |
| 音列 | sol | la | do | re | mi |
| 音量 | 2 | 2 | 3 | 1 | 1 |
| 积数 | 2×4=8 | 2×2=4 | 1×2=2 | 1×4=4 | |
| 重量 | 12 | | 6 | | |

从数列中我们可以看到，琴乐音响语言的陈述，在结构上除了方整性对称平衡结构之外，还有非方整性平衡体制。受黄金分割律或其他规律支配的，某种具有一定比例组合的长短法则，以及受调式平衡律影响的轻重法则，实质上是非对称平衡特性内在的数列规律的体现。只是对称性强调两端的精确比例，而非对称性以无理数的方式强调的是心理平衡关系。从其本质而言，平衡不一定对称，作为心理平衡，构成平衡的诸力在方向上是不对称的。因此，在琴乐语言中平衡点前后的长度关

---

[1] 刘正维. 中国民族音乐形态学 [M]. 西南师范大学出版社, 2007: 47.

系、轻重关系也可不相等，如果说对称性平衡与物理学有着某种联系的话，黄金分割律和调式轻重律所形成的听觉平衡则是人类心理和生理的张、弛相互作用所形成的一种结构模式。

## 第三节　琴乐音响语言的音时演变

音时，是指琴乐音响语言表达的时间状态。时间性是音乐的属性之一，是音乐音响运动存在形式的表现方式。时间，不仅是"物理学的范畴"，更是一个"哲学命题"。从亚里士多德对时间运动属性的认知，到奥古斯丁将其看作是"精神产物"，再到康德对时间从"物理意义"和"主观意义"[①]上所做的区分，无一不在说明其复杂特性。而音乐音响则以感性材料的特殊性再一次将时间特质予以展现。正如黑格尔所言："音乐所用的感性材料不仅要抛弃雕刻的三度空间，而且要把绘画在空间的绵延也取消，从而把物质的空间性化为一个个别孤立的点。这种先后出现的点，只在时间中承续下去。因此声音具有了时间的观念性，与此同时，它那抽象的可见性也已转化为可闻性。"[②] 由此产生的客观时间和主观时间，在音响延续性中体现了音乐运动时间性的过程，它的存在方式则直接导致音乐在"表现形态、知觉方式、接受方式、审美方式等方面的特殊性"[③]。

音时的本质特性，致使速度、节拍成了了解琴人琴乐语言的重要维度。两者作为展现音时特质的复合基始侧度，每个要素形态的生成机制与另两个要素密切关联，不同方式的组合及相互作用都决定了每个要素的呈示样态。在本节中，因篇幅所限，笔者没有选择从复合角度开展两要素"相关性"的研究，而是围绕客观时间的范畴，从速度、节拍、节奏单要素的角度，展开对琴人琴乐语言关于音时演变的探索，其意在于观察琴乐音响语言的快慢长短及其组合形态，以及琴人对于音乐时间的认知方式和

---

[①] 张卓．影响音乐听觉时距判断的主客体因素［D］．星海音乐学院，2006：3.
[②] 何乾三．西方音乐美学史稿［M］．中央音乐学院出版社，2004：321.
[③] 张卓．影响音乐听觉时距判断的主客体因素［D］．星海音乐学院，2006：82.

表达习惯。同时，由于本节研究是站在琴人音乐表演实践基础上进行的探讨，所观测对象是琴乐音响动态语言而并非静态乐谱文本。因此，关于以上诸个维度，笔者将以数理研究为手段的定量分析方法，对量的规定与量的变化进行探讨。尽管数理方式不可能完全揭示对象特质，但根据实际演奏的音响活态文本所进行的研究，可以帮助笔者从基本表达参数中捕捉和挖掘到共性风格或个性风格的某些信息。

## 一、琴乐音时语言的速度研究

运动是物质的根本属性和存在模式。速度则是体现琴乐时间音响语言运动的重要元素。作为琴乐的运动速率和运动方向的综合体现，它描述了音时演变在某时间单位内、机械振动行进的距离、快慢的程度和持续的方式。

笔者之所以对音时演变的速度有极大兴趣，主要因为在多次雅集活动中琴人对同一首琴曲在速度上的差异性表达，这引发了笔者的关注。这种琴乐语言的流淌让笔者从主观角度充分感知琴人个性化特征的同时，某种千丝万缕的相似特征又让笔者联想到它们之间结构性的联系。自由而富有张力的琴乐音时演变，促使我们不由自主地想去触摸这种来自生命深处的声音：充满灵性的纯真表达为何如此多元？背后的一元又在哪里？琴人琴乐语言特性的形成是偶然还是必然？……因此，通过分析和梳理速度的表达参数，是笔者试图解开这些疑问的关切所在。

目前，关于速度的研究并不多见，一般多从音乐表演风格的角度切入。其中，国内学者比较集中从"某一音乐表演门类的历史、人物、学派、曲目和乐器变革等方面的综合梳理""某一乐器的教学文献""传记型研究""音乐家访谈录"等领域探讨速度问题。而国外学者则关注"运用文献和谱面分析的手段对音乐表演风格进行断代、某一方面的归纳""利用现代科技手段直接对录音进行实证性研究""利用传统手段结合演奏录音对音乐表演风格进行断代的、某一方面的研究和归纳"[1]等角度探讨速度问题。这些都为琴乐音时语言的速度研究奠定了重要的学理

---

① 杨健. 20世纪西方器乐演奏风格的结构特征及其形成原因[D]. 上海音乐学院，2011：4—5.

基础，尤其学者杨健在速度研究方面所进行的方法论意义层面上的新探索，对笔者产生了很重要的影响。

鉴于本节内容的需要，笔者将从宏观速度和微观速度两个维度对琴人音时语言进行观察：步骤一根据琴乐录音记谱；步骤二通过电脑软件以记谱中最小节拍即八分音符为最小的观察对象，对动态即时音响进行分析；步骤三以四分音符为基本单位，进行数据来源的统计。

### （一）宏观速度与微观速度布局

速度作为音时演变的特定状态，通过乐音质点运动，达到琴乐音响的实现。这种实现，必然会涉及音时距、音速率、发音点等主要要素：音时距是指在某个结构单位内，乐音质点所需要的时间跨距；音速率是指乐音质点运动快慢的变化率；发音点是指乐音质点开始运动的点，它包括无声的发音点和有声的发音点（本研究主要针对后者进行研究）。要素的不同组合方式决定了琴人在二度创作中的情感表现张力，其张力的大小所形成的音时演变样态和各具特色的方式，不论在宏观布局还是微观陈述方面都有所体现。因此，笔者为了更加直观地呈现琴人琴乐音时语言的速度律动，特从宏观和微观两个角度进行了整体梳理。

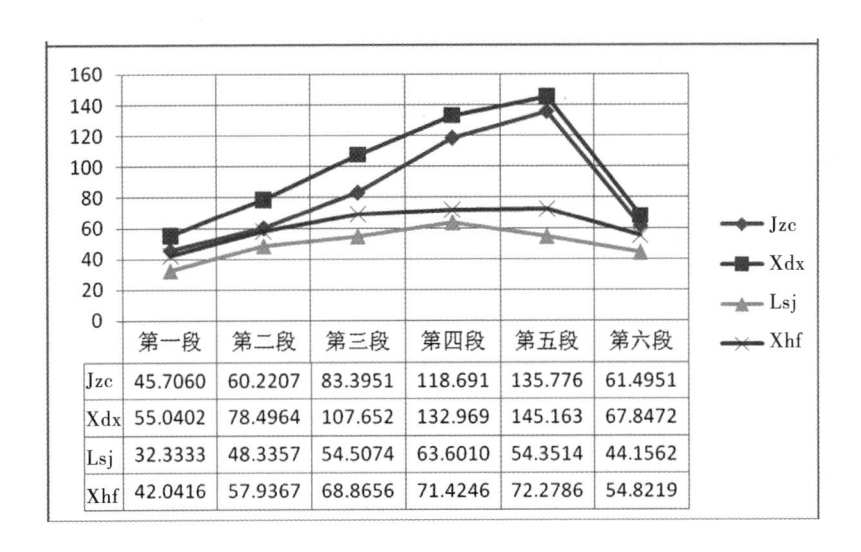

表 4-16 《鸥鹭忘机》宏观速度陈述布局图

| | 第一段 | 第二段 | 第三段 | 第四段 | 第五段 | 第六段 |
|---|---|---|---|---|---|---|
| Jzc | 45.7060 | 60.2207 | 83.3951 | 118.691 | 135.776 | 61.4951 |
| Xdx | 55.0402 | 78.4964 | 107.652 | 132.969 | 145.163 | 67.8472 |
| Lsj | 32.3333 | 48.3357 | 54.5074 | 63.6010 | 54.3514 | 44.1562 |
| Xhf | 42.0416 | 57.9367 | 68.8656 | 71.4246 | 72.2786 | 54.8219 |

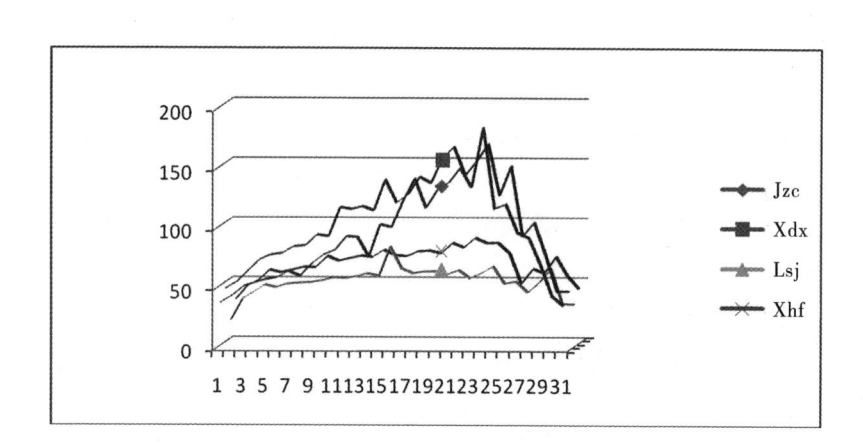

表 4-17 《鸥鹭忘机》微观速度陈述布局图

  所谓宏观速度布局研究是指以乐段或乐段以上为基础单位，依据强脉冲间隔绝时值的快慢变化，对较大范围开展的结构性音时研究。

  所谓微观速度布局研究是指乐段以内以乐句、乐逗或者乐节为基础单位，依据强脉冲间隔绝时值的伸缩与扩张变化，对较小范围开展的结构性音时研究。

**（二）速度要素的分析与归纳**

  按照中国传统音乐概念，速度多解释为"紧慢"或者"尺寸"。紧，意味着音时缩短；慢，意味着音时扩长。如何处理琴乐的快慢速度，涉及琴乐整体风格的设定和琴乐的诠释过程。虽然，在早期文字谱中不仅有专门的字词，如少息、大息、小息、缓、急、徐、渐、疾、就、节、轻、紧、即等演奏技法来描述速度，而且在诸如段首、句末之处，多有泛起、入调、复起、乱声、入慢等象征音时速度变更的提示，但每个琴人对它的理解和表达还是呈现出千差万别的样态。

  1. 宏观速度布局的分析与归纳

  从宏观速度布局的角度而言，它涉及琴人对琴曲速度感知与艺术处理的整体把握，由乐拍、乐逗、乐句的平均速度组合而成的乐段速度，在某种层面上应该具有独立意义。正如之前所示，四位琴人分别演奏同一首乐曲《鸥鹭忘机》，尽管音时语言微观速度的陈述不尽相同，但宏观速度的变化趋势，四位琴人不由自主都贯穿使用了"板式—变速结构"[①]。所谓"板式—变速结构"，是一种音时语言的结构生成方式，它是以某种速度为起点，通过收缩、扩大两种音时语言表达的基本手段，结合不同的速度，其变化类型和不同的变速动力模式形成了渐变型速度格局。以下表格内容正好说明琴人在宏观速度布局方面的特点。

表4-18 《鸥鹭忘机》"板式—变速结构"的宏观速度整体布局图

| 乐段速度<br>琴人名称 | 第一段 | 第二段 | 第三段 | 第四段 | 第五段 | 第六段 |
| --- | --- | --- | --- | --- | --- | --- |
| Xdx | 散 | 慢 | 稍慢 | 中 | 快 | 散 |
| Jzc | 散 | 慢 | 稍慢 | 中 | 快 | 散 |
| Xhf | 散 | 慢 | 中 | 稍慢 | 中快 | 散 |
| Lsj | 散 | 慢 | 中 | 快 | 中 | 散 |

从宏观布局的角度来看，四位琴人在速度上均遵循了"散、慢、中、快、散"的"板式—变速结构"，其中每一段落都以变化音速的方式，对不同乐段进行了速度处理。事实上，琴乐质点在运行实际音时，其内在的音乐动力所构成的速度趋势形态，充分证明了速度本身已经具有了结构的意义。尽管在琴曲中部的第三、第四、第五段，琴人采用了差异性速度的表达方式，但在宏观视野下面，这仅仅属于微调范畴，其结果并没有背离整体的布局框架。

宏观速度与琴人音时语言的陈述布局有关，在中西方音乐体系中都是如此。若以西方专业音乐而论，每个章节都会标记明显的速度术语予以提示。虽然速度布局所形成的结构性效用，没有达到音乐调性、和声功能和主题的对比、展开、再现等要素对音乐产生的影响，但对音乐形象的塑造同样具有不可估量的作用。学者杨健针对二十世纪西方器乐演奏风格所进行的计算机可视化音响参数分析的研究，揭示了西方演奏家在音乐表演实践中与乐谱原作速度的非一致性，彰显了文本转化的差异性和个性化诠释的差异性。但是，古典快板奏鸣曲式"呈示部、展开

---

[①] 陈国权. "板式—变速结构"与我国当代音乐创作[J]. 中央音乐学院, 1994(3): 3.

部、再现部结构功能的变更，并不通过速度布局的改变实现，其呈示部内主、副部主题的功能划分，以及展开部戏剧性、动力性的拓展，也并非依赖音乐的时值布局改变"[①]，这说明了其与中国传统音乐中所产生在大框架下相对统一的速度律动陈述有所不同。

  四位琴人音时语言的陈述布局，跟其他中国传统乐器或者乐种一样，速度变化已经具备曲式的功能，例如相和大曲"艳、趋、乱"的速度陈述，唐大曲"散序、中序、破"的速度陈述，京剧西皮"散板—慢板—原板、二六—流水、快板—散板"的速度陈述，江南丝竹"慢花六、中花六、老六板"的速度陈述，无一不在说明这种通过速度布局陈述音乐的方式，不仅历史久远，其源头可以一直追溯至雏形阶段的汉魏时期和成熟阶段的唐宋时期，而且更重要的是这种线性音乐思维在中国传统音乐中扮演了重要角色。那么，四位琴人的音时陈述，"板式—变速结构"作为组织琴乐有序进行的曲式结构方式，已经在具体琴乐表达中得到充分体现：Xdx 采用了"散—慢—稍慢—中—快—散"的速度布局；Jzc 同样采用了"散—慢—稍慢—中—快—散"的速度布局；Xhf 采用了"散—慢—中—稍慢—中快—散"的速度布局；Lsj 则采用了"散—慢—中—快—中—散"的速度布局。若将这些按照一定顺序和规律组合而来的琴乐连接样式进行趋势分析，我们可以看到这样的结果：

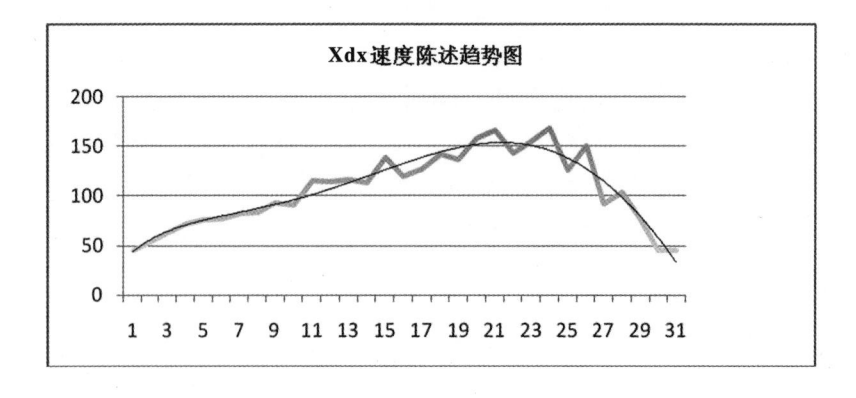

表 4-19   宏观速度陈述趋势图

---

[①] 李吉提. 中国传统音乐结构概论［M］. 中央音乐学院出版社，2004：61.

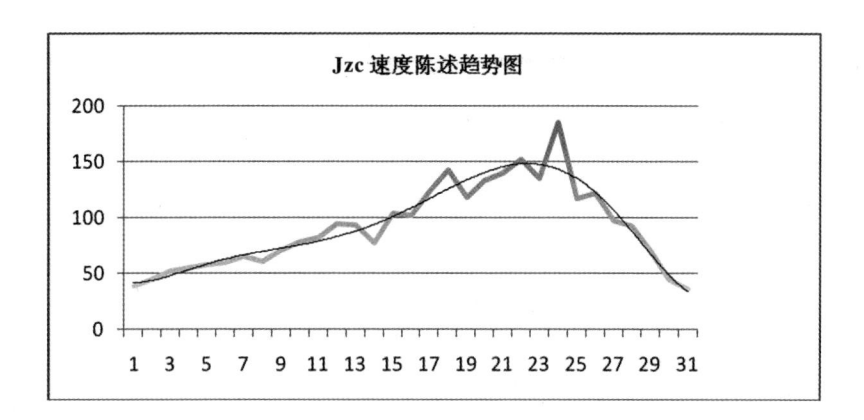

# 第四章 琴人群体的琴乐语言

**Jzc 速度陈述趋势图**

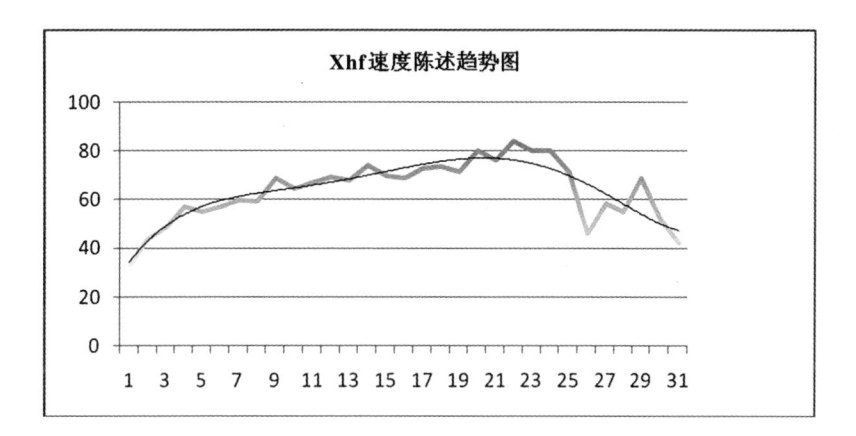

**Xhf 速度陈述趋势图**

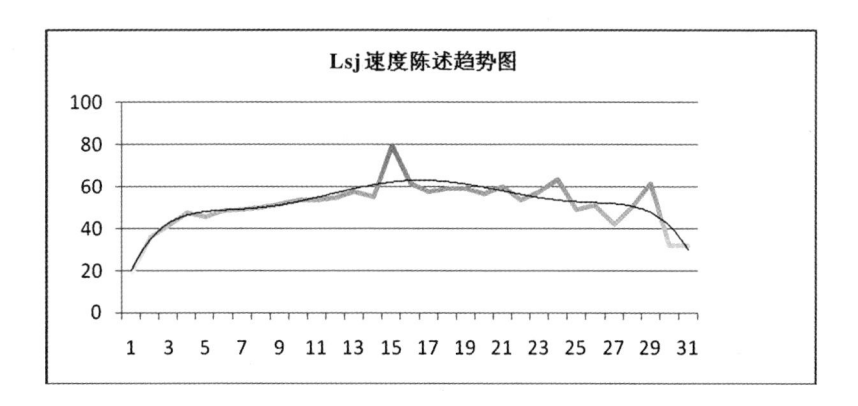

**Lsj 速度陈述趋势图**

根据琴人速度陈述的宏观趋势走向，我们可以将其分为两类：一类是中心对称型结构的宏观布局，它以 Lsj 为代表；一类是非中心对称型结构的宏观布局，它以 Xdx、Jzc 和 Xhf 为代表。

中心对称型结构是指"以中轴为基准，两端部分长度相等、性质相近、状态相应的'折射性'镜像结构形式"[1]。若以 Lsj 音时陈述过程来看，琴曲第一段和第二段（第1—9句）主要在30—50的速度区间活动，乐曲进行到第三和第四段的第13—18句中间，出现了明显的速度高点，并在其后渐渐回落，形成鲜明的对称中心结构。

非中心对称型结构是指以任何数轴为基准，两端长度不相等的结构形式。若以 Xdx 和 Jzc 的陈述过程来看，其演变的形态竟然如此接近，第一段和第二段，两者分别在45—60的速度区间活动，第三段至第五段均分别出现了速度高点，且都在第21—23乐句中间，只是在该部分，Xdx 比 Jzc 的音时速度快了10%，换言之，Xdx 的速度跨域比 Jzc 更加明显，第六段两者又回到了50—60的速度区间。当然，若细心观察，两者相近之余也有相异之处，Xdx 的速度线条气脉贯通，圆润饱满，而 Jzc 的速度线条，相对显得干枯单薄，气脉不够流畅，这说明 Xdx 作为 Jzc 的老师在速度的把握上更加得心应手。此外，Xhf 也采用了非中心对称型结构，相比 Xdx 和 Jzc，其差异性主要有两点：一是整体速度陈述相对较慢，其中在速度低点区间慢了13%，速度高点区间慢了34%；二是对称中心在第19—23乐句。

2. 微观速度的分析与归纳

如果说宏观速度与段落情绪的渐进有密切关联的话，那么速度在布局中的变化就具有了框架性的曲式结构功能。从微观陈述的角度来看，速度快慢由强脉冲的长短决定，它作为充分体现琴人琴乐语言个性的表达手段，更多具备的是表情功能。因此，通过绝对间隔时值在量的规定或量的变化这种形式，梳理其变化的结构类型和动力模式，可以让我们更好地透过音时语言的表象过程，感受那种来自琴人内在丰富而微妙、自由而深远的律动。

众所周知，琴谱作为记载琴乐信息载体，不论是南朝丘明最早在

---

[1] 彭志敏.音乐分析基础教程［M］.人民音乐出版社，1997：170.

第四章 琴人群体的琴乐语言

《碣石调·幽兰》采用文字谱进行描述，还是自唐代中叶曹柔改革采用的减字谱，在本质上更多地是记录音位的奏法谱。速度定量的非明确性，为琴乐微观速度的表达留下了自由发挥的空间，也同时为速度的微观处理带来了困难：

上卷《太古神品》一十六曲，乃太古之操。昔人不传之秘，故无点句，达者自得之。是以琴道以来，传曲不传谱，传谱不传句。故嵇康终其身而不传，伯牙绝其弦而不鼓，是琴不妄传以示非人故也。（朱权，《神奇秘谱》序言）

尽管笔者在前面篇幅中提到，琴谱也存在提示速度变更的指示性符号，但是这种符号更多地属于尚不精确的标识体系。比如，以下关于速度的文献，对其进行的描述已经难得地详尽，可在我们阅读之后，却还很难准确把握其速度要义。

一曲中分作三段。一慢。二紧。三缓。从缓入。紧至煞意而成一曲是也。谱中有从勾二作者。必分为二段。先一作平其声。以结前段之意。少息后一作取声猛壮。猛而渐缓。以续后声。必须前后相关。始终不杂。又如三作间勾者。先两声。少息。应前段四声。猛弹入。间勾以接后声如至。长锁九声。前两声少息。以结前段后七声雄壮。以接后声令有起伏之意。大要使其脉终连缀。遗音徘徊欲断而缓续。欲尽而不尽。然后猛起以业弦。从慢入紧。从紧至缓。若缓急得合。其宜吟抑不失其度。自弦中节渌响铿鏘。①

这种因记谱样式所产生的问题，是古人"不为"还是"不能"呢？——"琴家不乏聪明之士，完善记谱又有何难？其所以不知此想者，实有意不将诸项确定。其中所涵义理，实为我国音乐哲学之精微处。"②

如何诠释速度在琴乐中的精微之处，实际上体现了琴人在不同生命情态和不同音乐观念的支配下，所流露出的"自得"状态。那么，微观的速度陈述正是将这种"自得"表情功能予以外化的过程，其演变的形态充分流露着人类生命本体运动多元化、个性化的特征。

---

① ［明］汪芝. 西麓堂琴统［Z］. 古籍网 www.bookinlife.net.
② 秦序. 琴乐"活法"及谱式优劣之我见［J］. 中国音乐学，1995（4）：59.

表 4-20　四位琴人微观速度陈述

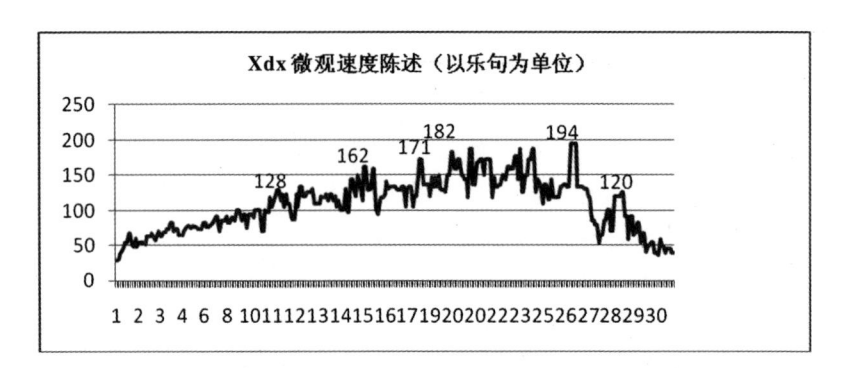

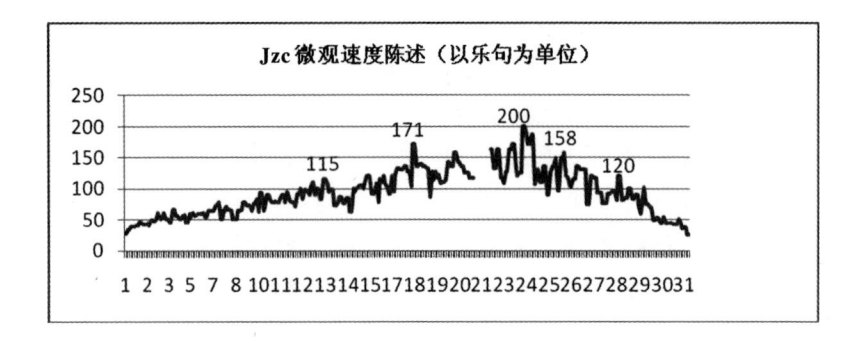

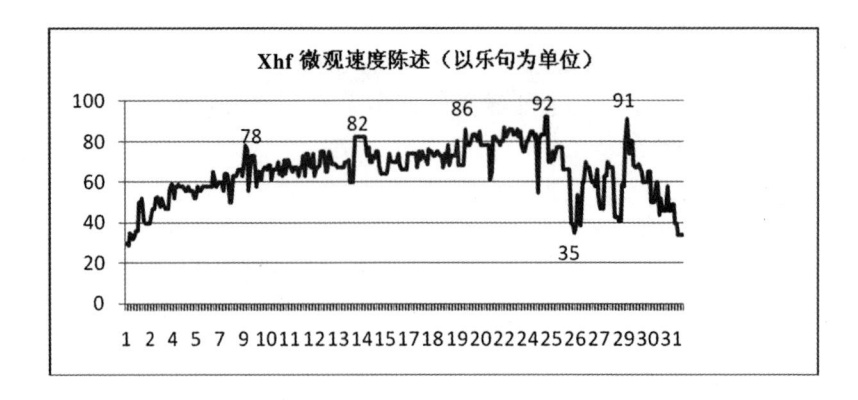

**Xdx微观速度陈述（以乐句为单位）**

**Jzc微观速度陈述（以乐句为单位）**

**Xhf微观速度陈述（以乐句为单位）**

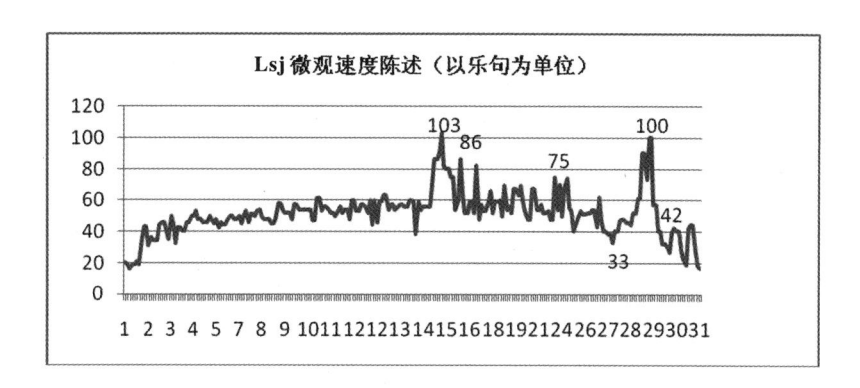

**Lsj 微观速度陈述（以乐句为单位）**

微观速度陈述是在拍点的基础上，以乐句为描述单位所产生的表达方式。从速度结构和动力模式角度分析，我们可以看到四位琴人在微观陈述类型上的差异性：

Xdx 在前部主要采用了楔形结构，它是指速度波动幅度较小并以稳定上升或下降的态势形成的速度结构类型；中部主要采用了波形结构，它是指速度波动振幅相对较大的速度结构类型；在后部主要采用了 V 形结构，它是指在速度行进过程中由于明显的失速现象所形成的结构类型。（见表 4-21）

表 4-21　Xdx 速度微观陈述类型

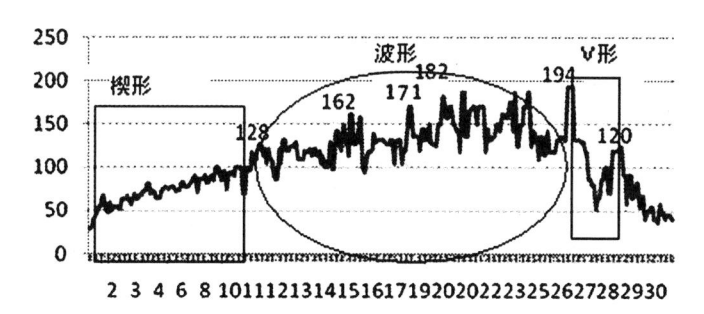

Jzc 的速度微观陈述主要在前部和中部采用了楔形和波形两类，在后部没有出现明显的 V 形结构。若跟 Xdx 相比照，Jzc 与其相似度很高，只是在线条形态上没有 Xdx 规则、平滑。（见表 4-22）

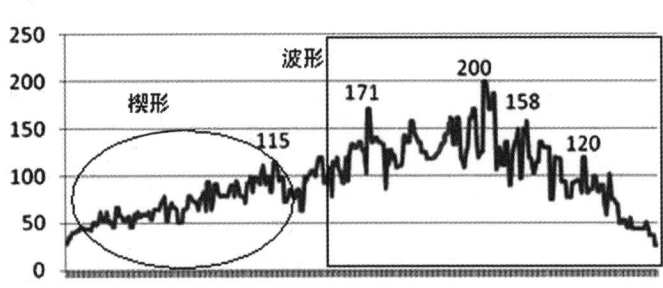

表 4-22　Jzc 速度微观陈述类型

Xhf 的速度微观陈述在前部主要采用了楔形结构，而中部则采用了板块形结构。所谓板块形结构主要是指在一定时间范围内速度相对稳定的形态。Xhf 连续三次使用该结构，这与他微观陈述速度相对平和的特点有关，在这之后，其同样跟 Xdx 一样出现了明显的 V 形结构。（见表4-23）

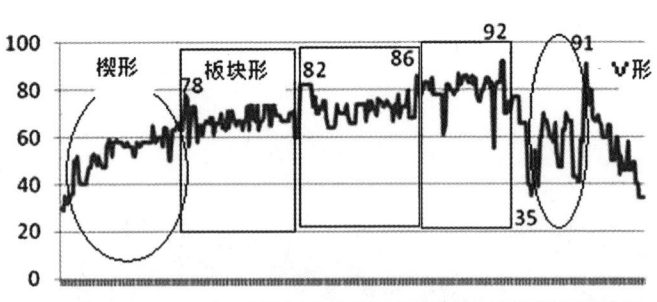

表 4-23　Xhf 速度微观陈述类型

Lsj 的速度微观陈述与前三位比较，在结构的运用上，类型相对多样。前部和中部的前半部分，她都使用了楔形结构，其横跨区域比前三位都要长，并在中部形成了波峰结构。同时加入板块结构，使其在 50—80 的速度区域内，相对平稳地陈述。中后部和后部连续使用了两个 V 形结构，与前三位只使用一个 V 形结构形成了对比。当然，不是说类型多样，就一定与表达的丰富性和风格的成熟性呈正相关对应，但是她的速度形态则可以充分体现她目前的个性风格特征。（见表 4-24）

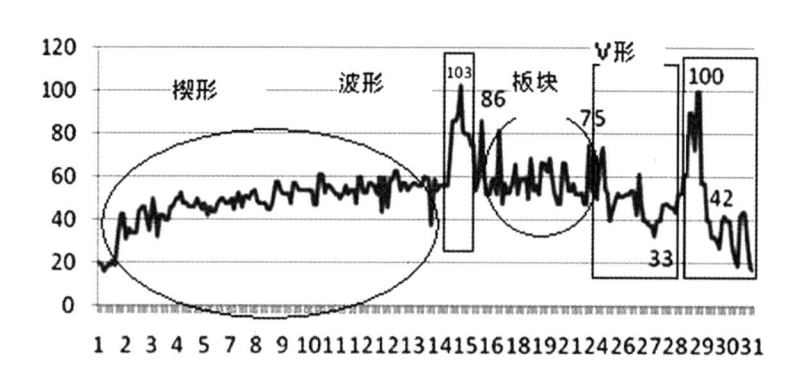

表 4-24　Lsj 速度微观陈述类型

若从速度微观陈述的动力而言，琴乐运动方向、运动速率均会对其产生影响。琴乐在运行过程中会受到两种力量的作用：一种是"合外力"，即作为主体的人在质点乐音运动过程中对运动的控制力；另一种是"保守力"，指某种弹性力或重力，在质点从初始位置出发，离开初始位置，在最后回到初始位置的闭合回路中，对于质点所做的功为零的那种力[1]，这两种力量，直接关系到音乐的张力、内聚力、平衡力的生成，以及音乐结构动力性的增长与削减，也形成了不同琴乐表达的动力模式。

结合表 4-25 关于 Xdx 微观速度布局图可知，其音时速度微观演变的整体形态可归纳为"高山型"，其整体速度形态以渐变形式进行起伏，高点与低点对比较大，变化较多。琴乐从约 50 的速度出发，通过匀加速动力、突然加速动力和突然减速动力三者结合的模式体系，完成了音时速度微观演变之全部过程。所谓匀加速动力，是指在"惯性动力基础之上"按照某种速度，以渐进和"速度线上升"的方式所形成的动力模式。在前部，Xdx 一直以比较均匀的加速速度前行，琴乐自然发展，清新流畅。所谓突然加速动力，是指在"原有速度惯性的基础之上，突然加入更强烈的速度动力"[2]。在中部，Xdx 为了配合琴乐内在发展趋势，

---

[1]　李诗原.乐音运动过程中的速度和能量——音乐力学研究之一[J].交响，1990（3）：29.

[2]　沈秋鸿.音乐速度结构动力探索[J].音乐创作，2007（3）：73.

进一步推动琴乐表达情绪，加入了新的速度变化。从匀加速至突然加速动力，Xdx 充分完成了琴乐张力的铺垫与积累，形成了完整的速度加速板块结构。可就在情绪积累的高点，Xdx 以一个突然减速的动力模式，将琴乐动力性的增长，一下子回归平静并趋向收束的功能。

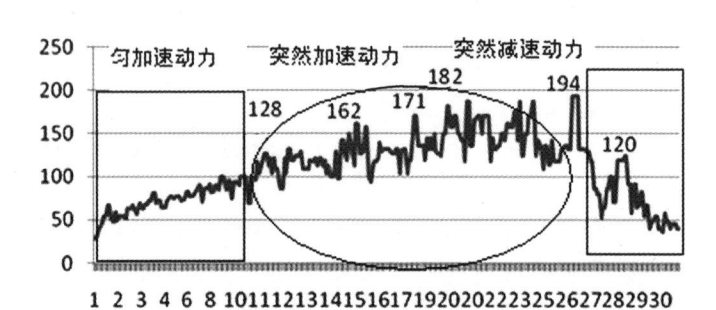

表 4-25　Xdx 速度动力模式

Jzc 的音时速度微观演变的整体形态也可归纳为"高山型"。在具体表达过程中，Jzc 的匀加速动力相当，只是时域范围更长，中部突然加速动力展开时间相对较短。后部没有采用 Xdx 的突然减速动力，而是以相对均匀的方式予以减速。（见表 4-26）

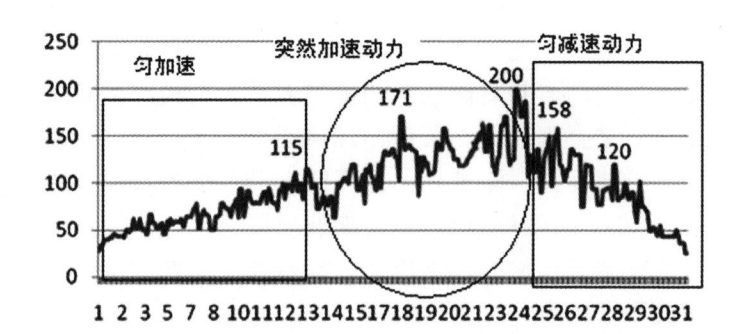

表 4-26　Jzc 速度动力模式

Xhf 的音时速度微观演变的整体形态可归纳为"丘陵型"，其整体速度形态变化不多，起伏较小。Xhf 主要在前部采用了匀加速动力模式，动力明显没有 Xdx 强大。中部采用了匀速惯性动力，它是指在某种速度范围内以较为平均的时速陈述。Xhf 大范围使用该动力模式，在主观感受上难免让人有单调之感。虽然在中后部启用了突然减速动力，但由于没有前部、中部的速度铺垫，动力积累尚显不足。（见表 4-27）

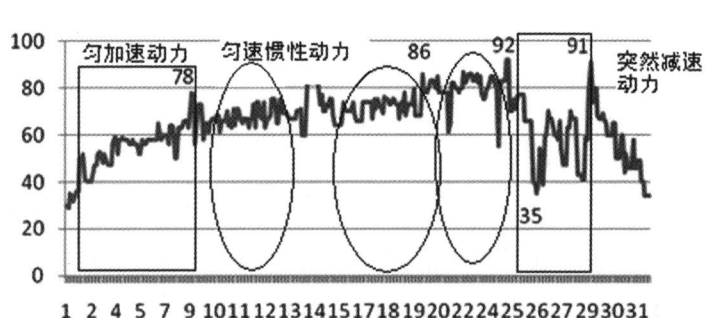

表 4-27　Xhf 速度动力模式

Lsj 的音时速度微观演变的整体形态可归纳为"山谷型"，其在相对平直的起伏之中，突然加入较大的速度变化形态，如同山峰与平川。前部和中前部依然使用了匀加速动力，中部突然加速，缓冲地带很窄，在主观感受上显得有些不够自然。中后部采用匀速惯性动力，将速度高点的紧张度予以缓解，其后出现两个突然减速动力，第一个突然减速动力较小，Lsj 再一次结合该模式进行高点速度的处理之后，瞬刻回落，获得了较大对比的动力模式。（见表 4-28）

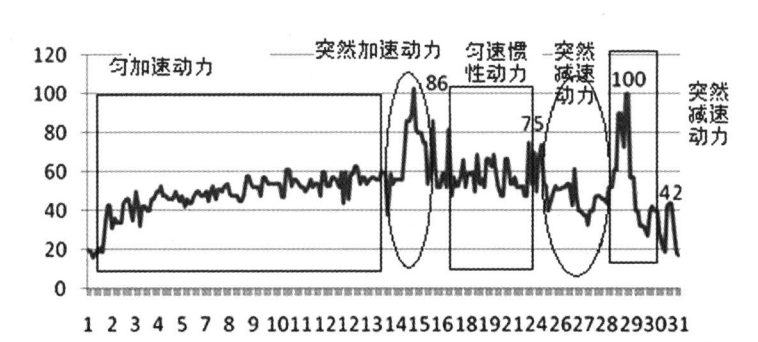

表 4-28　Lsj 速度动力模式

## 二、琴乐音响语言的节拍研究

节拍是周期性体现琴乐语言关系的音时序列，即通过律动循环往复的强弱交替对节奏运动予以计量。它作为节奏时间运动的产物，也作为衡量节奏时间运动的尺度，是由一个或几个相同或不同时值的点组合而成的最基本的形态模式。在琴乐音响语言里，拍是时值模式单位的存在。作为音时语言的量器，其演进、变化、发展可以分为三个阶段：第一是自然节拍阶段；第二是韵律性节拍阶段；第三是定量性节拍阶段。自然节拍，又称童拍，是人类的一种天性节拍，不论音乐修养高低，只要有旋律、节奏，人们便可成拍；韵律性节拍，主要是指非均等的韵律所形成的节拍，例如汉代的《胡笳十八拍》就是以段为单位的段拍，唐宋小曲就是以乐句为单位的句拍；定量性节拍是一种相对定量的节拍方式，例如中国的板眼节乐法就是定量性节拍和韵律性节拍结合的产物，它的板眼标记尽管不同时代有不同的量度，但板眼相对定量的节拍性质，使其成为中国传统节拍体系的特色体现。

### （一）节拍体系的多层划分

接下来将对四位琴人的节拍语言进行讨论。中国传统音乐节拍是区别于西方音乐体系且相对独立的系统。关于"节拍"二字，在不同历史时期，均有不同的内涵阐释。根据王凤桐和张林老师的文献考证，"节"主要有两种解释：一是视作一种乐器；二是视作古人之击拍。第二种解释在《晋书·乐志》中关于"《相和》汉旧歌也，丝竹更相合，执节者歌"的记载和宋代王灼《碧鸡漫志》中"龟年手捧檀板，押众乐于前，将欲歌之"的描述，都互相印证了"节"作"击拍"动词之解的可行性，因此，"巴姬弹弦，汉女击节"和韩愈《送孟东野序》"其节数已急"[①]中的节，若在第二种阐释角度的意义上，更多是击拍之意。关于拍的论述，首见于唐·段安节《乐府杂录》"昔尧民亦击壤歌，先儒为搏拊之说，亦曰所以节乐。乐之有拍，非唐虞创始，实自然之度数"。据考证，"拍"经历了从东汉以前的动词向东汉以后量词的转变。不论是东汉许慎在《说文》中"本作陌拊也"，还是东汉刘熙"搏也，以手搏

---

① 王凤桐.中国音乐节拍法［M］.中国文联出版社，1992：16.

其上也"的描述，都是均指某一动作，但自《胡笳十八拍》首次将其看作是衡量"段"的量词之始，在中国传统音乐中，就有了"段拍""句拍"之分。以上的文献论述，都充分证明了中国节拍与现在我们所学习的节拍概念是有区别的，它丰富的历史和文化内涵在中国传统音乐中有着特殊意义。

1. 段拍、句拍和字拍之定义

段拍是指以乐段为基本单位形成的节拍律动模式。"段"原意通"缎"，《康熙字典》中《说文》其解为"椎物也。一曰分段也。帛二曰緉，分而未丽曰匹，既丽曰段"。作为衡量丝帛长短的量词，如何演变成划分文章架构和音乐章节的代名词，其过程很难具体考证，只是根据一些历史文献和曲谱至少可以判断出在"东汉末年"[①]已经形成了"段拍"的概念。例如，琴人都非常熟知的琴曲《胡笳十八拍》，有很多专家认为一段为一拍，恰好十八段就为十八拍。这种结论是否准确，目前尚有争论，但是著名唐代诗人李欣《听董大弹胡笳声兼寄语弄房给事》诗中关于"蔡女昔造胡笳声，一弹一十有八拍。胡人落泪沾边草，汉使断肠对归客"描述，对"拍""段"同意的相互关系似乎是很好的说明。同时，"段"还与"章""解"其意相通，《南齐书·乐志》有关于《碣石舞》的记载——"《碣石》魏武帝辞，晋以为《碣石舞》，其歌四章"，从现存琴谱所展示的琴乐结构来看，也正好四段，而曹操《碣石篇》共分为《观沧海》《冬十月》《土不同》《龟虽寿》四解"[②]，从所配《相和歌·琴调曲》的音乐来看，也正好四段。此外，学者王世襄在《"广陵散"各代传谱段落及标题比较表》中，通过对唐代、北宋、南宋、元代、明代几个历史时期《广陵散》若干版本的比较，梳理了"拍"到"段"的变化轨迹——明代正式用"段"取代"拍"作为衡量章节的量词。从这些文献中，我们可以看到，实际上"段"与"拍""章""解"之意无异。换言之，"段拍"作为琴乐音时框架式律动，它的存在是有文献依据的。因此，对段拍律动规律的考察，可以帮助我们从宏观层面对于节拍律动的把握。

---

① 王凤桐. 中国音乐节拍法 [M]. 中国文联出版社，1992：19.
② 王凤桐. 中国音乐节拍法 [M]. 中国文联出版社，1992：20—21.

句拍是指以乐句为基本单位形成的节拍律动模式，是根据琴乐表达中的顿挫所连接的节拍律动。句拍的形成与中国传统文学尚有深厚关系。它作为乐意充分表达的某种形式，往往吟诵之时会在句尾产生明显的顿挫，以区别其他的一般陈述。关于句拍最早何时出现，目前无从考察，但唐代和宋代文献却保留了相当数量的记载，例如，在唐代韩愈考核牛僧孺的故事中就提到"且以拍板为什么？僧孺曰乐句"，这恐怕是早期比较明确提出句拍概念的典故。宋代陈旸《乐书》则较为集中地记载了有关"句拍"的文献，诸如"大曲……与丝竹合作，句拍亦急""……拍板以节乐句""以节升歌之句"等。鉴于琴乐与传统文化的密切关系，琴人广泛采用了句读式节拍。然而，对于琴人而言，琴乐句拍的划分与运动都是非常复杂的过程，尤其是琴谱更多时候存在尚不明确标示节拍，也有不标示句读的情况，句拍的确定直接关系到琴乐风格和个性特征的整体基调。因此，对于句拍语言的关注，可以帮助我们了解中观层面的节拍观念与节拍形态。

字拍则是以一二字或若干字组成的节拍律动模式。唐代陈拙曾有这样的论述："夫节奏者，句意节次也，有一字或二字、三字、四字、五字各分一节，声暂少息。奏者，再发声也，或二、三节合成一句，用节奏而成其句意。"这段文献传达了这样的信息：句拍是由节次所定，换言之，节是句拍有机组成部分，它是句拍的下属分类；由"字"所构成的节拍单元，是"节"的重要组成部分，"字"所含数量之多寡尽管不尽相同，但这种与传统"板眼式节拍"有着密切关系、以字定拍的方式，都是"某一特定意思或感情需要"[①]的表达方式，因此，笔者梳理字拍结构，可以展示节拍微观层面多元化的律动。

2. 音时语言节拍体系划分的数理呈示

笔者拟从段拍、句拍、字拍的角度对其进行分析与归纳，其目的是以宏观、中观、微观三维度的视角，分别开展其节拍形态内在关联性的探讨。（见表4-29）

---

① 刘明澜.中国传统器乐的节拍与古诗词曲音乐[J].音乐艺术，1996（2）：3—4.

## 第四章 琴人群体的琴乐语言

表 4-29 四位琴人音时语言节拍体系划分的数理呈示

| 段落 | 演奏者 | 字拍的数理呈示 |
| --- | --- | --- |
| 一 | Xdx | 4:5:3:5:5:4:4 |
| | Lsj | 4:3:4:4:4:4:4 |
| | Jzc | 5:5:3:4:3:4:4 |
| | Xhf | 4:4:3:3:2:3:4:4 |
| 二 | Xdx | 4:2:4:2:4:2:5:2:3:4:3 |
| | Lsj | 4:2:4:2:4:2:2:3:2:4:3 |
| | Jzc | 4:2:4:2:4:2:5:2:3:2:4:4 |
| | Xhf | 3:2:3:2:2:2:2:3:3:2:2:3:3:3:3:3 |
| 三 | Xdx | 6:4:3:4:4:3:3:3:3:3:3:4:4:3:3:3:3:4:3:3 |
| | Lsj | 6:3:3:4:3:3:3:3:3:3:3:4:4:4:3:3:3:4:3:5 |
| | Jzc | 5:3:3:4:4:3:3:3:3:3:3:4:4:3:2:3:3:2:3:4:2 |
| | Xhf | 5:4:3:3:4:4:3:3:3:4:3:4:2:4:3:3:4:3:3:3:8 |
| 四 | Xdx | 5:3:5:5:5:7:5:7:4:6:6 |
| | Lsj | 5:3:3:4:3:4:3:2:3:3:4 |
| | Jzc | 5:3:5:5:5:7:5:4:6:5:7 |
| | Xhf | 5:3:5:3:5:5:6:6:4:6:4:5:5 |
| 五 | Xdx | 8:7:7:4:4:5:4:4:6:7:7:14:6:5 |
| | Lsj | 4:2:4:3:3:3:3:3:7:4:5 |
| | Jzc | 8:6:4:6:5:4:4:7:7:8:17:7:5 |
| | Xhf | 4:4:8:6:3:3:5:3:3:3:4:4:4:2:5:5:9:6:6 |
| 六 | Xdx | 6:6:3:4:5:5:3:3:4 |
| | Lsj | 5:5:3:4:5:5:3:3:3 |
| | Jzc | 8:6:3:3:7:8:3:3:4 |
| | Xhf | 6:6:2:2:3:3:3:3:4:5:3:4:4 |

| 段落 | 演奏者 | 句拍的数理呈示 |
|---|---|---|
| 一 | Xdx | 1:2:3:2:1:3:2:2:3:2:1:3:2:2:2 |
| | Lsj | 1:2:3:2:1:3:2:2:3:3:3:2:2:2 |
| 二 | Jzc | 1:2:3:2:1:3:2:2:3:2:1:3:2:2:2 |
| | Xhf | 1:2:3:2:1:3:2:2:3:2:1:3:2:2:2 |

| 段落 | 演奏者 | 段拍的数理呈示 |
|---|---|---|
| 一 | Xdx | 2:3:1 |
| | Lsj | 2:3:1 |
| 二 | Jzc | 2:3:1 |
| | Xhf | 2:3:1 |

## （二）节拍体系的分析与归纳

通过以上节拍数理一览表，我们可以看到这样的事实：作为宏观层面的段拍、作为中观层面的句拍和作为微观层面的字拍，在整体架构上都呈现出了"非均分性律动"的节拍表达方式和"韵律性律动"的节拍表达特质。

1."非均分性律动"的节拍表达方式

《汉书注·叙例》提及"礼乐歌诗，各依当时律吕，脩短有节，不可格以恒例"，脩为长，脩短为长短。通过文献我们了解到，传统音乐在节拍上其长短"不可格以恒例"，也就是没有固定的拍值，这种特殊的节拍形态，就是后人所称之为"弹性节拍"。

如果说西方专业音乐在节拍形态的表达中其拍值相对固定的话，那么，传统音乐的节拍形态其拍值长度就是可变量态。在一定框架中通过改变拍值的方式来进行速度快慢的变化，在传统音乐中处处可见。例如，戏曲经常谈到的"撤"与"催"、"松"与"紧"都是表示速度渐变或突变的词汇。

"不可格以恒例"的节拍拍值观念，对传统音乐的音时语言产生了重要影响。诸如，琴乐《胡笳十八拍》，若从琴乐宏观结构来看，十八拍意为十八段的学术观点已得到众多专家学者的共识，但从琴乐微观结构来看，我们可以发现每个段拍的"长度并非相等"，其中"第一拍是十二句"，"第五、第六、第八拍均六句"，"第十三拍是十一句"[①]。这种非线性的陈述形态直接形成了"拍无定值"的节拍观念。同样，四位琴人对此现象也有充分的表达。

如表4-29所示，四位琴人不论是宏观段拍层面，还是中观句拍层面，抑或是微观字拍层面，都有众多不同的律动，例如，段拍的2:3:1、句拍的1:2:3:2:1:3、字拍的2:5:2、3:2:2、4:2:5、4:3:4、4:5:3、5:4:3、5:5:3、5:9:6、6:4:3、6:5:7、7:4:5、8:6:3、8:6:4、8:17:7等，这些大量形式相异的节拍形态，没有一组是均匀的、平直的、具有线性意义的定值节拍表达方式，这不仅体现了"弹性节拍"思维对四位琴人音时语言的节拍观念发挥着潜移默化的作用，更重要的是表明了琴人们在节拍语言整体呈示过程中所表现的"非均分律动"特质。

所谓"非均分律动"是指长短不一、长短可变的非平均律动。这种律动无论在形式量还是定性量上，其内在肌理都属于非一致性的组合关系。而恰恰这种关系，构成了四位琴人节拍形态的整体特质，也正是这种特质在表达中的若干显现，将四位琴人节拍观念的共通性表现得淋漓尽致。在上图中，我们不难发现，段拍采用了2:3:1的非均分律动的节拍形态，句拍和字拍尽管采用了非均分律动和均分律动两种相互交替的模式，但观其整体格局，非均分律动还是四位琴人节拍陈述的主体方式。虽然在字拍、句拍、段拍的具体表达方式上呈现多元的特点，但它们都在非均分律动统一性框架中运行。作为一种基础性的语言要素，这里的内在结构不仅已经决定了节拍整体语言的陈述方式与陈述路径，而且更为重要的是体现了琴人风格和派缘关系深层逻辑的一致性。

为了更好地说明琴人非均分律动的表达方式，笔者特借鉴了杨健老师关于速度IOI的研究方法。所谓IOI，英文为Inter Onset Inter，原意

---

① 王凤桐.中国音乐节拍法[M].中国文联出版社，1992：19—20.

指"起奏间隔"[①]。此处笔者主要关注四位琴人实际节拍律动与平均节拍律动的差异，其意义在于：一、通过纵向研究寻找琴人自身陈述的律动特点；二、通过横向研究展现四位琴人节拍律动的趋势特征；三、通过前两者的研究，证明琴人节拍律动在整体上采用"非均分律动"的主体表达方式。在以下图表中，纵向轴是以百分比的形式来表示实际节拍与平均值节拍之间的偏离程度；横向轴是指琴人的节拍陈述过程。

从段拍层面来看，四位琴人其节拍陈述，均共同采用了 2∶3∶1 的律动模式，通过下图我们可以看到，琴人正态律动其偏离程度达到了 50%；负态律动其偏离程度达到 –100%，这说明了节拍律动并非直线运动，而是以起伏较大的曲线方式来表达琴乐。

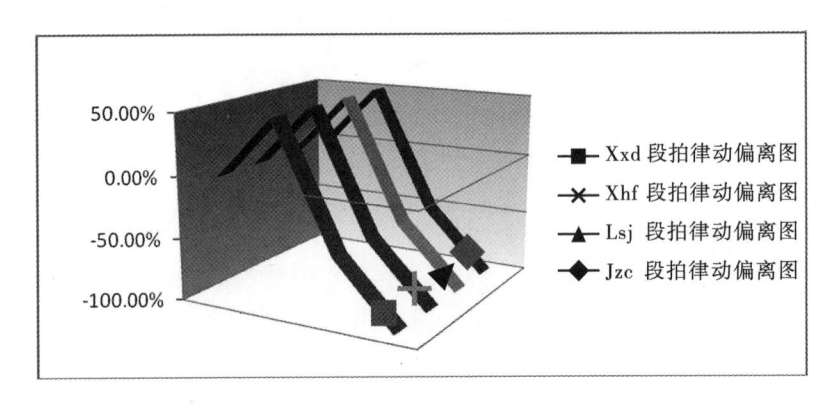

表 4–30  四位琴人段拍律动偏离图

从句拍层面来看，四位琴人其节拍陈述，Xdx、Jzc、Xhf 采用了相同的节拍律动模式，三人正态律动其偏离程度达到了 45.16%，负态律动其偏离程度达到 –51.61%。而 Lsj 在前部、中部都跟前面三位一样，采用了相似的律动模式，只是 35.48% 的正态律动其偏离程度没有他们高，–54.84% 负态律动其偏离程度则比前面三位要高。但在中后部，Lsj 采用了与前三位完全相反方向的律动陈述（见表 4–31，椭圆形框），并且还以均分的形式予以呈示。

---

① 杨健.20 世纪西方器乐演奏风格的结构特征及其形成原因［D］.上海音乐学院，2011：12.

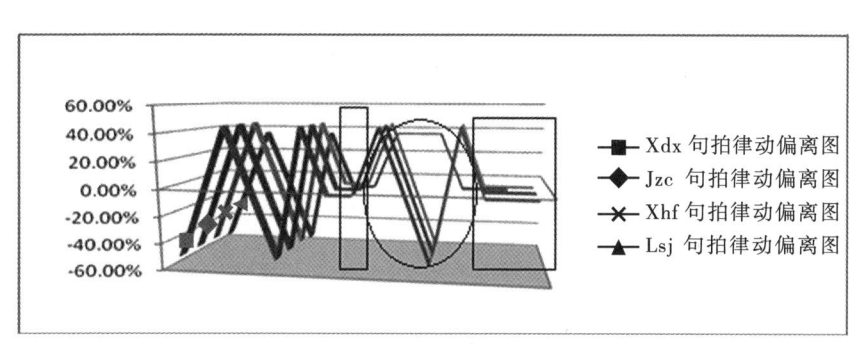

表 4-31　四位琴人句拍律动偏离图

[图表：四位琴人句拍律动偏离图，包含 Xdx 句拍律动偏离图、Jzc 句拍律动偏离图、Xhf 句拍律动偏离图、Lsj 句拍律动偏离图]

从字拍的层面来看，四位琴人其节拍陈述更多体现非均分律动微观表达的多元化特征。四位字拍律动的整体布局均采用先低后高的模式，且都是前部和中前部先以负态律动的形式切入，中后部则逐步上升为正态律动形式。在这种共性之下，其差异主要体现在：四位琴人的节拍律动偏离度，Xdx 和 Jzc 最为接近，只是在量的表达上有所不同，其中 Xdx 和 Jzc 正态振幅最高点分别为 213.32% 和 285.21%，负态振幅最低点在 −55.24 和 −54.8%，这就是说从节拍律动的范围而言，Jzc 显得更大一些。

而 Lsj 和 Xhf 相比前二位琴人的节拍律动，其相似度就稍微差些，在量的表达上，Lsj 和 Xhf 正态振幅最高点分别为 99.9% 和 139.83%，负态振幅最低点分别为 −43.09% 和 −46.7%（见表 4-32、4-33）。

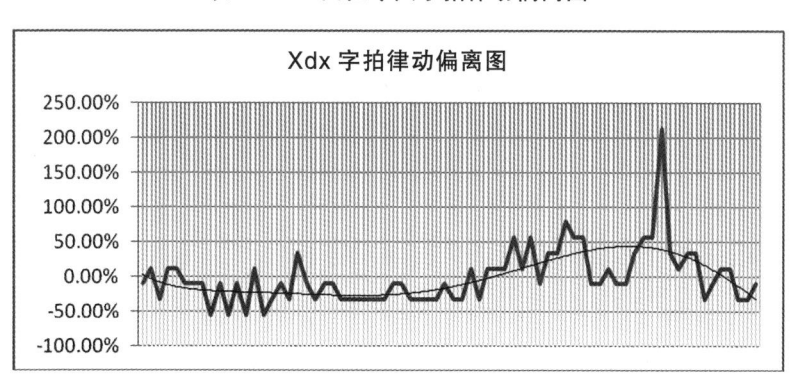

表 4-32　四位琴人字拍律动偏离图

[图表：Xdx 字拍律动偏离图]

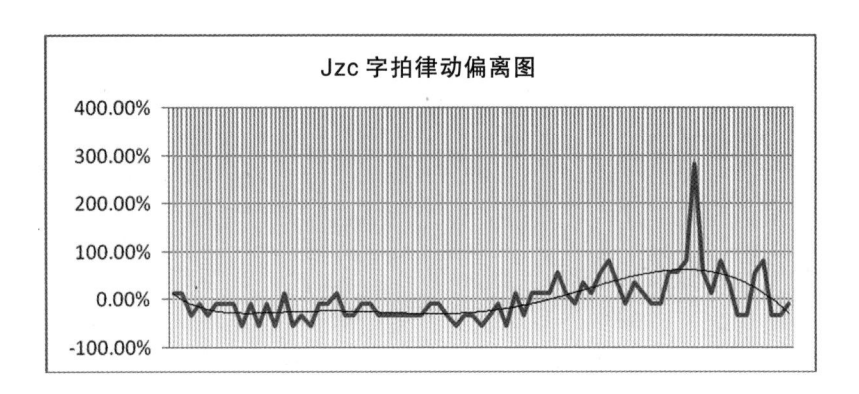

Jzc 字拍律动偏离图

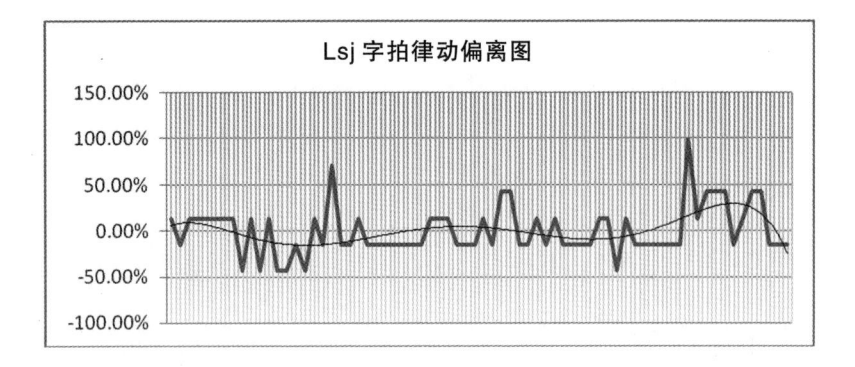

Lsj 字拍律动偏离图

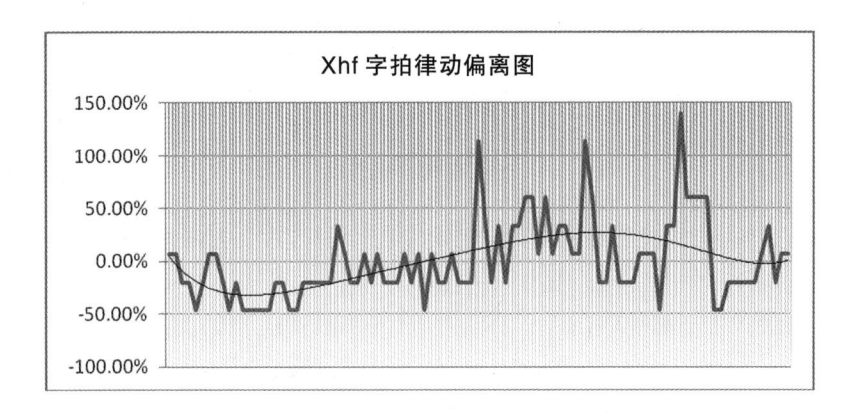

Xhf 字拍律动偏离图

第四章 琴人群体的琴乐语言

表 4-33　四位琴人字拍律动振幅比较

| 琴人名称 | 正态振幅最高点 | 负态振幅最低点 | 两点差值 |
| --- | --- | --- | --- |
| Xdx | 213.32% | −55.24% | 268.56% |
| Jzc | 285.21% | −54.8% | 340.01% |
| Lsj | 99.9% | −43.09% | 142.99% |
| Xhf | 139.83% | −46.7% | 186.53% |

根据以上统计结果来看，Jzc 其两点差值最大，其余依次为 Xdx、Xhf 和 Lsj。两点差值的大小并不能说明整体节律起伏其动态大小，因为这毕竟只是一个点，可奇怪的是，从主观感受而言，Lsj 的节拍变化较小、相对规整的特征与两点差数最小的数值呈现出某种对应关系。不知 Lsj—Xhf—Xdx—Jzc 这样的依次排之，到底是出于必然还是偶然？

记得魏良辅在《曲律》中曾说：拍，乃曲之余，全在板眼分明。

1. 一句话道出了传统节拍之精髓

《敬斋古今注》这样写道："诸乐有拍、唯琴无拍。琴无节奏，节奏虽似拍而非拍也。"笔者认为，其意并非指琴乐真的无拍，而是暗指琴乐没有相对固定之拍值。在琴乐中进行音时的衡量主要通过板眼，然而板眼时值并不固定，只是大框架中相对的基本固定。古人常说板眼"板可略为增损，有伸有缩，方能合拍"[①]。因此，四位琴人的音时语言不论是从段拍还是句拍抑或是字拍，更多体现弹性节拍的状态。当然，笔者认为四位琴人在弹性节拍观念基础上生发出非均分律动的这种特质，并不是说琴人音时语言就没有均分律动，只是陈述的主体框架，更加强调将非均分律动作为主要表达方式。尽管在具体表达过程中，部分也有 2∶2、3∶3、4∶4、5∶5 等均分律动形式，但从其整体而看毕竟只是局部微观性的表达。正如清代音乐理论家徐大椿所言："无节之中，处处皆是节；无板之处，胜于有板。"[②] 前半句说明弹性节拍相对固定的基本拍值，就如同上面提及的均分律动形式；后半句则充分肯定了弹性节拍"拍无定值"的价值。基于这样的节拍观念，"非均分律动"表达方式在四位琴人音时

---

[①] 杜亚雄. 中国乐理 [M]. 上海音乐学院出版社，2007：112.
[②] 杜亚雄. 中国乐理 [M]. 上海音乐学院出版社，2007：112.

语言陈述中得到了充分展现。

2. "韵律性律动"的节拍表达特质

从以上"非均分性律动"节拍表达方式中，弹性节拍所形成的韵律性节拍律动形态，已经充分体现了四位琴人音时语言表达的基本特质。

韵律性节拍律动作为与语言格律有着密切关联的律动方式，是根据乐段或者乐句以及字节的顿挫之意予以定板，以某种相对规则性和相对规律性的节律形态组合而成的运动方式。

作为在琴乐中大量使用的节拍形态，它既然与语言有紧密关联，那么与传统诗歌之关系自然不言而喻。"乐以诗为本"[①]的诗乐观念，自古有之。宋代音乐家陈旸在《乐书》中就有"歌始于诗，而乐又始于歌"这样的记载，明代音乐家朱载堉在《律吕精义》中也有同类的描述："律吕何为者？正乐之法器也。人有性情则有诗，有诗则歌咏生焉。有歌则被之以音为乐，有乐必调之以律吕而后定。是律也者，本之人声，而为正乐之具也。书曰：诗言志，歌永言，声依永，律和声。此之谓也。"[②] 诸种文献均说明了乐与诗之紧密关系。琴乐在这种诗乐观念的统摄之下，其节拍意识和节拍形态均受到了一定影响，从而形成了以"声韵与节律"等特殊韵律为前提开展节拍运动的节拍类型，也就是我们提及的"韵律性节拍"。在四位琴人节拍语言的表达过程中，也充分体现出这种特质。

韵律性节拍讲究"叶韵必拍"。"音的高低、轻重、长短之间有自己均匀的停顿和间歇，与在句尾相同韵脚和相同音调的音（押韵），一起构成了民族的诗歌韵律。"[③] 根据这段话，我们可以得知，韵脚的存在对于韵律性节拍的重要性，它是划分韵文是否终结的重要标志。语言学家王力先生在《汉语诗律学》中曾提道："韵文的要素不在于'句'，而在于'韵'……虽然成句，诗的节奏还没有完……研究诗句的时候，应该以有韵脚的地方为一句终结。"[④] 如果说琴歌可以通过歌词解读寻找韵

---

① 张林.当代音乐理论家的思维局限——就中国古代音乐节拍问题求教于陈应时先生[J].中央音乐学院学报，1996（3）：95.

② 朱载堉.律吕精义[M].人民音乐出版社，2006：172.

③ 章华英.古琴音乐打谱之理论与实证研究[D].中国艺术研究院，2006：101.

④ 王凤桐.中国音乐节拍法[M].中国文联出版社，1992：42.

脚，那四位琴家所演奏的琴曲，是否也会受到语言的影响呢？答案是肯定的。"音乐语言与说话的语言在音调方面，在段落的划分方面有共同点……经常在适当的地方停顿和正确地换气来强调它的自然划分的各部分"①，"音乐中的谱字、乐节、乐句、乐段和文学中的字、词、段等是有某些相似之处。一首乐曲的曲式结构即如同一篇文章之章法结构"②。换言之，虽然四位琴人演奏琴乐并非如同琴歌会明显受到词拍的影响，但是作为琴乐其内在本质所体现的语言特性，决定了琴乐曲拍尽管与词拍是两种类型的节拍体系，可终究离不开词拍背后整个语言体系对其产生的制约性作用。

因此，依据"叶韵必拍"的原则，虽然段拍、句拍、字拍均是展示不同层面节拍律动的划分，从结构而言，其律动形态的韵脚不尽相同，但是以韵定拍的方式则在三个层次中均得以不同手段的贯穿。那么，琴人又是如何做到的呢？

在音时语言节拍体系划分的数理表中，笔者仔细观察发现四位琴人在韵脚的处理上大量使用了"奇偶"组合方式。这种组合充分体现了韵律性的特质。"奇"代表"奇数"，"偶"代表"偶数"。针对这种方式，笔者对其进行了分类：一种是以2与3为基础的核心形态；一种是以2与3为基础，将两者予以整合的复合形态。

表4-34　四位琴人节拍律动节拍形态分类

| 分类 | 偶数 | 奇数 |
| --- | --- | --- |
| 核心形态 | 2 | 3 |
| 复合形态 | 4、5、6、7、8、9、14、17 | |

那么，在琴人的节拍律动陈述中，这种"奇偶"组合具体是怎样体现的呢？笔者对此进行了节拍类型（见表4-35）和频次统计（见表4-36）。

---

① 张洪模.音乐的体裁与形式[M].音乐出版社，1955：52.
② 章华英.古琴音乐打谱之理论与实证研究[D].中国艺术研究院，2006：102.

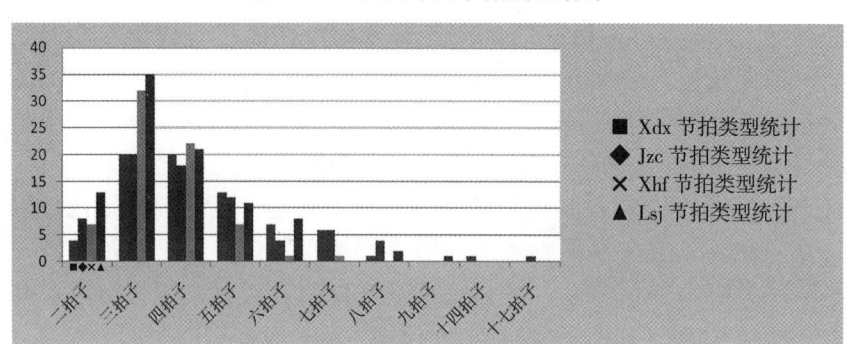

表 4-35　四位琴人节拍类型统计

表 4-36　四位琴人节拍律动频次统计

| 节拍类型 | Xdx | Jzc | Lsj | Xhf |
| --- | --- | --- | --- | --- |
| 二拍子 | 4 | 8 | 7 | 13 |
| 三拍子 | 20 | 20 | 32 | 35 |
| 四拍子 | 20 | 18 | 22 | 21 |
| 五拍子 | 13 | 12 | 7 | 11 |
| 六拍子 | 7 | 4 | 1 | 8 |
| 七拍子 | 6 | 6 | 1 | 0 |
| 八拍子 | 1 | 4 | 0 | 2 |
| 九拍子 | 0 | 0 | 0 | 1 |
| 十四拍子 | 1 | 0 | 0 | 0 |
| 十七拍子 | 0 | 1 | 0 | 0 |

通过数理统计，我们可以看到，四位琴人分别使用了二拍子、三拍子、四拍子、五拍子、六拍子、七拍子、八拍子、九拍子、十四拍子、十七拍子共十种节拍类型。在节拍律动频次上，琴人们都呈现出各自不同的陈述表达习惯与偏好，其中，以二、三、四、五、六拍子为主体。若根据其性质对四位琴人所使用的主要节拍类型予以划分，我们不难发现，它们实际上分别代表了以"奇数"和"偶数"为基础的核心形态和复合形态：二拍子属于偶数的核心形态，三拍子属于奇数的核心形态，而四、五、六拍子则是将两者进行了整合。不论四拍采用二+二或者

一＋三或者三＋一的形式，五拍采用二＋三或者三＋二的形式，还是六拍采用三＋三或者二＋四或者四＋二的形式，它们均属于复合形态。

从这些组合的可能性中，呈现出这样的事实：尽管组合形态千变万化，但是始终无法脱离"奇偶"组合形式，琴人音时语言韵律性律动的特质之所以形成，就与这种组合有密切关联。

"奇偶"组合离不开语言。它不仅作为传统文化意识符号化的表征，体现出强大的文化功能，而且还深入到琴人思维层面，并产生了极为深刻的影响。在中国文字中，由于是以单音节词根为主，在此基础上进行的组合带来了双音节词的出现和发展，并且形成以双音节为主体的汉语表达习惯。虽然，不论是在诗词语言还是生活语言里，其表现方式形形色色，但是组合性质和组合规律毕竟还有内在周期性的节律予以制约。在中国语言里，双音节就是一种最具有代表性的内在节律，它使其呈现出对称和均衡的韵律之美。由于汉语音步（即"节拍"）[①]是由两个音节组成，两个音步又组成一个节奏单位。因此，汉语中大量成语和诗词都说明了这个问题，例如，光明／正大、一穷／二白、专心／致志等均采用了 4（2+2）的形式；五律中的"白日／依山尽"、七律中的"驻足／崖前／拾江魂"分别采用了 5（2+3）和 7（2+2+3）的形式。

在琴乐表达中，同样大量使用了该种组合形式。二拍子和三拍子之所以被认定为核心节拍形态，与中国汉语的特质有很大关系。四拍子作为二＋二的组合形式，其内在核心仍然是"二"。而三拍子则是以"二"为基础，配以"一"形成的组合方式，我们可以看到，琴乐中三拍子使用率最大。难怪汉语学家曾说："汉语的天籁是以 2 为基底，配之于 1，构成 2+2+1 或 2+2+2+1 的基本模型。"[②]那么，其他的五拍子、六拍子、七拍子、八拍子、九拍子、十四拍子、十七拍子，无非就是在二＋三这种"奇偶"组合的基础上，所进行的二种、三种或者若干种的组合，其本身始终包含着"奇偶"两类的交叉节律。若说二拍子核心形态呈现出流畅、均匀的韵律之美，在表情意蕴上更多体现"阳刚"气质的话，那么三拍子核心形态则呈现出不规则的韵律之美，在表情意韵上更多流露

---

[①] 丁金国.汉语特质说略［J］.汉字文化，2007（2）：31.
[②] 丁金国.汉语特质说略［J］.汉字文化，2007（2）：32.

出柔和的气质。琴乐正是以这种均匀与不规则的循环形式,从而获得更高层面的平衡以及气脉的流畅,而四位琴人不论是在段拍、句拍还是字拍,从头至尾都贯穿了韵律性的表达精神,也许这就是他们音时语言共性之所在。

表 4-37　四位琴人速度节拍特点归纳表

| | 类型 | Xdx | Jzc | Xhf | Lsj |
|---|---|---|---|---|---|
| 速度 | 宏观速度布局 | 板式——变速结构 | | | |
| | 宏观速度陈述 | 散—慢—稍慢—中—快—散 | 散—慢—稍慢—中—快—散 | 散—慢—中稍慢—中快—散 | 散—慢—中—快—中—散 |
| | 宏观速度趋势 | 非中心对称结构 | 非中心对称结构 | 非中心对称结构 | 中心对称结构 |
| | 微观速度布局 | 高山型 | 高山型 | 丘陵型 | 山谷型 |
| | 微观速度结构类型 | 楔形—波形—V形 | 楔形—波形 | 楔形—板块—波形 | 楔形—波形—板块—V形 |
| | 微观速度动力模式 | 匀加速—突然加速—突然减速动力 | 匀加速—突然加速—匀减速动力 | 匀加速—匀速惯性—突然减速动力 | 匀加速—突然加速—匀速惯性—突然减速动力 |
| 节拍 | 表达方式 | 非均分律动方式 | | | |
| | 表达特质 | "奇偶"组合为基础的韵律性特质 | | | |

## 第四节　琴乐音响语言的音色聚合

音色又称音质、音品,它与音高、音强、音长一样,同属于乐音四要素之一。作为充分体现由物体振动状态决定的声音听觉属性,音色主要描述了声音品质的某种特性。

在人们常识中,关于音色的理解,大多会从视觉对光波的器官反应和听觉对声波的振动反应两个角度予以考量,直接将颜色和乐音进行连接,从而形成音色之概念。该概念恰当与否笔者暂且不论,但根据学者吴静关于音色概念的梳理,我们可以看到,无论是《辞海》《现代汉语词典》,还是《中国大百科全书》《牛津音乐词典》《音乐百科词典》,更多主张从乐音物理属性的角度，依据基音与谐音分布的疏密关系、音响强度关系、音程跨度关系对其进行解释，尤其《牛津音乐词典》开宗明义指出："音色是不可能传达色彩的，音色是一种习惯的说法，是由泛音的不同强度产生的音质变化而造成的。色调或许是更加准确的术语。"这些定义相信会对常识中音色概念的修正提供理论基础。音色因借鉴了视觉范畴中的色彩概念，而形成不太准确的定义阐释，笔者认为这与音色作为一种主观性极强的特殊属性有密切关联。视觉与听觉艺术，尽管采用完全不同的物质材料和表现方式，但是两者"引导审美体验的获得……是通过通感的转移作用来进行的"[1]，难免会将听觉范畴转移到视觉范畴开展声音特质的描述。因此，若从声音物理属性而言，为了更好地避免音色与颜色概念的混淆，同时也可以更好地表达人们针对声音性质所做出的主观判断，笔者将音色视为"乐音的品质特征，能够将音高、音强和音长都相同的两个音区别开来的一种声音基础"[2]之定义，开展本节内容的探讨。

在中国传统音乐之中，音色是塑造音乐形象、深化意境的重要表达手段，其功能意义一直得到历代乐人、文人的高度重视："和如羹焉，水、火、醯、醢、盐、梅，以烹鱼肉，燀之以薪，宰夫和之，齐之以味，济其不及；以泄其过，君子食之，以平其心……若以水济水，谁能食之？若琴瑟之专壹，谁能听之？同之不可也如是。"[3]《左传·昭公二十年》的这段文献就以"齐之以味"为我们描述了"同之不可也如是"的道理。换言之，音色运用如同烹饪，在音乐中应该注重音色的表现功能，就好像各种调味品在菜肴中所发挥的作用一样，其最终是为了达到"济其不及，以泄其过"的目的。

既然音色具有这样的价值，那么在传统琴乐中又是如何体现的呢？首先，如果大家对"金、石、土、革、丝、木、匏、竹"并不陌生的话，我们就可知道，这种依据制作材料来划分乐器类型的方法，八种分类所体现的八种音色实际上反映了其观念在事物集合成类过程中产生的作用。首

---

[1] 陈新宇.试论音乐审美体验中音色要素的特殊品质[D].西南师范大学,2005:7.
[2] 韩宝强.音的历程——现代音乐声学导论[M].中国文联出版社,2003:54.
[3] 修海林.中国古代音乐史料集[M].世界图书出版公司,2000:33.

先，古琴作为"丝"类乐器，从工艺学角度就决定了它内在音色的独特性。其次，古琴乐谱作为一种主要以减字谱进行记谱的方式，通过其谱式将音位和音色予以物质化的呈现，跟中国其他传统乐种中的锣鼓经、弦索谱、管色谱一样，其记谱样式就蕴含了相关音色的多种信息，一个谱字不仅包含有各种演奏方法和组合样式，而且还体现了不同的音响色彩类型及其色彩属性，琴乐右手的基本八法、左手的基本四法，一个简单的散勾三弦的组合，其本身就体现了音位、奏法以及音色表达过程。它就如同传统戏曲生、旦、净、末、丑的行当类型，生又可细分为老生、武生、小生，旦又细分为正旦、闺门旦、神仙旦、武旦，净分为大花脸、二花脸等等一样，不同类型有不同的音色要求，从这个侧面也可反映琴乐音色约定性的功能在琴乐语言呈示中所发挥的作用。再次，从音色审美来看，多部琴谱及相关著作对其均进行了不同程度的探索，其中最具有代表性的莫属明末清初著名琴家徐上瀛的《溪山琴况》，其中关于"和、静、清、远、古、澹、恬、逸、雅、丽、亮、采、洁、润、圆、坚、宏、细、溜、健、重、轻、迟、速"琴乐二十四况的描述，若说前十况更多是从精神层面对琴人提出的目标，而后十四况则表明了对琴人琴乐音色的特定要求，这些都充分体现了琴人对音色的重视和对丰富性的追求。

鉴于音色在琴乐语言表达中的特殊地位，笔者在本节中主要从两个维度对其予以观照：一是从音色语言布局角度考察音色分离在琴乐铺陈[①]中单一因素的结构性呈示，了解其内在结构力的聚合与生成；二是从声学角度考察琴人音色语言的个性表达，通过对采集样本的分析、比较和各种参量的考量，进行相关的声学测试，试图梳理其表达特性。

## 一、四位琴人音色语言的节奏律动、音色分离与结构布局

音色语言作为表达琴乐的重要手段，有着非常丰富的音色体系。通过琴乐技法结构的特殊呈示，音色的层次性、有序性在琴乐语言表达中得到充分展示。在右手"勾、剔、抹、挑、托、擘、打、摘"八法基础上发展而来的"历、轮、半轮、撮、反撮、打圆、圆搂、间勾、双弹、锁、扶、转指、却转、拨、刺、伏、滚、拂、捻"等技法，以及在左手

---

[①] 铺陈，是指音乐的横向陈述过程。

"吟、猱、绰、注"四法基础上发展而来"上、下、进、退、掐起、对起、掩、虚掩、带起、抓起、撞、推出、往来、奂"等技法，都体现了音色元素的作用。若将其予以划分，可分为"泛音""散音""按音"三种类型。古人常用"天""地""人"来象征三者之间的关系。三种类型代表三种音色种类。如果说泛音追求轻快、清亮的音色，那么散音则追求凝重、透彻、稳健的音色，而按音则追求轻脆、坚实的音色。不同音色取向，充分显示了琴乐演奏技法及音色表情意蕴的多样性，也正是这种细腻、微妙的音色变化，在琴乐原有基色的基础上赋予诸如"混合色""中间色""过渡色"等多重性的色彩区值，使琴人在线性陈述中通过技法的转换获得音色节律和音色结构的塑造。

的确，通过音色的厚薄、浓淡、明暗等变化铺陈琴乐，其流露出的运动特质，决定了音色本身内在节律存在的事实。因此，这种节律从微观角度来看，所形成的律动向心力和离心力，呈现出丰富的音色语言组合类型之节奏样态；从宏观角度来看，在陈述架构中又显示出整体布局的宏观结构力。通过音色整合并呈现琴乐，在中国音乐中不仅有着深厚传统，而且有着特别重要的意义。

从历史上看，琴乐音色相关研究多停留于琴乐表演与琴乐审美层面，历代琴人和当代的理论家们从不同角度切入，其强调的重点虽不尽相同，可他们对音色的观照并没有脱离以上两个层面的范畴，并且体现出对所研究问题的连续性。

从研究所涉及的问题来看，琴乐表演和琴乐审美的确体现了琴乐音色多个维度的诸种内涵，但是琴人和理论家们往往忽视了音色的重要性。其实早在二十世纪初，阿诺德·勋伯格就提出了音色旋律，他认为音色的变化和转移过程，能够像旋律进行一样被人们感知。因此，笔者在此会对四位琴人的音色语言从节奏律动角度进行描述，同时也会对琴乐单音陈述的立体结构予以阐释。

**（一）音色节奏律动的数理归纳**

音色作为琴乐重要的表达手段，跟世间万物一样，都是时间流的演变与铺陈。音色内在的物理属性，决定了它必须以运动的方式予以呈示。凡有运动必会形成从某点至于某点的行动轨迹，行动轨迹又会形成某种有规律或无规律的循环周期，循环周期势必体现徐、疾、迟、速的律动起伏，律动起伏又会形成某种节律样态，而节律样态又会形成不同长、短、疏、密的节奏组合形态。最终，音色同样可以从节奏的角度研究其运动结构力与动力实质性内涵。

节奏是琴乐音响语言的基础时间结构。作为在时间中的组织形式，它以发音点在时间上所呈现的比例分布，构成了不同时值长短的比例组合。早在《乐记》中就有"文采节奏，声之饰也""比物以饰节，节奏合以成文""节奏，谓或作或止，作则奏之，止则节之"[①]等内容的描述。节奏，从物理的角度来描述是指机械振动所持续的时间长短。从广义的角度来看，节奏体现了"乐音时值的有组织的顺序，是时值各要素——节拍、重音、休止等相互关系的结合"；从狭义的角度来看，它是指"组织起来的音的长短关系"[②]。节奏作为琴乐音响语言各种长短相同和相异时间单位内有组织的进行序列，有别于日常音响无规律的、没有比例的长短时值组合，以其有序性和周期的强弱交替性来表现音响运动的轻重缓急，有不同时值长度的音乐时间分割，是有规律的长短时值组合。

若从音色节奏角度而言，广义的理解是将音色看作结构琴乐铺陈的重要元素，通过音色把握琴乐整体架构中各部分之间的交替、对置与平衡及其琴乐材料的变更、持续长短、大小比例的组合关系；狭义的理解是通过音色时值长短的多样组合，从微观角度观照某种具体固定的音色比值关系以及由此产生的音色节奏单位循环构成的律动关系。

鉴于以上音色节奏之内涵，为了客观呈现其琴乐音色语言之样态，笔者先根据四位琴人的音响录音进行了音色谱字的整理。从中，我们可以看到有三位选择了郑健侯的版本，该版本经由杨新伦传给了传人谢导秀得以广泛传播；有一位将《悟雪山房琴谱》和《古冈遗谱》进行了融合，形成新的琴乐版本。为了从决定音色变化原始依据之间，寻找四位琴人的异同关系，笔者特将刻本《悟雪山房琴谱》《古冈遗谱》和融合版中的《鸥鹭忘机》放在同一空间内进行比较。经比较发现，3首《鸥鹭忘机》各自均有360多个谱字。其中，因指法和处理方式的差异共有55处，接近总数的10%，因旋律进行的差异，共有11处，占总数的

---

① 杜亚雄.中国乐理[M].上海音乐学院出版社，2007：104—105.
② 任也韵.节奏因素对节拍结构的影响[J].黄钟，1993（1）：139.

4%。这两个百分比占总数的比值并不大,显示了琴人音色表达基础层面的一致性和差异性。

笔者又将四位琴人的琴乐音色进行分类,一是"散音"类;二是"泛音"类;三是"按音"类,其中又分为"实音"类、"手走音"类和"腔化音"类。该三类划分主要依据演奏技法的复合程度来表现其琴乐音色色差(见表4-38)。

所谓"散音"类是指右手弹弦后,左手不再加任何力量,弹空弦所产生的声音,其音色嘹亮、浑厚。

所谓"泛音"类是指左手对准徽位、轻击丝弦,右手同时弹弦所发出的声音,其音色清越。高音区如风中驼铃,轻音松脆;中音区如玉磬相击,明亮铿锵。

所谓"按音"类的"实音"是指左右手分别按弦、弹弦所发出的声音,其音色浑厚有力,中音区宏实宽润,高音区尖脆纤细。"腔化音"是指通过左手吟、猱、绰、注的按音方式,配以右手弹弦所发出的各种音色。"走手音"是指通过左手按弦以上、下、进、复的方式,配以右手弹弦所发出的各种音色。

表4-38 四位琴人音色律动的音色归类

| 音色类型 | | 音色编号 | 色差类别 | 色差分级 |
| --- | --- | --- | --- | --- |
| 散 音 | | 1 | 因只涉及左手,属于单一性色差 | I |
| 泛 音 | | 2 | 因涉及左右手两个技术动作,属于复合型色差 | II |
| 按音 | 实 音 | 3 | 因涉及左右手两个或两个以上的技术动作,属于复合型色差 | III |
| | 腔化音 | 4 | 因涉及左右手两个或两个以上的技术动作和腔化处理,属于复合型色差 | IV |
| | 走手音 | 5 | 因涉及左右手两个或两个以上技术动作和音高处理,属于复合型色差 | V |

在此分类基础上,结合琴乐实际的节奏运行,笔者开展了琴人音色谱的编制与数理归纳(见表4-39,其中色块内代表散音类,圆圈内代表泛音类,无色代表按音类)。

表 4-39　四位琴人音色律动节奏的数理归纳

| | Xdx | Lsj | Jzc | Xhf |
|---|---|---|---|---|
| 1 | 2:1:1:1:2:2 | 2:1:1:1:1:1 | 2:1:2:1:2:2 | 2:1:1:1:1:2 |
| 2 | 3:3:2 | 4:3:1 | 3:2:2 | 3:3:2 |
| 3 | 5:4:1:1:2 | 4:4:1:1:2 | 3:4:1:1:2 | 3:4:1:1:2 |
| 4 | 4:2:1:3 | 4:2:1:3 | 4:2:1:3 | 3:2:1:2:2 |
| 5 | 2:1:3:3 | 2:1:3:2 | 2:1:3:2 | 2:1:1:2:2 |
| 6 | 5 | 5 | 5 | 3:5 |
| 7 | 2:3:2 | 2:3:2 | 2:3:2 | 2:3:3 |
| 8 | 4:1:2 | 4:1:2 | 4:1:3 | 3:2.5:0.5:0.5:2.5 |
| 9 | 6:1:2 | 6:1:2 | 5:1:2 | 5:4:3 |
| 10 | 3:3:4:1:2 | 3:4:3:1:2 | 3:4:3:1:2 | 3:4:3:1:3 |
| 11 | 3:3:3:1:2 | 3:3:3:1:2 | 3:3:3:1:2 | 3:3:3:1:3 |
| 12 | 3:4:5:1:2 | 3:4:4:1:2 | 3:4:4:1:2 | 3:4:2:4:1:3 |
| 13 | 3:3:1:2 | 3:3:1:2 | 2:3:1:2:1 | 3:4:1:3 |
| 14 | 4:3:3 | 4:3:5 | 3:4:2 | 4:3:8 |
| 15 | 5:3:5 | 5:3:3 | 5:3:5 | 5:3:5 |
| 16 | 5:5 | 4:3 | 5:5 | 3:5:5 |
| 17 | 7:5 | 4:3 | 7:5 | 6:6 |
| 18 | 5:4 | 2:3 | 4:6 | 4:6 |
| 19 | 6:1:1.5:1.5:2 | 3:0.5:0.5:1.5:1.5 | 5:1:1:3:2 | 4:4:1:1:1.5:2.5 |
| 20 | 8:2:1:4 | 4:0.5:1.5 | 8:2:1:3 | 4:4:4.5:1:2.5 |
| 21 | 6:1 | 2.5:1 |  | 6:1:2 |
| 22 | 4:0.5:3.5 | 1.25:0.5:1.25 | 6 | 3:1:4 |
| 23 | 2:1:2:4:4 | 1:0.5:1.5:3 | 2:1:2:4 | 3:1:2 |
| 24 | 6 | 3 | 7 | 4:4:4:4 |
| 25 | 7:3:4 | 3:1.25:1.5 | 7:2:6 | 2:4.5:0.5:1.5:3.5 |
| 26 | 14 | 7 | 14 | 9 |
| 27 | 6:4:1 | 4:3:2 | 7:3:2 | 6:3:2 |
| 28 | 6:6 | 5:5 | 8:6 | 6 |
| 29 | 3:4:4:1 | 3:4:4:1 | 3:3:5:2 | 3:2:3:3:3:3 |
| 30 | 5:0.5:1.5:1 | 5:1:1:1 | 6:3 | 2:1:1.5:2.5:1:1:3 |
| 31 | ③:⑤ | ③:③ | ③:④ | ③:④:④ |

从上表我们可以看到，演奏技法的若干运用，已经构筑了音色表达的多层体系。琴乐音色交错纵横之结构，展示了琴人们不同的表现意蕴、审美取向。这种特质事实上并非通过其他方式获得，而是以技法组合来表达音色之异同。若以散勾三弦和中指七徽五弦的组合为例，在依据技法特性的音色类型、色差区值编制音色谱之后，可将散勾三弦划归为散音类，其编号为1；中指七徽五弦划归为按音的实音类，其编号为3，结合本身在琴乐演变中的节奏形态，或许就有了下面的音色谱（见表4-40）：

表 4-40  音色谱

散音类：1  1  0  1 | 1  0  1  -  | ……
按音类：0  0  3  0 | 0  3  0  0  |

1与3实际上展示了音色表达同样具有鲜明的律动模式。散音和按音因不同技法形成了音色交替之过程。交替过程的快与慢直接反映音色内在律动之特质。依据其节奏，从而产生了上表的律动比值。在表4-39中的几种标识，已经一目了然地让我们对四位琴人音色语言有了一定的感性认识。四位琴人都试图采用不同的音色形态，在以单声为主体的架构中，通过单一、复合等诸种手段相互结合、重置，以相对独立又相互依赖的音色表达方式，构筑既具有共性又具有个性的局部或者整体的音色格局。

（二）音色分离

正如上文所言，琴乐更多是以单声为主体的音乐形态。但由于中国传统乐器性能之特性，演奏技法、触弦方式、演奏音位的相异，形成了林林总总的诸多音色，而这些音色又在琴乐横向铺陈中，分层聚合为具有相对独立的音色线条，形成了多声性单声结构的琴乐音色表达逻辑。按照上述逻辑，笔者将音色横向切割所形成的音色分层称为音色分离。

根据笔者对上表音色律动节奏的数理分布观察，四位琴人其音色分离明显呈现出两种类型：一是点状音色；二是块状音色。

所谓点状音色，是指单个、短小的音色集合元素，在琴乐陈述中形成的色点性或光斑性颗粒散状音色；而块状音色则是指多个、相对长大的音色集合元素，在琴乐陈述中形成的色块性集成片状音色。

不论是点状音色还是块状音色，都是音色形态内在律动的外化呈现。

那么，以显性或隐性方式生成的具有动机性的律动乐核所展示的音色形态，笔者将其看作为"基态"；而根据乐核进行变化所形成的各种音色形态，笔者将其看作为"分形"。基态呈现了琴乐音色某种相对稳定的律动样态且不易受到外在因素的影响与干扰，而分形则呈现出琴乐音色某种相对非稳定性的律动样态，在琴乐陈述中易受到相关因素的影响与作用，并常以相对模糊甚至完全变形的方式，偏离原有的音色律动基态模式。

1. 点状音色和块状音色的基态描述

点状音色的基态陈述，四位琴人主要采用了顺分、等分和逆分的音色聚合形态。所谓顺分是指前长后短的音色模式；等分是指时值相等的音色模式；逆分是指前短后长的音色模式。四位琴人顺分类型的2∶1律动模式体现他们在点状音色思维方面的一致性，在等分类型中，Jzc 在其余三位都是1∶1的基础上，将音色时值扩大了一倍，在逆分类型中，Lsj 则将音色时值加以缩短，可见上述琴人均呈现出不一样的音色律动选择。

在块状音色的基态陈述中，四位琴人同样采用了顺分、等分和逆分的音色聚合形态。其中，逆分类型以1∶2的律动类型为主体，只有 Xhf 使用了3∶4的律动方式，同时该类型出现的乐句位置有两人选择了在第3乐句出现。等分类型以1∶1为主体，而 Xdx 使用了3∶3的方式，类似比值说明他强调等分类型块状音色相对较多。顺分类型其陈述律动和乐句出现的位置，四人完全不一，灵活度较大（见表4-41）。

表4-41　四位琴人点状音色和块状音色之基态比较

| 琴人 | 类型 | 比值 | 乐句 | 类型 | 比值 | 乐句 | 类型 | 比值 | 乐句 |
|---|---|---|---|---|---|---|---|---|---|
| 点状音色之基态 ||||||||||
| Xdx | 顺分 | 2∶1 | 1 | 等分 | 1∶1 | 1 | 逆分 | 1∶2 | 1 |
| Lsj | 顺分 | 2∶1 | 1 | 等分 | 1∶1 | 1 | 逆分 | 0.5∶1.5 | 19 |
| Jzc | 顺分 | 2∶1 | 1 | 等分 | 2∶2 | 1 | 逆分 | 1∶2 | 1 |
| Xhf | 顺分 | 2∶1 | 1 | 等分 | 1∶1 | 1 | 逆分 | 1∶2 | 1 |
| 块状音色之基态 ||||||||||
| Xdx | 逆分 | 1∶2 | 1 | 等分 | 3∶3 | 2 | 顺分 | 5∶4 | 3 |
| Lsj | 逆分 | 1∶2 | 3 | 等分 | | | 顺分 | 4∶3 | 2 |
| Jzc | 逆分 | 1∶2 | 1 | 等分 | 1∶1 | 3—4 | 顺分 | 3∶1 | 2—3 |
| Xhf | 逆分 | 3∶4 | 3 | 等分 | | | 顺分 | 4∶1 | 3 |

若将点状音色和块状音色的基态进行细心比较，我们不难发现点状音色是在顺分类型框架下的稳态律动呈示，以密集方式出现于琴乐开篇的第1句和尾声第30句。这种具有骨架性的律动模式，一直影响到后面的分形运动，尤其在第30句，不论是Xdx的5∶0.5、Lsj的5∶1∶1，还是Jzc的6∶3抑或是Xhf的2∶1∶5∶3，都体现了对于点状音色顺分类型的遥相呼应。而块状音色基态的顺分类型却呈现了活跃非稳态性的律动呈示，两者可谓是一静一动，相得益彰，并且似乎在暗示分形的蜕变过程。相对而言，块状音色的逆分和等分类型稍显稳定，四人中虽有一人未能与其他三人达成共识，但块状音色的分形形态在后面也会用事实展现这两种类型的确是块状音色律动最初始的基态乐核。

2. 点状音色和块状音色的分形描述

若论分形，我们会发现，每位琴人所使用的音色类型都与其原初的基态律动呈现出一定的复制或者映射关系（见表4-42）。复制与映射是音色分形的两种主要类型。所谓复制是指分形形态与基态之间，按照某种比值、某种量度或者某种模式，以相对接近基态的方式进行陈述的类型；映射则是指在基态基础上进行相对较大变化的陈述类型。不论两者与基态之间的远近关系，它们都是以单一性或者复合性的手段表现其基态演变分裂的过程。

基态作为最为稳定的音色聚合形态，以类似音色动机或者乐核的身份，在琴乐横向铺陈中体现了极强的向心力，而分形则作为基态音色的演变，与其一直保持着某种或隐或现的密切关系。每一种类型的点状音色和块状音色，其分形数量与分形方式尽管有不同程度上的差异，但都无法回避与基态之间具有对应性关联。

作为点状音色2∶1基态的分形律动，四位琴人在第1句和第30句主体框架之间的呼应关系都有一定差异。不论是Xdx的5∶0.5、Lsj的5∶1∶1，还是Jzc的6∶3或是Xhf的2∶1.5∶1∶3，都是按照长加短的方式予以呈现。其中Xdx主要使用了顺分（1次）、顺分等分（2次）类型；Lsj同样使用了顺分（1次）、顺分等分（1次）类型；Jzc主要使用了顺分（1次）、顺分逆分（2次）类型；Xhf则将几种类型进行了融合，主要使用了顺分（1次）、顺分等分（2次）、顺分逆分（1次）。而散落于琴乐中前部和中后部的等分和逆分点状音色，在第13乐句之前都是清一色等分音色，自第 20 句起有两位琴人则对等分点状音色的基态进一步分形，Xdx 使用了等分顺分（1 次）类型，Jzc 使用了等分逆分（1 次）类型，而另外两位仍然是以等分的形式予以复制。中后部主要以逆分音型居多，Xdx 使用了逆分（2 次）与逆分等分（1 次）两种类型，Lsj 使用了逆分等分（1 次）和逆分顺分（1 次）类型，Jzc 使用了逆分（2 次）和逆分顺分（1 次）类型，Xhf 则使用了逆分（2 次）一种类型。

表 4-42　Xdx 点状音色之分形

| 基 态 |||||||||
|---|---|---|---|---|---|---|---|---|
| 类型 | 比值 | 乐句 | 类型 | 比值 | 乐句 | 类型 | 比值 | 乐句 |
| 顺分 | 2∶1 | 1 | 等分 | 1∶1 | 1 | 逆分 | 1∶2 | 1 |
| 分 形 |||||||||
| 顺分 | 5∶0.5 | 30 | 等分 | 1∶1∶1∶1∶1 | 8—13 | 逆分 | 1∶1.5 | 19 |
| 顺分等分 | 2∶1∶1∶1 | 2—5 | 等分顺分 | 1∶1∶0.5 | 20—22 | 逆分 | 3∶5 | 31 |
| 顺分等分 | 3∶1∶1 | 25—27—29 |  |  |  | 逆分等分 | 1∶4∶4 | 23 |

Lsj 点状音色之分形

| 基 态 |||||||||
|---|---|---|---|---|---|---|---|---|
| 类型 | 比值 | 乐句 | 类型 | 比值 | 乐句 | 类型 | 比值 | 乐句 |
| 顺分 | 2∶1 | 1 | 等分 | 1∶1 | 1 | 逆分 | 0.5∶1.5 | 19 |
| 分 形 |||||||||
| 顺分等分 | 5∶1∶1 | 30 | 等分 | 1∶1∶1∶1 | 2—5 | 逆分等分 | 0.5∶1∶0.5∶0.5 | 20—23 |
|  |  |  | 等分 | 1∶1∶1∶1∶1 | 8—13 | 逆分顺分 | 1.25∶2∶1 | 25—27—29 |
|  |  |  | 等分 | 3∶3 | 31 |  |  |  |

### Jzc 点状音色之分形

<table>
<tr><th colspan="9">基　态</th></tr>
<tr><th>类型</th><th>比值</th><th>乐句</th><th>类型</th><th>比值</th><th>乐句</th><th>类型</th><th>比值</th><th>乐句</th></tr>
<tr><td>顺分</td><td>2∶1</td><td>1</td><td>等分</td><td>2∶2</td><td>1</td><td>逆分</td><td>1∶2</td><td>1</td></tr>
<tr><th colspan="9">分　形</th></tr>
<tr><td>顺分</td><td>6∶3</td><td>30</td><td>等分</td><td>2∶2</td><td>2</td><td>逆分</td><td>1∶3</td><td>19</td></tr>
<tr><td>顺分<br>逆分</td><td>4∶2∶3</td><td>4</td><td>等分</td><td>1∶1</td><td>13</td><td>逆分</td><td>3∶4</td><td>31</td></tr>
<tr><td></td><td></td><td></td><td>等分</td><td>1∶1∶1∶1</td><td>8—12</td><td>逆分<br>顺分</td><td>2∶3∶2</td><td>5</td></tr>
<tr><td></td><td></td><td></td><td>等分<br>逆分</td><td>1∶1∶2∶2∶2</td><td>20—23—25—27—29</td><td></td><td></td><td></td></tr>
</table>

### Xhf 点状音色之分形

<table>
<tr><th colspan="9">基　态</th></tr>
<tr><th>类型</th><th>比值</th><th>乐句</th><th>类型</th><th>比值</th><th>乐句</th><th>类型</th><th>比值</th><th>乐句</th></tr>
<tr><td>顺分</td><td>2∶1</td><td>1</td><td>等分</td><td>1∶1</td><td>1</td><td>逆分</td><td>1∶2</td><td>1</td></tr>
<tr><th colspan="9">分　形</th></tr>
<tr><td>顺分<br>等分</td><td>3∶4∶4</td><td>31</td><td>等分</td><td>3∶3</td><td>27—29</td><td>逆分</td><td>1∶1.5</td><td>19</td></tr>
<tr><td>顺分<br>等分</td><td>2∶1∶1∶1</td><td>2—5</td><td rowspan="2">等分</td><td rowspan="2">1∶1∶1∶1</td><td rowspan="2">10—13</td><td rowspan="2">逆分</td><td rowspan="2">0.5∶1.5</td><td rowspan="2">25</td></tr>
<tr><td>顺分<br>逆分</td><td>2∶1.5∶1∶3</td><td>30</td></tr>
<tr><td></td><td></td><td></td><td>等分</td><td>1∶1∶1∶1</td><td>20—23</td><td></td><td></td><td></td></tr>
</table>

作为块状音色分形主要是由等分和逆分基态发展而来，其中四位琴人都运用了逆分顺分和等分顺分的音色模式，尽管在具体定量和次数的表述上有所差异，但毕竟可以从中看出他们四人的共性。不同的是，Xdx 的逆分音色更多属于对基态映射的分形形态，而且在表述中没有存在逆分原型复制（单一性复制），这说明他的表述离自身确立的基态相对较远，更多属于一种映射关系（复合型复制），而其余三人都有复制和映射两类。在等分类型中，Xdx 和 Lsj 同样不如 Jzc 和 Xhh 那样丰富，尤其 Jzc 还采

用了等分顺分逆分三重样态。当然，四位琴人在块状音色分形中使用最多还是顺分类型，按照下列表格琴人顺序，他们复制顺分类型分别是6次、7次、7次、2次，映射顺分逆分类型分别是5次、3次、2次、2次，顺分等分类型分别是1次、1次、0次、4次。此外，Xdx、Xhf还使用顺分顺分类型各1次。从中可见顺分类型的块状音色表现得非常活跃，在空间占有量上相对等分与逆分类型而言大了很多，尽管如此，它们还是在等分与逆分的框架下所呈现的分形复制或映射（见表4-43）。

表4-43　Xdx块状音色之分形

| 类型 | 比值 | 乐句 | 类型 | 比值 | 乐句 | 类型 | 比值 | 乐句 |
|---|---|---|---|---|---|---|---|---|
| 基 态 ||||||||||
| 逆分 | 1:2 | 1 | 等分 | 3:3 | 2 | 顺分 | 5:4 | 3 |
| 分 形 ||||||||||
| 逆分等分 | 2:3:3 | 5 | 等分 | 5:5 | 16 | 顺分 | 4:2 | 8 |
| 逆分等分 | 3:4:4 | 29 | 等分 | 2:2 | 23 | 顺分 | 6:2 | 9 |
| 逆分顺分 | 2:3:2 | 7 | 等分 | 6:6 | 28 | 顺分 | 7:5 | 17 |
| 逆分顺分 | 1:5:1 | 30 | 等分 | 3:3:3:3 | 11 | 顺分 | 5:4 | 18 |
|  |  |  | 等分顺分 | 3:3:4:2 | 10 | 顺分 | 4:3.5 | 22 |
|  |  |  | 等分顺分 | 3:3:2 | 13 | 顺分 | 6:4 | 27 |
|  |  |  |  |  |  | 顺分逆分 | 5:4:1:2 | 3 |
|  |  |  |  |  |  | 顺分逆分 | 4:2:3 | 4 |
|  |  |  |  |  |  | 顺分逆分 | 5:3:5 | 15 |
|  |  |  |  |  |  | 顺分逆分 | 8:2:4 | 20 |
|  |  |  |  |  |  | 顺分逆分 | 5:2.5:3:6:7 | 6/21/24/26 |
|  |  |  |  |  |  | 顺分等分 | 4:3:3 | 14 |
|  |  |  |  |  |  | 顺分顺分 | 6:1:5:2 | 19 |

## Jzc 块状音色之分形

<table>
<tr><th colspan="9">基　态</th></tr>
<tr><th>类型</th><th>比值</th><th>乐句</th><th>类型</th><th>比值</th><th>乐句</th><th>类型</th><th>比值</th><th>乐句</th></tr>
<tr><td>逆分</td><td>1∶2</td><td>1</td><td>等分</td><td>1∶1</td><td>3—4</td><td>顺分</td><td>3∶1</td><td>2—3</td></tr>
<tr><th colspan="9">分　形</th></tr>
<tr><td>逆分</td><td>4∶6</td><td>18</td><td>等分</td><td>5∶5</td><td>16</td><td>顺分</td><td>4∶3</td><td>8</td></tr>
<tr><td>逆分<br>顺分</td><td>2∶3∶2</td><td>13</td><td>等分</td><td>2∶2∶4∶4</td><td>23</td><td>顺分</td><td>5∶2</td><td>9</td></tr>
<tr><td>逆分<br>顺分</td><td>3∶4∶2</td><td>14</td><td>等分<br>逆分</td><td>3∶3∶5</td><td>29</td><td>顺分</td><td>7∶5</td><td>17</td></tr>
<tr><td>逆分<br>顺分</td><td>3∶4∶3∶2</td><td>10</td><td>等分<br>顺分</td><td>3∶3∶3∶2</td><td>11</td><td>顺分</td><td>8∶2</td><td>20</td></tr>
<tr><td>逆分<br>顺分</td><td>6∶7∶14</td><td>22—<br>24—26</td><td>等分<br>顺分<br>逆分</td><td>3∶3∶4∶1∶2</td><td>12</td><td>顺分</td><td>7∶6</td><td>25</td></tr>
<tr><td></td><td></td><td></td><td></td><td></td><td></td><td>顺分</td><td>7∶3</td><td>27</td></tr>
<tr><td></td><td></td><td></td><td></td><td></td><td></td><td>顺分</td><td>8∶6</td><td>28</td></tr>
<tr><td></td><td></td><td></td><td></td><td></td><td></td><td>顺分<br>逆分</td><td>5∶1∶2</td><td>19</td></tr>
<tr><td></td><td></td><td></td><td></td><td></td><td></td><td>顺分<br>逆分</td><td>5∶3∶5</td><td>15</td></tr>
</table>

## Lsj 块状音色之分形

<table>
<tr><th colspan="9">基　态</th></tr>
<tr><th>类型</th><th>比值</th><th>乐句</th><th>类型</th><th>比值</th><th>乐句</th><th>类型</th><th>比值</th><th>乐句</th></tr>
<tr><td>逆分</td><td>1∶2</td><td>3</td><td>等分</td><td>1∶1</td><td>1</td><td>顺分</td><td>4∶3</td><td>2</td></tr>
<tr><th colspan="9">分　形</th></tr>
<tr><td>逆分</td><td>2∶3</td><td>18</td><td>等分</td><td>1.25∶1.25</td><td>2</td><td>顺分</td><td>4∶3</td><td>16</td></tr>
<tr><td>逆分</td><td>1∶1.5∶3</td><td>23</td><td>等分</td><td>5∶5</td><td>28</td><td>顺分</td><td>4∶3</td><td>17</td></tr>
<tr><td>逆分<br>顺分</td><td>2∶3∶2</td><td>5/7</td><td>等分<br>顺分</td><td>3∶3∶3∶2</td><td>11</td><td>顺分</td><td>4∶3</td><td>27</td></tr>
<tr><td>逆分<br>顺分</td><td>3∶4∶3∶2</td><td>10</td><td>等分<br>顺分</td><td>3∶3∶2</td><td>13</td><td>顺分</td><td>4∶2</td><td>8</td></tr>
</table>

| 分　形 |||||||
|---|---|---|---|---|---|---|
| 逆分<br>等分 | 3∶4∶4 | 29 | | 顺分 | 6∶2 | 9 |
| 逆分<br>顺分<br>逆分 | 3∶4∶4∶1∶2 | 12 | | 顺分 | 4∶1.5 | 20 |
| | | | | 顺分 | 3∶1.5 | 25 |
| | | | | 顺分<br>逆分 | 4∶2∶3 | 4 |
| | | | | 顺分<br>逆分 | 4∶3∶5 | 14 |
| | | | | 顺分<br>逆分 | 3∶0.5∶1.5 | 19 |
| | | | | 顺分<br>等分 | 5∶3∶3 | 15 |
| | | | | 顺分<br>顺分<br>顺分 | 5∶2.5∶3∶7∶1 | 6/21<br>24/26<br>30 |

**Xhf 块状音色的基态与分形**

| 基　态 |||||||||
|---|---|---|---|---|---|---|---|---|
| 类型 | 比值 | 乐句 | 类型 | 比值 | 乐句 | 类型 | 比值 | 乐句 |
| 逆分 | 3∶4 | 3 | 等分 | 1∶1 | 1 | 顺分 | 4∶1 | 3 |
| 分　形 |||||||||
| 逆分 | 3∶5 | 6 | 等分 | 3∶3 | 2 | 顺分 | 3∶2 | 2 |
| 逆分 | 4∶6 | 18 | 等分 | 3∶3∶3∶3 | 11 | 顺分 | 6∶3 | 27 |
| 逆分 | 3∶4 | 20 | 等分 | 6∶6 | 17 | 顺分<br>等分 | 3∶2∶2∶2 | 4 |
| 逆分<br>等分 | 2∶3∶3 | 7 | 等分 | 4∶4∶4∶4 | 24 | 顺分<br>等分 | 2∶1∶2∶2 | 5 |
| 逆分<br>等分 | 3∶4∶3∶3 | 10 | 等分<br>逆分 | 4∶4∶1∶2.5 | 19 | 顺分<br>等分 | 3∶2.5∶2.5 | 8 |
| 逆分<br>等分 | 3∶5∶5 | 16 | 等分<br>顺分 | 4∶4∶4.5∶2.5 | 20 | 顺分<br>等分 | 3∶2∶3∶3∶3 | 29 |

| 分 形 |||| 顺分顺分 | 5:4:3 | 9 |
|---|---|---|---|---|---|---|
| 逆分顺分 | 3:4:3 | 13 | | | | |
| 逆分顺分 | 6:9:6 | 21/26/28 | | 顺分逆分 | 4:3:8 | 14 |
| 逆分顺分 | 2:4.5:3.5 | 25 | | 顺分逆分 | 5:3:5 | 15 |
| 逆分顺分 | 1:2.5:1 | 30 | | | | |

通过琴乐横向铺陈中的音色分离,我们可以清晰地看到,每位琴人的音色表述在呈现逆分、等分、顺分三种分别代表的短长、均等、长短等共性特征的同时,同样也表现出在音色观念支配下微观层面丰富且个性化的表述特性。

(三) **音色布局**

音色布局是通过琴乐中点状和块状音色材料的横向切割,重新组合形成的音色聚合形式。作为一种音乐语言和结构音乐的手段,从宏观角度而言,它以音色的变化,展示它在琴乐整体架构中各部分之间的结构划分;从微观角度而言,它以音色的演变方式,体现琴乐微观层面的陈述样态。因此,音色已经成了琴乐铺陈中的重要结构因素。

1. **音色布局的材料来源**

若说音色生成的激励手段通过技法的不同组合,在琴乐聚合过程中有可能会对音乐布局的运动方式产生一定影响的话,那么根据上文对四位琴人音色分离结果来看,点状音色整体格局并没有太大差异。其中散音类点状音色大多以散勾音色为主、以散挑为辅,其音色区域分别主要集中于一弦、二弦、三弦、五弦和六弦、三弦;泛音类点状音色大多以中勾、历、大指抹挑以及托勾撮为主,其音色区域主要集中于一弦、二弦、三弦(见表4-44)。

表 4-44　四位琴人点状音色的激励方式

| 音色归属 | 音色类型 | 乐句 | 音色激励方式 |
|---|---|---|---|
| 点状音色 | 散音 | 1—13 | |
| | | 19—30 | |
| | 泛音 | 31 | |

　　块状音色整体格局除了第 1—5、第 9—13、第 19—23、第 25、第 27、第 29、第 30 乐句是与点状音色交织在一起之外，其他主要集中于第 6—7、第 14—18、第 24、第 26、第 28 乐句中。第一种四位琴人多使用名勾、中勾、大勾、大挑、大托、吟、退、复、猱的块状音色；第二种四位琴人多使用大撮、反撮、绰勾、大挑、中勾、撞、拨、双吟等块状音色（见表 4-45）

表 4-45　四位琴人块状音色的激励方式

| 音色归属 | 音色类型 | 乐句 | 音色激励方式 |
|---|---|---|---|
| 块状音色 | 按音 | 1—5/9—13/19—23/25/27/29/30 | |
| | | 6—7/14—18/24/26/28 | |

　　根据琴乐音色的陈述形态和音色聚合中所体现的律动特征，笔者将在下面的内容中开展对四位琴人音色布局的演变方式和音色布局结构的研究与归纳。

## 2. 音色布局的演变方式

演变作为音色结构发展的手段与原则，在音色陈述中扮演了重要的角色。通过它所发挥的作用，不论是点状音色还是块状音色，都被连接为一条条细腻而富有变化的音色线条，不同线条不仅音色形态各异，而且色调层次也有着微妙的变化，若干个点状音色和块状音色以不同的演变方式，在琴乐横向铺陈中呈现出单声性的立体结构。因此，演变方式在琴乐音色布局中有着重要的结构意义。

### （1）分层镶嵌的演变方式

分层镶嵌的演变方式，在琴乐中主要体现为两种或者两种以上音色在相互交替中形成局部色彩并相互着染的音色布局发展手法即通过点状音色和块状音色在琴乐标识中的瞬间切换，形成音色线条横向运动色调变化，从而获得斑斓的局部色彩。

在四位琴人的琴乐陈述中，分层镶嵌的演变方式主要集中在第1—8、第8—13、第19—23、第25、第27和第29—30乐句之中。点状音色和块状音色的相互交织，就如同碧波中洒满的阳光，斑斓夺目。两者长与短的转接、快与慢的过渡，呈现出丰富的色彩意向。随着琴乐的陈述过程，音色镶嵌的方式也随之变化，充分流露了它们作为音色布局的结构力。

表4-46　四位琴人在音色布局中的分层镶嵌演变方式

|    | Xdx | Lsj | Jzc | Xhf |
|----|-----|-----|-----|-----|
| 1  | 2:1:1:1:2:2 | 2:1:1:1:1:1 | 2:1:2:1:2:2 | 2:1:1:1:1:2 |
| 2  | 3:3:2 | 4:3:1 | 3:2:2 | 3:3:2 |
| 3  | 5:4:1:1:2 | 4:4:1:1:2 | 3:4:1:1:2 | 3:4:1:1:2 |
| 4  | 4:2:1:3 | 4:2:1:3 | 4:2:1:3 | 3:2:1:2:2 |
| 5  | 2:1:3:3 | 2:1:3:2 | 2:1:3:2 | 2:1:1:2:2 |
| 8  | 4:1:2 | 4:1:2 | 4:1:2 | 3:2.5:0.5:0.5:2.5 |
| 9  | 6:1:2 | 6:1:2 | 5:1:2 | 5:4:3 |
| 10 | 3:3:4:1:2 | 3:4:3:1:2 | 3:4:3:1:2 | 3:4:3:1:3 |
| 11 | 3:3:3:1:2 | 3:3:3:1:2 | 3:3:3:1:2 | 3:3:3:1:3 |

续表

|    | Xdx | Lsj | Jzc | Xhf |
|----|-----|-----|-----|-----|
| 12 | 3:4:5:1:2 | 3:4:4:1:1:2 | 3:4:4:1:1:2 | 3:4:2:4:1:3 |
| 13 | 3:3:1:2 | 3:3:1:2 | 2:3:1:2:1 | 3:4:1:3 |
| 19 | 6:1:1.5:1.5:2 | 3:0.5:0.5:1.5:1.5 | 5:1:1:3:2 | 4:4:1:1:1.5:2.5 |
| 20 | 8:2:1:4 | 4:0.5:1.5 | 8:2:1:3 | 4:4:4.5:1:2.5 |
| 21 | 6:1 | 2.5:1 |  | 6:1:2 |
| 22 | 4:0.5:3.5 | 1.25:0.5:1.25 | 6 | 3:1:4 |
| 23 | 2:1:2:4:4 | 1:0.5:1.5:3 | 2:1:2:4:4 | 3:1:2 |
| 25 | 7:3:4 | 3:1.25:1.5 | 7:2:6 | 2:4.5:0.5:1.5:3.5 |
| 27 | 6:4:1 | 4:3:2 | 7:3:2 | 6:3:3 |
| 29 | 3:4:4:1 | 3:4:4:1 | 3:3:5:2 | 3:2:3:3:3:3 |
| 30 | 5:0.5:1.5:1 | 5:1:1:3 | 6:3 | 2:1:1.5:1:2.5:1:1:3 |

通过表4-46我们可以看到，分层镶嵌的演变方式主要由点状音色和块状音色两种异质音色组成，以乐句内镶嵌为主。从两者的镶嵌方式来看，第1句和第30句散音点状类音色处于主导地位，律动形态比其他以短小动机式的形态稍显高大。四位琴人都以强脉冲形态与按音类音色进行搭配，尽管四位琴人在使用律动模式上有所区别，例如第1句Jzc的等分形态、第30句Xhf的顺分逆分复合形态与其他琴人在表述上有所不同，但强拍强位的态势却是已经达到的共识，这其中有明显的回归呼应的态势。第2—5、第8—13、第19—30乐句整体上散音点状类音色都是在按音块状类音色框架下的顺分陈述，也就是说，两者的镶嵌方式块状音色处于主导地位，而点状音色则处于弱拍弱位，并且第13句以前以均等、平整的形态为主，而第19句之后则以非均等、相对分裂的形态为主。第1句、第30句和其他乐句之间的差异，造成了色彩感受上的反差。前者音色基调是以点状音色为主，中间渗透有块状音色的元素，而后者的陈述则将音色基调直接改变为块状音色，中间跳跃的点状音色成了局部染色。这种以某种音色为基调再辅以其他音色的做法，不仅呈现了横向铺陈的色差变化，更重要的是通过这种基调和局部

染色的分层镶嵌式的演变方式，体现了明晰的结构划分意义。

（2）分层转接的演变方式

分层转接的演变方式，在琴乐中主要体现为以一种音色为主体的局部单一性色彩，并通过乐句间音色转换而塑造音色差异的布局发展手法。

在四位琴人的琴乐陈述中，分层转接的演变方式主要集中在第6—7、第14—18、第24、第28和第31乐句之中。它没有镶嵌手法所带来的乐句内的斑驳色彩，但却有镶嵌手法所没有的乐句内的色彩纯度和浓度，以及乐句间与镶嵌手法相对置的色彩张力。

表4-47  四位琴人在音色布局中的分层转接演变方式

|    | Xdx | Lsj | Jzc | Xhf |
| --- | --- | --- | --- | --- |
| 6  | 5 | 5 | 5 | 3∶5 |
| 7  | 2∶3∶2 | 2∶3∶2 | 2∶3∶2 | 2∶3∶3 |
| 14 | 4∶3∶3 | 4∶3∶5 | 3∶4∶2 | 4∶3∶8 |
| 15 | 5∶3∶5 | 5∶3∶3 | 5∶3∶5 | 5∶3∶5 |
| 16 | 5∶5 | 4∶3 | 5∶5 | 3∶5∶5 |
| 17 | 7∶5 | 4∶3 | 7∶5 | 6∶6 |
| 18 | 5∶4 | 2∶3 | 4∶6 | 4∶6 |
| 24 | 6 | 3 | 7 | 4∶4∶4∶4 |
| 26 | 14 | 7 | 14 | 9 |
| 28 | 6∶6 | 5∶5 | 8∶6 | 6 |
| 31 | ③∶⑤ | ③∶③ | ③∶④ | ③∶④∶④ |

通过表4-47，我们可以看到，分层转接的演变方式主要由按音类块状音色和泛音类点状音色两种异质音色组成。从两者转接方式的属性来看，第6—7、第14—18、第24、第28句的块状音色和第31句点状音色在乐句内部，都是单一性色彩占主导地位。在微观层面，尽管四位琴人使用的律动模式有所区别，例如第6—7、第14—15、第16—18句，四位琴人分别在乐句内有一处或者有两处差异点，而第24、第26、第

28、第 31 句每一位琴人都不相同。但前者仅仅只是律动数理表层表达量的差别，不影响深层表达数理相似性，这意味着前者更多体现了四位琴人音色思维的一致性，而后者则表现了音色思维的多样性。在宏观层面，第 6—7 句位于第二段的中部，具有明显的对比结构功能；第 14 句位于第三段的尾声，具有引入第四段块状音色的结构衔接功能；第 15—18 句是块状音色的片状呈示，与第三段和第五段之间形成具有强力对置的功能；第五段的第 24、第 26 句则改变陈述结构，放宽律动节奏，以一句为单位间隔呈现，体现了音色变换的密集性，这与琴乐陈述高潮不谋而合。第六段的第 28 句则承接了第五段的块状音色，作为尾声既与第五段镶嵌结构的第 27 句形成鲜明对比，又重新回顾了前面所使用过的音色材料，从而具有再现的结构功能。

3. 音色布局的整体架构

在琴乐中，音色都是推动琴乐发展继而影响整体曲式架构的重要结构力，这跟相对依赖音乐材料而音色处于依附地位的西方音乐而言，是有鲜明差异的。正是音色性的观念，促使琴乐从字、句、段不同层次都讲究横向铺陈的音色对比与变化，从而形成了富有传统风韵的音色性结构与布局。

音色性的结构布局作为琴乐整体架构的外在表现，涉及了各个音色集合元素与局部、整体之间的关系。四位琴人的琴乐陈述共有六段，其中笔者认为按音类的块状音色是把握琴乐局部或整体布局的关键性要素，自始至终贯穿全曲。通过它色彩性的律动呈示，获得了琴乐结构布局的内在逻辑。正如上文所述，第 1 和第 30 乐句是点状音色框架下的结构呈示，不论它们是以分层镶嵌的手法发展而来还是以分层转接的手法发展而来，大部分其他乐句都是在块状音色框架下的呈示。如上表所示，第一段、第二段由第 1—8 句组成，若细心观察实际上它蕴含着 5：2：1 律动关系；第三段、第四段由第 9—19 句组成，它蕴含着 5：5：1 的律动关系；第五段由第 20—27 句组成，它蕴含着 4：1：1：1：1 的律动关系；第六段由第 28—31 句组成，它蕴含着 1：2：1 的律动关系。四位琴人琴乐表述的逻辑性、连贯性、完整性都与上述律动关系有着紧密联系（见表 4-48）。

**表 4-48　音色布局的整体架构**

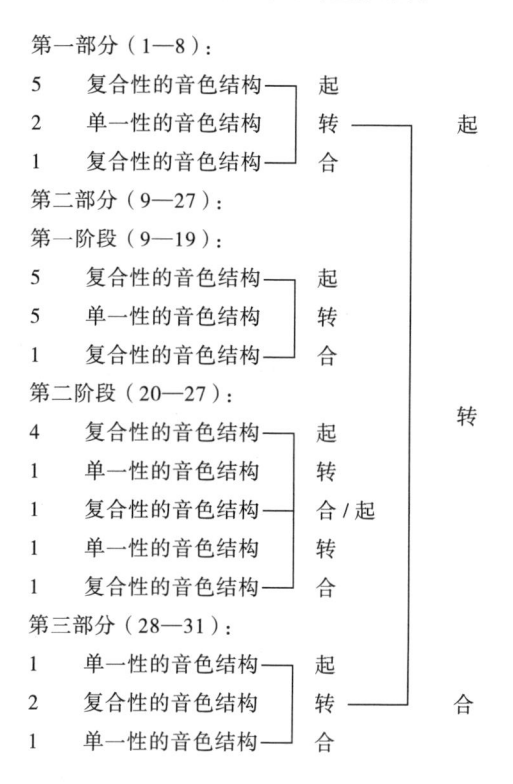

第一部分（1—8）：
| | | |
|---|---|---|
| 5 | 复合性的音色结构 | 起 |
| 2 | 单一性的音色结构 | 转 ── 起 |
| 1 | 复合性的音色结构 | 合 |

第二部分（9—27）：

第一阶段（9—19）：
| | | |
|---|---|---|
| 5 | 复合性的音色结构 | 起 |
| 5 | 单一性的音色结构 | 转 |
| 1 | 复合性的音色结构 | 合 |

第二阶段（20—27）：
| | | |
|---|---|---|
| 4 | 复合性的音色结构 | 起 |
| 1 | 单一性的音色结构 | 转 |
| 1 | 复合性的音色结构 | 合/起 |
| 1 | 单一性的音色结构 | 转 |
| 1 | 复合性的音色结构 | 合 |

（以上第二部分括合为"转"）

第三部分（28—31）：
| | | |
|---|---|---|
| 1 | 单一性的音色结构 | 起 |
| 2 | 复合性的音色结构 | 转 ── 合 |
| 1 | 单一性的音色结构 | 合 |

　　通过此表，我们可以看到四位琴人的琴乐陈述具有这样的特点：

　　第一，音色宏观布局结构具有相似性。不论琴人微观层面的音色律动有多么丰富，在整体架构中，音色布局充分体现了一致性。从第一部分到第三部分，音色陈述都暗含着起、转、折的宏观结构布局，通过音色的对比与冲突，实现音色配置在统一中得到变化、在变化中获得统一的效果。

　　第二，音色微观布局结构具有相似性。从四位琴人每一部分的音色陈述来看，它们的律动模式并非一样，例如第一部分采用顺分类型、第二部分采用等分类型和顺分等分类型、第三部分采用逆分类型。但我们还是可以发现其跟宏观结构一样，均采用了起、转、合的音色布局，并且在每一部分尾部的"合"都与下一个部分采用了"叠入"的发展手法，一是与该段开头进行呼应，二是为下一部分予以铺垫。尤其在第二部分的第二阶段，采用了两组起、转、折的音色对比，构筑了双循环的音色结构布局。第三部分在其陈述模式上虽与其他部分不同，但似乎又是第一部分陈述模式的另样呼应，从而实现音色起、转、合同质音色结构的异质化特性，使琴乐单声横向铺陈中呈现具有空间感的立体性音色结构布局，促使音色获得了自身极大的表现价值。

## 二、四位琴人音色语言的声学研究

琴乐音色如同传统画，不论是黄、绿、白、黑、墨等七十二色表现的春秋帛画、汉魏壁画、唐代山水、五代花鸟，还是墨分五色表现的宋元水墨画，通过水与色彩在宣纸上的渗透运化，都呈现出高度凝练的色彩体系。同样，琴乐尽管不是用颜色表达多色或者黑白之色，可它是通过指法组合的多样性，来体现音色表达的丰富程度。如何对丰富音色予以测试，从而探索四位琴人音色表达习惯以及背后彰显的音色思维观念，笔者为此选择了对他们的音色进行音乐声学的分析。

音乐声学作为采用物理声学理论和方法探索声音物理振动和传播的学问，最早始于十九世纪的欧洲。如果说法国数学家傅里叶关于周期性振动的分析为音乐分析和合成奠定基础的话，那么德国生理学家兼物理学家赫尔姆霍兹的《论音的感觉——音乐心理学基础》则是"第一本从实证角度探讨了音的发生机理与性质的专著"[1]。其后，不论是里曼关于和声功能体系的研究，还是施通普夫、霍恩波斯特尔和埃利斯的实证民族音乐学，都主张从理论体系回归到出发点之音本身之中，主张从音乐音响的深层角度去理解不同文化的观念、审美和行为。虽然他们理论建构的机理不完全一致，但还是可以反映强调通过音响深层结构的分析，解释其中所承载的文化信息的音乐逻辑。他们认为"世界所有的音乐体系，不论其形态、风格和音响特点有多么大的差异，有一点是不可逾越的，那就是人耳对音的感觉，这是所有音乐体系的底层基础"[2]。

人耳对音的感觉，是一种客观量的主观表述。通常我们常说的音高的高低、音强的强弱、音时的快慢、音色的浓淡都是听觉系统经过音响

---

[1] 韩宝强. 音的历程——现代音乐声学导论［M］. 中国文联出版社，2003：1.
[2] 韩宝强. 音的历程——现代音乐声学导论［M］. 中国文联出版社，2003：4—5.

物理刺激后客观与主观建构的对应关系：音高是人耳关于音响振动周期所产生的认定音声高度的主观感受；音强是人耳关于音响振动大小强弱所产生的认定音声强度的主观感受；音时是人耳关于音响振动的物理时间所产生的认定音声时间长短的主观感受；音色则是人耳关于音响振动的谐音序列和起始状态所产生的认定音质或者音品的主观感受。

不论是音高、音强、音时抑或是音色，都是由客观数理量和主观感知的高度统一，这是事物的一体两面。回顾我们的学术研究，尤其是琴乐研究，关于音色的论述更多的是审美角度的主观表述，例如冷谦关于音色研究的十六字，徐上瀛的"琴乐二十四况"，无一不是如此。琴人往往会忽视对于音色形成客观量的认识，似乎也在回避数理方式的音色描述。在他们的观念里认为音色是不可能只用数字就可以解释的，它太博大和精深，若用具象的描述去表达无限的音色意韵是无法穷尽的，与中国传统文化讲究大而化之、通感的体悟方式存在着很大的出入。而笔者认为琴人们看到了音色与传统文化某一方面的对应性，也认同他们关于有限与无限之关系的论述。的确，对于音色的解释，谁都不敢说解读得最全面或者最准确，因为不论面对苍茫的世界，任何一种的诠释都只是冰山一角。但其实中国传统还有另外一面，那就是数理精确性思维。早在《吕氏春秋·大乐》篇中就有关于"音乐之所由来者远矣，生于度量，本于太一"的描述。按照导师赵宋光的理解，量是琴弦分段振动或局部振动的长短比例关系。不论是久远的文献记载，还是赵先生的解读，都表明了传统的数理观念。因此，笔者将以音乐声学角度切入，针对四位琴人的音色表述，予以数理客观量的观照。通过解读这种当下的琴乐语言所展示出来的数理信息，可以帮助我们了解和梳理琴人琴乐的音色陈述之特性，并可以弥补当代学术研究重主观感受轻客观数理量的不足。鉴于此，笔者将从与琴乐音色相关的几个角度开展对四位琴人音色的研究。

**（一）理论视角与声学测量**

音色本质上是物体振动方式的体现。我们将这种"沿着直线或曲线并经过其平衡位置所作的往复运动"[1]称为振动。从振动周期方式来看，

---

[1] 梁广程.乐声的奥秘[M].人民音乐出版社，1986：1.

其分为周期性振动与非周期性振动两类；从振动的基本模式来看，又分为简谐振动和复杂振动两种。不论是哪种，它都必须以一定的速度，在诸如固体、气体、液体等介质里传播，也就是必须通过介质质点的振动带动相邻的介质质点振动并加以传递，这种传播过程就是我们常说的声波。声波一定要依托声音存在空间的声场才能存在，它完整振动的一个周期，我们叫作正弦波；它每秒钟内完成全振动的次数，常用频率，也就是单位赫兹来表示；它振动偏离平衡点的幅度，我们称为振幅。

1. 琴乐音色研究的理论视角

以上所有概念，都和与音色相关的重要因素泛音列有着密切联系。泛音列是指由物体振动生成的复合振动后形成的复合音。振动除了全弦振动产生基音之外，还有分段振动，基音和分段振动所产生的许多个不同音高组成的音列，就是泛音列。

泛音列的谐波结构主要分为两个部分：一是稳态的谐波结构，二是起始状态中的谐波结构。如果说前者反映了静态泛音的呈示状态，那么后者则是反映了动态时域中的泛音呈示状态。两种状态在泛音列中体现为泛音数量的多少、泛音频谱比的大小、泛音强度的高低，三者作为音色特征的重要参量，对音色特质的形成产生了重要影响。

稳态的谐波理论强调稳态谐音列的数量和强度的排列会对人的听觉认知产生影响，运用谐波结构作为解释稳态与音色的关系，认为谐波结构所形成的规律必然会形成某种具有特质性的音色，这是相对较早探索音色的完整理论体系。

起始状态的谐波理论强调起始状态至于谐波峰值的时间性过渡对于音色形成的影响。1963年通过的"判断乐器"的实验，证明了时间性过渡也就是起振至于峰值的过程，这不仅反映了不同时域里谐波能量的变化，而且更重要的是指出了这些谐波能量的组合方式对于音色认知的影响。

在对四位琴人音色的探索中，笔者将在对每个主题的音色比较描述中从以上两个方面予以观照。

2. 琴乐研究的声学测试

声学测试是个非常复杂的事情，涉及诸多环节与过程，其步骤如下：

1.声源采样：本次进行声学测试的样本来自四位琴人的琴乐原始录音，其录音设备使用的是奥林巴斯专业级别的录音系统。同时为了保持琴乐音色比较的基准性，笔者特安排四位琴人使用笔者的古琴演奏岭南琴派名曲《鸥鹭忘机》。笔者的古琴外形属于仲尼式样，由佛山当地的务农在家的琴人梁球所做。该琴长 115 厘米、宽 18 厘米，取材杉木。该琴由于在制作工艺上与一般表演性的古琴有所不同，声音不大，内腔不像其他琴那样空洞，空洞意味着面板较薄，穿透力相对会强一些，而这把琴正因为内腔厚度的原因，形成了面板较厚、穿透力稍显薄弱的工艺特点。因此，主观上音色比较苍朴，趋向复古。

2.实验硬件的分析：笔者采样进行声学分析的硬件涉及笔记本电脑和声学分析软件。笔记本电脑主要负责采样样本的录制与保存。声学分析软件，笔者使用了 Cooledit 2.1 版本和 Wavelab 软件。尽管它们不是频率计这样单一性功能的声学测试系统，而是融合、录音、编辑、频率分析等复合功能的声学测试系统、多轨录音和音频处理系统，但对于一般音高频率的统计与测定和音色泛音列的数据换算与展示都是非常不错的工具。

### （二）声学描述

根据前人研究结果，表明许多因素可以对琴乐音色的形成造成影响（主观因素对音色产生的影响则不在其列）。若从该角度出发，音色的形成可能会受到声场场域传播空间、发声体乐器本身、音高系统、律制系统、音强系统、音长系统影响，学者吴静所绘制的关于音色与相关因素之关系的图表，可以帮助我们较容易地理解其中的关系。

表 4-49 乐音四要素与物理量之间的相互关系[1]

| 主观量<br>客观量 | 音 高 | 音 量 | 音 色 | 时 值 |
|---|---|---|---|---|
| 频率 | +++ | + | ++ | + |
| 声压 | + | +++ | + | + |
| 频谱 | + | + | +++ | + |
| 包络 | + | + | ++ | + |
| 时间 | + | + | + | +++ |
| +：相关性小　　++：相关性中　　+++：相关性大 ||||| 

---

[1] 吴静.中国民族唱法音色的声学阐释[D].中国艺术研究院，2007：35.

为了更好地理解与把握四位琴人的音色语言，笔者主要选择了从激励方式、响度这两个角度对其进行比较、描述。

1. 同一乐音在不同激励方式下的音色比较

古琴作为弦乐器应该不会有异议。之所以将其划归该类，主要与它以弦作为发生源有密切联系。一般来说，弦鸣乐器主要由激励系统和共鸣系统组成，对于古琴而言，琴乐的激励系统主要是指手指，共鸣系统主要是指面板、腔体等，当然还有钢丝琴弦的弦振系统和张弦装置的传导系统，这些系统都构成了弦振动的基本结构。

古琴作为以手指作为激励声源的乐器，它利用琴人提供的能量，引发琴体部件或者介质的振动，再通过共鸣机制将其转化为声能系统。从发声原理来看，"手指将琴弦带离平衡位置，然后突然将弦放回，此时，弦的张力和反弹力促使弦以很快速度向平衡位置反跳回来并越过其平衡位置，弦的张力和弹力所产生的惯性使弦继续进行往返运动而产生声振动"[1]。若从音乐声学的角度来看，琴弦长度决定了音高的形成，声压和速度决定了音强的形成，手指和触弦方式决定了音色的形成，那么，音色产生的过程实际上表明了不同的演奏方法，诸如散、按、泛、勾、剔、抹、挑、吟、猱、绰、注等技法本身和由此形成的速度、力度、触点抑或演奏姿势等，都有可能对音色产生直接或者间接的影响。基于统一性的比较原则，笔者将按照技法组合的类型和音色单、复性质，以同一音高作为比较参考系，并依据音色多样性的色差程度，分别以散音、按音、走手音和腔化音作为四位琴人音色比较的前提（见表4-50）。

表4-50 四位琴人不同激励方式的音色比较

| 序号 | 音色类型 | 音高位置 | 激励方式 | 出现部位 | 走手 | 腔化音 |
| --- | --- | --- | --- | --- | --- | --- |
| 1 | 散音类 | 小字组c | 散托六弦 | 第1乐句 | | |
| 2 | 按音类 | 小字组c | 名指上绰勾四吟猱 | 第1乐句 | √（上绰） | √（吟猱） |
| 3 | 泛音类 | 小字组c | 中指勾一弦七徽 | 第31乐句 | | |

音色的形成是一个周期性振动的过程。正弦波的周期就是振动系

---

[1] 韩宝强. 音的历程——现代音乐声学导论[M]. 中国文联出版社，2003：186.

统完成一次振动所需的时间，正弦波的幅度则标识物体振动过程中与平衡位置的位移大小。按照振动系统的周期过程，我们可以分为起振、衰减、保持、释放的过程。起振表示声音从开始发出到最初最大振幅的能量分布；衰减表示声音达到最大振幅后立即发生衰减的能量分布；保持表示衰减后振幅大致上保持不变的能量分布；释放表示声音从保持的振幅逐渐衰减到零的能量分布（见表4-51）。

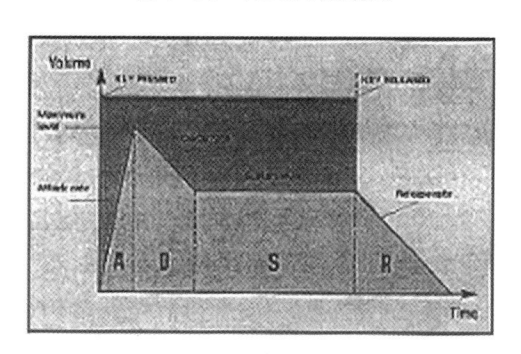

表4-51　ADSR包络图

那么，根据乐音振动周期对音色的影响，可以划分为稳态结构和起始状态结构。

稳态结构作为乐音振动衰减、保持、释放过程所体现的能量组合方式，涉及琴乐音色的基音和谐音列组成部分之间的关系，具体地说它是指基音出发至若干个共峰值之间的关系。共峰值是指声音能量的瞬间最大值。谐音是指与基音构成整数倍或者接近于整数倍声音关系的分音，此时的基音就为第1谐音、第1分音（实际上为第2谐音），此后按照先后次序依次排列。共峰值就是在这些谐音中所形成的某种最大化的能量表现，从而组合成了泛音列框架中基音与谐音组织不同的谐波结构。不论它们的能量分布态势还是能量强度大小，其稳态结构的组织方式仍是影响音色的重要因素。

音色由一系列谐波构成，根据不同的能量分布强度和分布态势产生不同的音色。那么按照音色周期振动的过程，音色在瞬间时域中的能量陈述对音色会产生极大的影响，这就是乐音的起振状态作为乐音从静止状态上升至基音峰值高点的斜坡状态振动过程的描述，科学家们曾就音色与起振时域的关系做过大量的实验。结果表明不同的激励方式会对起振的状态形成影响，在时域特性上表现为其过程的长与短，在能量分布上体现为其振幅的大与小，若将此过程去除，音色几乎无法辨认。那么，这已经充分表明了虽然任何乐音的起振过程长短不一、振幅大小不一，但其间的发生特点，却对音色的人脑辨别，产生了决定性的作用。

（1）散音激励方式的音色描述

笔者采用第1乐句中的散托六弦这种激励方式作为研究对象。散托是指右手大拇指自身体方向向外击弦的一种技法组合，主要用手指内侧的指肚触弦。

四位琴人以散音激励方式演奏的散托六弦，若依据笔者的主观感受，的确存在音色性质的变化，并根据音色变化程度依次排列为Xdx、Jzc、Xhf、Lsj。但是这种主观判断是否能在客观量中寻找到蛛丝马迹，这对于笔者来说是个很大的挑战。因为，音色作为客观量和主观量相统一的琴乐语言，很难用语言予以描述。一般来说，从主观角度描述，是一个仁者见仁、智者见智的事情；从客观角度描述，不论是理论体系还是具体操作过程目前都还处于学科建构时期。因此，实际上这不仅要求笔者在主观感受上要有相对精准、敏锐的主观音色听觉，同时还要求有客观严谨细致的观察能力和对特征性因素的宏观把握能力（见表4-52）。

表4-52 四位琴人散托六弦音色的主观描述

| 琴人 | Lsj | Xhf | Jzc | Xdx |
| --- | --- | --- | --- | --- |
| 主观感受 | 厚实、明亮 | 偏厚、偏亮 | 偏薄、偏淡 | 单薄、偏暗 |

那么，为什么四位琴人的音色带给笔者这样的主观认知呢？根据研究，笔者发现声谱透露着这样的信息：

① 散音激励方式的起始结构

在散音激励方式的起始结构中，四位琴人的起振样态不尽相同。Lsj和Xhf在起振阶段的外在波形明显呈现出三角形的能量渐增过程。Jzc和Xdx更多体现了线性、能量均匀增长的状态。从这两者的波形来看，Lsj和Xhf虽属一类，但其能量分布的疏密程度还是有差异性的，相比而言，Xhf要比Lsj更加稀疏一些。Jzc和Xdx同属一类，只是Xdx的线性特征更加典型，而 Jzc 既有渐增的意味又有线性陈述的意味，不过总体上线性特征更加明显一些，因此笔者将其划归一类（见表 4-53）。

表 4-53　Lsj、Xhf、Xdx、Jzc 散托六弦的起始状态图

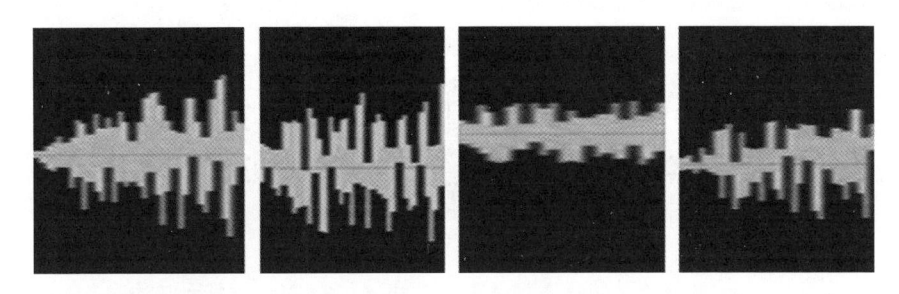

从散音激励方式的起始时域来看，四位琴人所需时间明显不同。从静止状态至稳定峰值状态，Lsj 用了 0.018 秒钟、Xhf 用了 0.021 秒钟、Xdx 用了 0.02 秒钟、Jzc 用了 0.03 秒钟。在这些绝对时间的统计量中，我们可以看到，Lsj 所用时间最短，而 Jzc 最长（见表 4-54）。

表 4-54　四位琴人起始结构的时域比较

| 琴人 | Lsj | Xhf | Xdx | Jzc |
| --- | --- | --- | --- | --- |
| 起始时域 | 0.018 | 0.021 | 0.02 | 0.03 |

结合上图，笔者认为，时间短结合三角形能量渐增的起始形态，琴音可能会更加集中有力，而时间长结合不太明晰的起始形态，音色则有可能显得散乱与薄弱。

② 散音激励方式的稳态结构

在散音激励方式的稳态结构中（见表 4-55 至表 4-58），从声谱外在波形来看（每幅图的上面一行），主要可以分为两种：一种以相对平整、光滑，没有太多起伏的样态呈现，以 Xdx 和 Jzc 为代表；一种以不太平整、光滑，并有微小锯齿的样态呈现，以 Lsj、Xhf 为代表。两种外部形态，已经充分表明了乐音内部蕴含的能量差异性。如果说前者更多体现了该音谐音振幅较小、能量较弱的特性，那么后者意味着该音内部谐音振幅较大、能量较强的事实。这两种形态给听者感知带来了不同的音色主观感受。

表 4-55　Xdx 散托六弦的稳态频谱图　　　表 4-56　Lsj 散托六弦的稳态频谱图

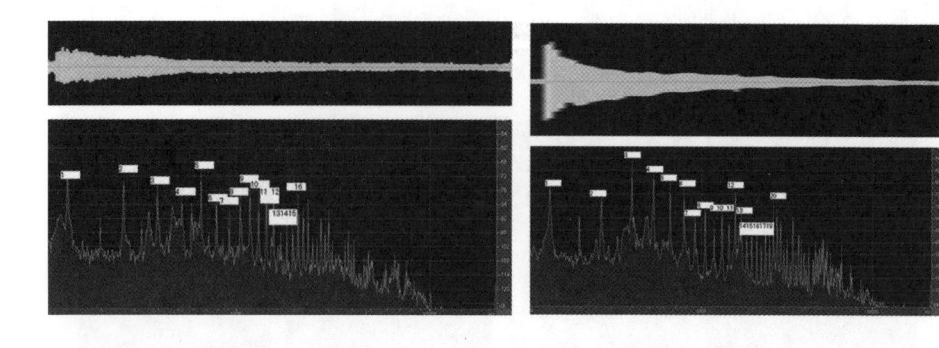

表 4-57　Lzc 散托六弦的稳态频谱图　　　表 4-58　Xhf 散托六弦的稳态频谱图

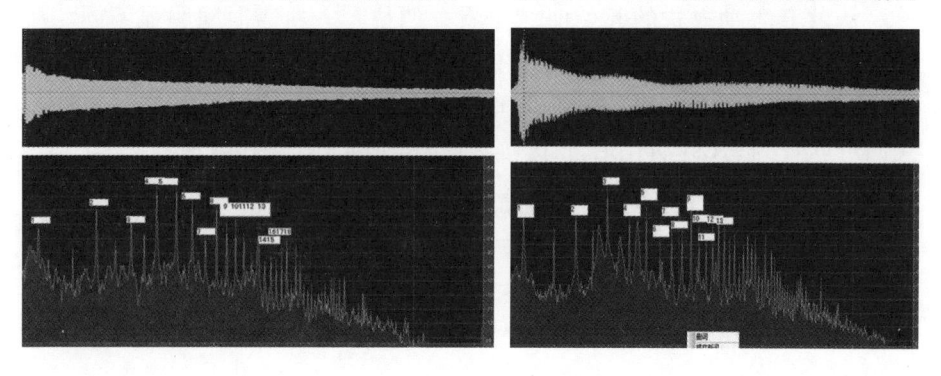

从散托六弦基音与谐音的结构关系来看，Lsj 和 Xhf、Xdx 都采用了基低谐高[1]的非平衡结构，只有 Jzc 则采用了基音和谐音其能量相对平衡的内部结构。

从散托六弦基音与谐音的动态范围看（见表 4-59），Lsj、Xhf、Jzc、Xdx 的振幅动态范围[2]分别为 59.03db、40.51db；46.33db、34db。

Lsj 的波动振幅横跨 -40 至 -120db 四个区间。其中，1 号至 7 号谐音都在 -40 至 -80db 之间；8 号至 15 号谐音都在 -80 至 -100db 之间；16 号谐音是在 -100 至 -120db 之间。

---

[1] 基低谐高是指基音能量弱、谐音能量强的结构关系。
[2] 动态范围是指声音响度最高点和最低点的振幅范围。

Xhf 的波动振幅横跨 –60 至 –100db 两个区间。其中，1 号至 3 号谐音是在 –60 至 –80 区间；5 号至 13 号是在 –80 至 –100 区间。

Jzc 的波动振幅也是横跨 –60 至 –100db 两个区间。其中，2 号至 11 号谐音主要围绕 –80db 上下波动；12 号至 18 号谐音主要在 –80 至 –100 区间活动。

Xdx 的波动振幅是在 –80 至 –120db 两个区间。其中，3 号至 13 号谐音都在 –80 至 –100db 区间；14 号至 16 号谐音主要在 –100db 以下。

表 4-59　四位琴人散托六弦稳态结构的动态范围

| 琴人 | Lsj | Xhf | Jzc | Xdx |
| --- | --- | --- | --- | --- |
| 动态范围 | 59.03db | 40.51db | 46.33db | 34db |

从散托六弦谐音音程之间的关系来看（见 4-60），Lsj 高能量[①]谐音主要集中于 3 号、6 号、12 号，它们的音程关系分别是纯五∶纯八∶纯八。Xhf 高能量谐音主要集中于 3 号、7 号、9 号，它们的音程关系分别是纯五∶小三∶大三。Jzc 高能量谐音主要集中与 2 号、4 号、5 号、10 号，它们的音程关系分别是纯八∶纯八∶大三∶纯八。Xdx 高能量谐音主要集中于 2 号、10 号、12 号，它们的音程关系分别是纯八∶大三∶大三。

表 4-60　四位琴人散托六弦稳态结构的谐音音程关系

| 琴人 | Lsj | Xhf | Jzc | Xdx |
| --- | --- | --- | --- | --- |
| 高能量谐音 | 3∶6∶12 | 3∶7∶9 | 2∶4∶5∶10 | 2∶10∶12 |
| 音程关系 | 纯五∶纯八∶纯八 | 纯五∶小三∶大三 | 纯八∶纯八∶大三∶纯八 | 纯八∶大三∶大三 |

从散托六弦谐音陈述方式来看（见表 4-61 至表 4-64），虽然之前已将 Lsj、Xhf、Xdx 划归为非平衡型结构，将 Jzc 划归为平衡结构，但在表层形态上，Jzc 和 Lsj、Xhf 也十分相似，主要是内在陈述方式有所不同。Lsj、Xhf 两人在陈述过程中，均采用了基低谐高的结构。由于高

---

[①] 高能量谐音是指共振充分、能量集中的谐音。

能量谐音的充分支持，促使他们在其中得到了相对长时间的充分振动。Lsj 在陈述初期，声能①形态上就有明显的振幅活动，尤其是 3 号谐音帮助它在衰减中完成了能量上的再生。因此，外弧形的形成，表示能量得到了补充。Xhf 虽没有 Lsj 那样明显的能量再生过程，但它从头至尾，谐音能量保持均匀，振幅一直维持在一定区域以内，衰减过程不明显。这些都是他们的音色相对明亮、饱满的原因。Jzc 在谐音振动的状态上没有他们充分，内弧形的形态也注定了其衰减程度会相对较大、速度较快，而且 Jzc 在基音与谐音陈述方向上有了很大差别。

表 4-61　Lsj 散托六弦的稳态频谱图

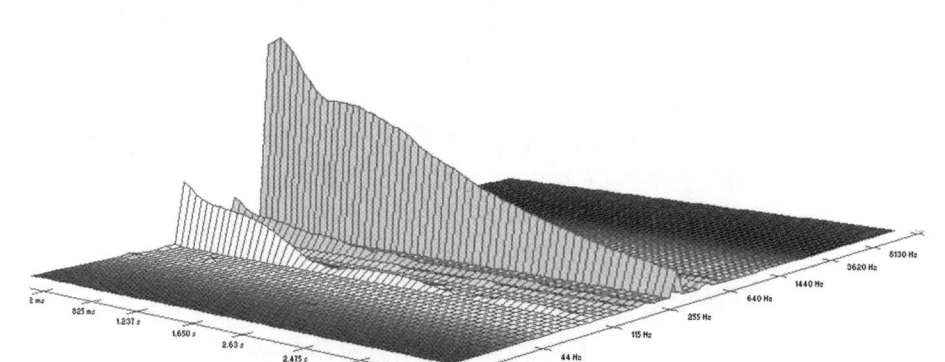

表 4-62　Xhf 散托六弦的稳态频谱图

---

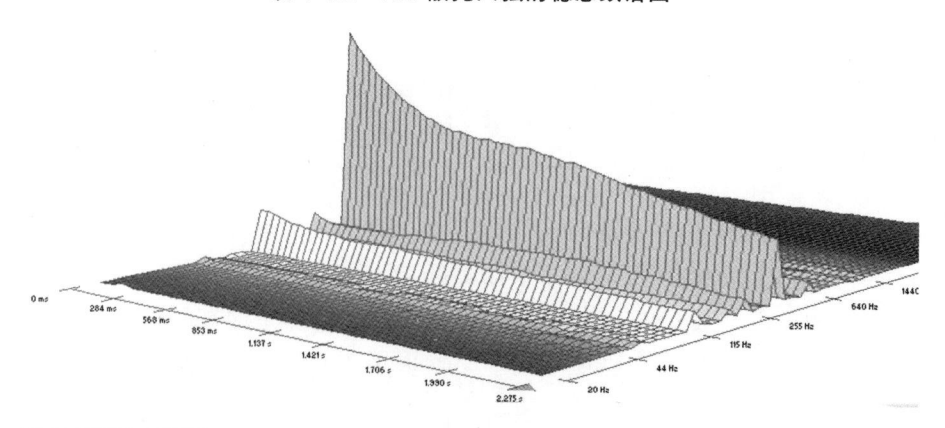

① 声能是指基音和谐音所反映的声音能量。

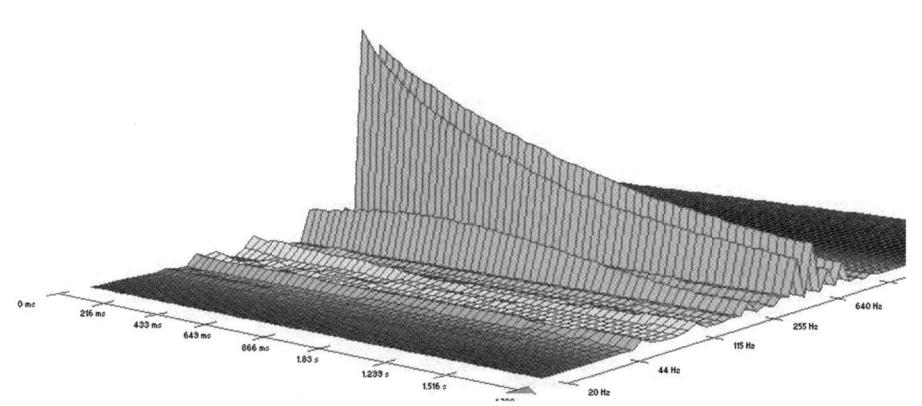

表 4-63　Jzc 散托六弦的稳态频谱图

表 4-64　Xdx 散托六弦的稳态频谱图

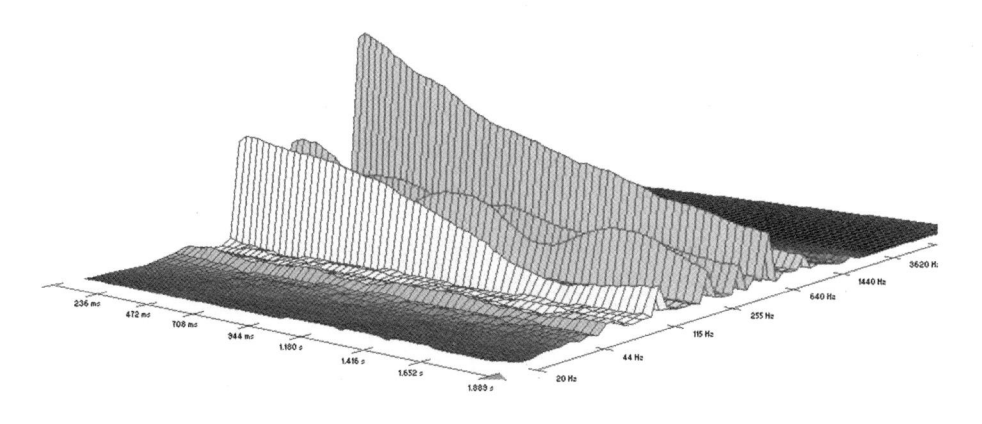

（2）按音激励方式的音色描述

笔者采用了第 1 乐句中名指上绰勾四吟猱这种激励方式作为测量对象，它是左右手配上走手音、腔化音的一种复合型技法组合。

从笔者的主观感受而言（见表 4-65），按音类激励方式中的吟猱运用的确对音色的影响很大。那种带有琴人骨子里味道的一种音色，鲜明地呈现了活生生的琴乐表情样态。如果说通过吟猱的运用可以看出一个琴人琴乐风格的话，那么，音色特质则是个人风格的直接体现。四人音色在按音激励方式下，Xdx 表现出老辣、爽朗的特质；Jzc 表现出青涩、明朗的特质；Xhf 表现出沉郁、芳雅的特质；Lsj 表现出苍郁、清淡的特质。

表 4-65　四位琴人名指绰勾四吟猱音色的主观描述

| 琴人 | Xdx | Jzc | Xhf | Lsj |
| --- | --- | --- | --- | --- |
| 主观感受 | 老辣、爽朗 | 青涩、明朗 | 沉郁、芳雅 | 苍郁、清淡 |

① 按音激励方式的起始结构

在按音激励方式的起始结构中（见表 4-66），它们可以分为两类：一是以 Xhf 为代表，他的起振过程呈现出三角型的能量渐增过程；另一类是以 Lsj、Jzc 为代表，他们的起振过程体现了直线型样态。从这四人的能量疏密来看，Xdx、Jzc、Xhf 都显得较为稀疏，而 Lsj 则显得比较密集坚实。尽管 Xdx 的线性陈述有些许三角型之势态，但直线型稀稀朗朗的外在形态还是隐约可见，笔者认为有可能是运动中的取音方式对它的形态造成一些影响，因此，他和 Jzc、Xhf 一样，都显得在起振初期能量不太集中。

表 4-66　Xdx、Jzc、Xhf、Lsj 名指绰勾四吟猱的起始状态图

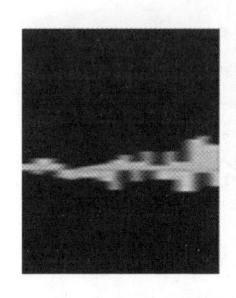

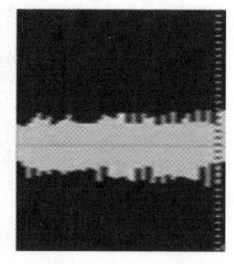

从散音激励方式的起始时域来看（见表 4-67），从静止状态至稳定峰值状态，Xdx、Xhf 用了 0.004 秒钟，Jzc 用了 0.006 秒钟，Lsj 用了 0.015 秒钟。其中，Xdx 和 Xhf 所用时间最短，而 Lsj 最长。因此，在音色主观感受上，Xdx 的音色更加硬朗一些，而 Lsj 的音色相对偏软。

表 4-67　四位琴人按音起始结构的时域比较

| 琴人 | Xdx | Xhf | Jzc | Lsj |
| --- | --- | --- | --- | --- |
| 起始时域 | 0.004 | 0.004 | 0.006 | 0.015 |

② 按音激励方式的稳态结构

从按音激励方式的稳态结构来看（见表 4-68 至 4-71），声谱波形呈现两种样态：一种是方头波形切入的形态，它以 Xdx、Jzc、Lsj 为代表；一种是三角头波形切入的形态，它以 Xhf 为代表。笔者认为之出现这两种形态，跟技法本身加入走手音和腔化音有密切联系。因此，Xdx、Jzc、Lsj 的外部形态均表现出非平滑的特性，而 Xhf 则体现出平滑的特征。那么，结合音响判断，笔者更加确定不同的吟猱方式对音色性质有一定影响，根据影响的程度由大到小，依次排列为 Xdx、Xhf、Jzc、Lsj。

表 4-68　Xdx 名指绰勾四吟猱的稳态频谱图

表 4-69　Lsj 名指绰勾四吟猱的稳态频谱图

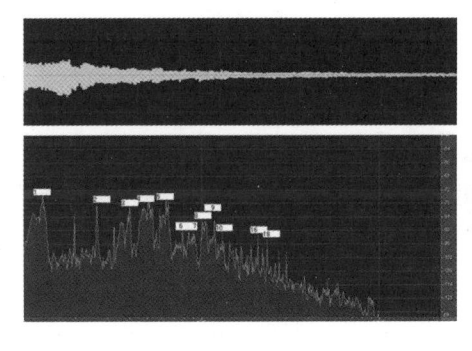

表 4-70　Jzc 名指绰勾四吟猱的稳态频谱图

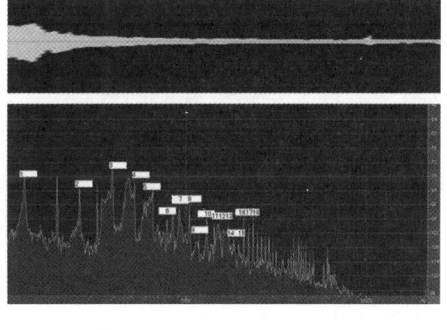

表 4-71　Xhf 名指绰勾四吟猱的稳态频谱图

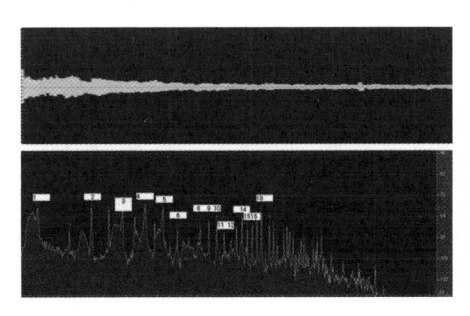

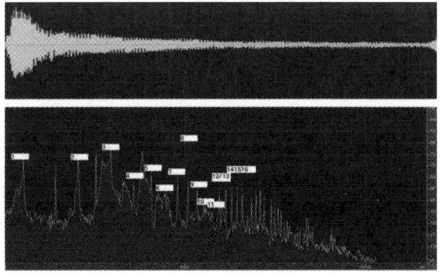

从以上按音的基音与谐音结构关系来看，Xdx 和 Jzc 都采取基音与谐音能量相当的平衡型结构关系，而 Xhf 和 Lsj 则采用了非平衡型的结构关系。

从按音的动态范围而言（见表4-72），Xdx 达到36.8db；Xhf 达到42.23db；Jzc 达到23.11db；Lsj 达到38.89db。其中，Xdx 的1号至5号一直在–60至–80代表之间，从6号谐音开始，一直围绕在–80至–100db 之间，16号以后在–100至–120db 区间活动。Xhf1 的–4号主要在–60至–80，从4号谐音开始在–100至–120db 区间活动，两者虽然区间差别不大，但 Xdx 要比 Xhf 晚2个谐音才到声强低区。Jzc 整体上都在–80至–100db 区间。Lsj 的1号至5号主要在–80db 左右，6号开始下降至–100至–120db 区间。

表4-72　四位琴人按音稳态结构的动态范围

| 琴人 | Xdx | Xhf | Jzc | Lsj |
| --- | --- | --- | --- | --- |
| 动态范围 | 36.8db | 42.23db | 23.11db | 38.89db |

从按音的谐音音程关系而言（见表4-73），Xdx 的1号、4号、8号是重要的高能量谐音，其音程关系比是纯八：纯八。Xhf 主要是1号、3号、5号、7号是重要的高能量谐音，其音程关系比是纯五：大六：减五：增六。Jzc 主要是1号、2号、4号、8号、10号，其音程关系比是纯八：纯八：纯八：纯八：大三。Lsj 主要是1号、3号和12号，其音程关系比是纯五：纯八。

表4-73　四位按音稳态结构的谐音音程关系

| 琴人 | Xdx | Xhf | Jzc | Lsj |
| --- | --- | --- | --- | --- |
| 高能量谐音 | 1∶4∶8 | 1∶3∶5∶7 | 1∶2∶4∶8∶10 | 1∶3∶12 |
| 音程关系 | 纯八∶纯八 | 纯五∶大六∶减五∶增六 | 纯八∶纯八∶纯八∶大三 | 纯五∶纯八 |

从按音的陈述形态而言（见表4-74至4-77），若根据前面的分类，Xdx 和 Jzc 的基音与谐音结构是一种平衡型结构；Xhf、Lsj 则采用了非平衡结构。其中，我们可以看到，Xdx 的基音与谐音之间能量分布相当

均匀，从乐音开始，有一个明晰的上绰过程，形状有点像山坡，而其他 3 人，乐音上绰不明显，像悬崖峭壁，直接进入。Xdx 上绰之后，继而以山峰连坐的形式出现，实际上是他快速吟猱的体现。由于前三个吟猱的形状相似，说明它们的节奏、快慢都很接近，而最后两个吟猱相对宽疏一些，整体性质属于均匀性吟猱。

Jzc 与 Xdx 谐波形态比较接近，只是部分谐音尚不如 Xdx 的能量大，明显偏弱，并且以直线型形态陈述，大体上与基音形态基本一致，属于正方向运动。在吟猱方式上，可以看出他试图做出这个技术动作，但是并不充分，只有一二个范围很小的吟猱，在主观听觉上效果不明显，但其类型属于均匀型。

表 4-74　Jzc 名指上绰勾四吟猱的稳态频谱图

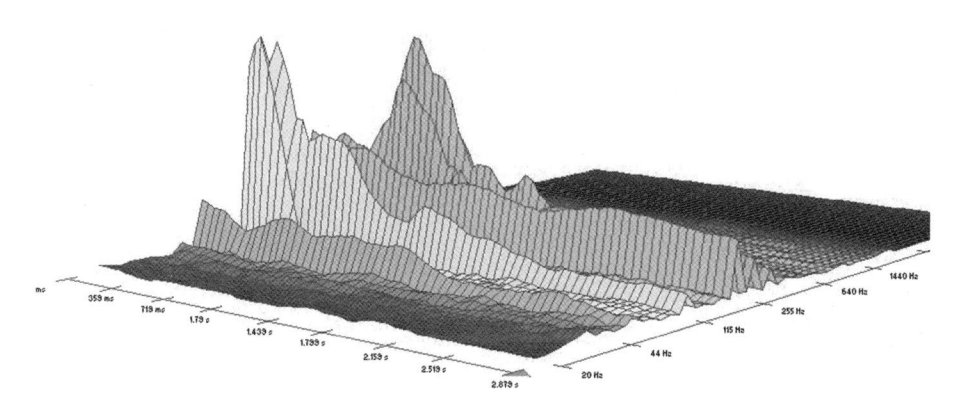

表 4-75　Xdx 名指上绰勾四吟猱的稳态频谱图

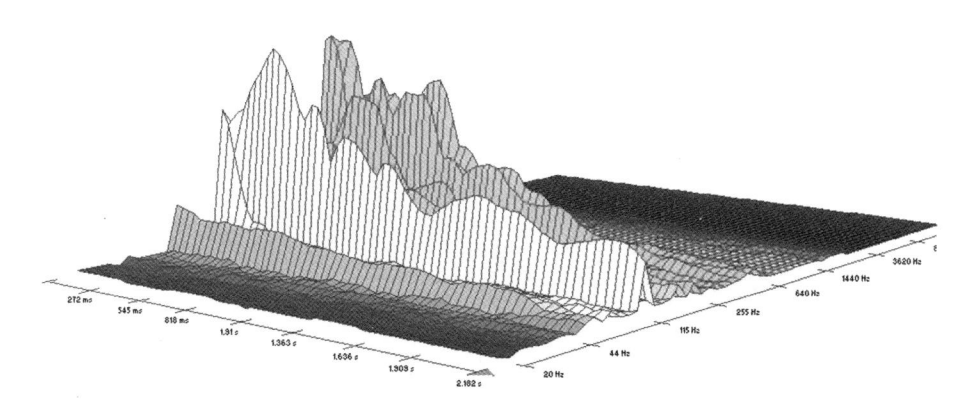

Xhf 以范围很窄的上绰方式进入，在这点上 Jzc 与 Lsj 都是如此。在基音与谐音的能量关系上，谐音显得强大一些，不过有一点笔者一直很奇怪，为什么 Xhf 和 Lsj 都会有尖角型能量柱？后来经过研究才发现，原来这与他们上绰之后并没有马上采用吟猱有密切关系，所以跟 Xdx 和 Jzc 连续型的吟猱有很大区别。除此之外，Xhf 的吟猱是在上绰之后停留一会再吟猱的，其类型属于一个长吟猱和一个短吟猱组合成一拍附点的非均匀型吟猱方式。

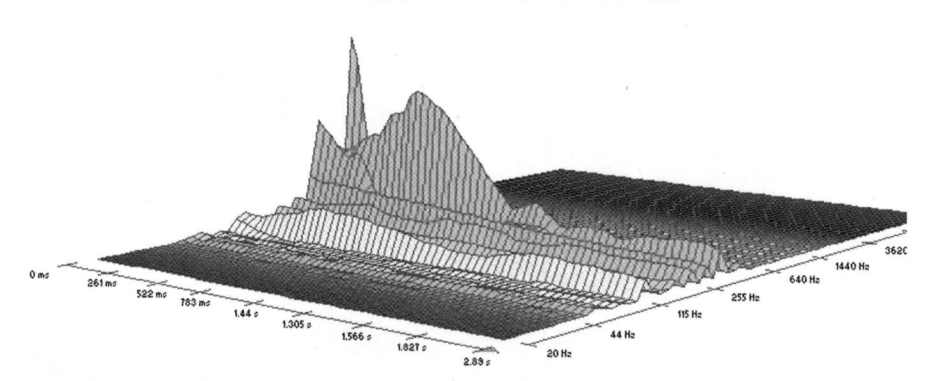

表 4-76　Xhf 名指上绰勾吟猱四的稳态频谱图

Lsj 整体形态与 Xhf 非常接近。以同样的方式进入，并采用类似的吟猱律动，只是她的吟猱范围太小，能量也不大，在主观听觉上几乎听不出来。

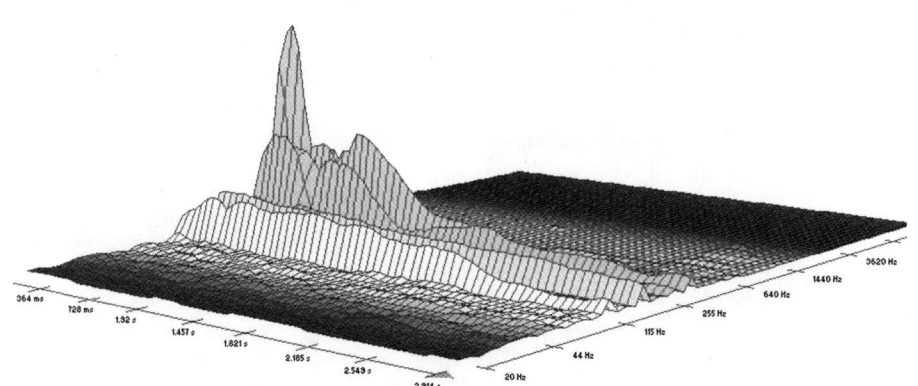

表 4-77　Lsj 名指上绰勾四吟猱的稳态频谱图

### (3)泛音激励方式的稳态音色描述

笔者采用了第 31 乐句中的泛音中指勾一弦七徽这种激励方式作为测量对象,它是左手轻触琴弦、右手配合的复合型技法组合。

泛音是琴乐基于纯律理论而发展而来的一种分段振动音列。根据笔者的主观感受,从泛音的演奏效果来看(见表 4-78),Lsj 泛音较多,饱满、丰富;Xdx 的泛音分明、清透;Xhf 的有力但掺有杂质;Jzc 泛音较为暗淡、浑浊。之所以会出现这些音色的差异,与它们左右手瞬间配合速度和点击徽位的准确性有密切关系,Lsj 在该方面做得较好,而 Jzc 则需要进一步改善提高。

表 4-78 对四位琴人泛音音色的主观描述

| 琴人 | Lsj | Xdx | Xhf | Jzc |
| --- | --- | --- | --- | --- |
| 主观感受 | 饱满、丰富 | 分明、清透 | 有力、有杂质 | 暗淡、浑浊 |

① 泛音激励方式的起始结构

从泛音激励方式的起始状态来看(见 4-79),主要分为两类:一是以 Xdx 为代表的起振,呈现出三角形的能量渐增过程,而 Xhf 虽有微弱三角形之势能,但笔者认为应该更多属于直线型之态势;Lsj 和 Jzc 都采用了直线型的起始方式。在起始的势能上,Lsj 和 Xdx 的状态是比较坚定的,而 Jzc 和 Xhf 则显得不是那么充分。

表 4-79 Xdx、Lsj、Jzc、Xhf 泛音中指勾一弦七徽的起始状态图

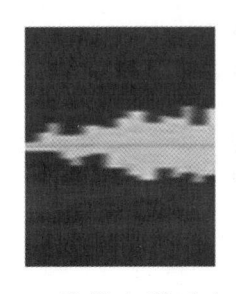

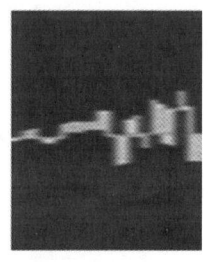

从散音激励方式的起始时域来看(见表 4-80),从静止状态至稳定峰值状态,Xdx 用了 0.01 秒钟、Xhf 用了 0.01 秒钟、Jzc 用了 0.015 秒钟、Lsj 用了 0.019 秒钟。在这些绝对时间的统计量中,Xdx 和 Xhf 所用时间最短,而 Lsj 最长。

表 4-80　四位琴人泛音激励方式的起始时域比较

| 琴人 | Xdx | Xhf | Jzc | Lsj |
| --- | --- | --- | --- | --- |
| 起始时域 | 0.01 | 0.01 | 0.015 | 0.019 |

② 泛音激励方式的稳态结构

在泛音激励方式的稳态结构中（见表 4-81 至 4-84），声谱波形主要以直线类型为主，四位琴人之间的差异主要体现在两个方面：一是 Xhf 进入之时，有三角型减弱的态势，可能与他击弦速度较快、力量较大有关系；二是能量的含有量以及持续量不同。其中，我们可以看到，Lsj 线条非常丰润，Xdx 其次，Jzc 最为瘦弱。因此，不论是 Lsj 饱满丰富、Xdx 分明清透的泛音音色，还是 Xhf 虽有力量但声音不纯的音色，以及 Jzc 由于泛音振动不够、较为晦暗、杂质较多的音色，林林总总的不同主观感受可能与此有密切关联。

表 4-81　Lsj 泛音中指勾一弦七徽的稳态频谱图

表 4-82　Xdx 泛音中指勾一弦七徽的稳态频谱图

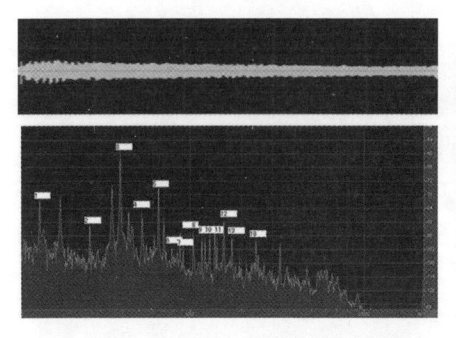

表 4-83　Xhf 泛音中指勾一弦七徽的稳态频谱图

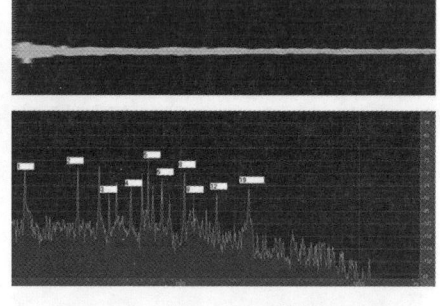

表 4-84　Jzc 泛音中指勾一弦七徽的稳态频谱图

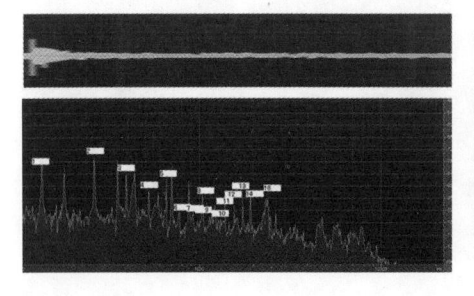

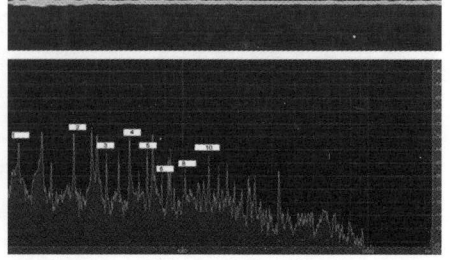

从基音与稳态谐音之间的能量结构而言，Lsj、Xdx、Jzc 属于非平衡型结构，Xhf 属于平衡结构。

从泛音稳态谐音的动态范围来看，Lsj 达到了 50.87db、Xdx 达到了 17.29db，Xhf 达到了 125.81db，Jzc 达到了 24.84db。其中，Lsj 横跨 -60 至 -120db 3 个区间，她从 -80db 出发，进行到 3 号谐音后达到了谐音最高点 -60db 至 -80db 之间，其后一直围绕 -80 至 -100db 上下活动，11 号谐音后到达谐音低点 -100db 区间以下，12 号谐音后再次回归。Xdx 横跨 -70 至 -90 区间，全部都是围绕该区域活动。Xhf 整体上主要以 -80db 为主轴予以推进，只是在 6 号谐音有明显的洼陷态势，使其到达谐音低点，出现惯性常态的断裂后回归。Jzc 主要横跨一个区域，大多是在 -80 至 -100db 之间活动。

从泛音稳态谐音的音程关系来看（见表 4-85），Lsj 偏重 1 号、3 号、5 号、10 号、12 号谐音，其音程关系比是纯五∶大六∶纯八∶大三。Xdx 偏重 1 号、2 号、5 号、8 号谐音，其音程关系比是纯八∶大三∶小六。Xhf 偏重 1 号、2 号、5 号谐音，其音程关系比是纯八∶大三。Jzc 偏重 1 号、2 号、5 号谐音，其音程关系比是纯八∶大三。

表 4-85　四位泛音稳态结构的谐音音程关系

| 琴人 | Lsj | Xdx | Xhf | Jzc |
| --- | --- | --- | --- | --- |
| 高能量谐音 | 1∶3∶5∶10∶12 | 1∶2∶5∶8 | 1∶2∶5 | 1∶2∶5 |
| 音程关系 | 纯五∶大六∶纯八∶大三 | 纯八∶大三∶小六 | 纯八∶大三 | 纯八∶大三 |

从泛音稳态谐音的陈述方式来看（见 4-86 至 4-89），正如上文所提到了 Xhf 采用了一种平衡型结构，而 Lsj、Xhf、Jzc 则采用了非平衡结构，这种结构促使 Lsj 的陈述初期就如直入的单刀，在高能量等谐音持续支持下，振动十分充分，衰减不明显，更彰显了与基音形成的非平衡型结构所透露的爽直、明朗的势能。

Xdx 同样也是高能量等谐音起着重要作用，只是基音与谐音之间其差距尚无 Lsj 明显，那么，这种基音积极参与的共振过程，为什么其音色反而没有 Lsj 那样清澈、明亮呢？经过笔者观察，这可能与乐音的进入状态有关系。相比而言，Xdx 进入时那一刹那显得有些犹豫，不太果决。

表 4-86　Lsj 泛音中指勾一弦七徽的稳态频谱图

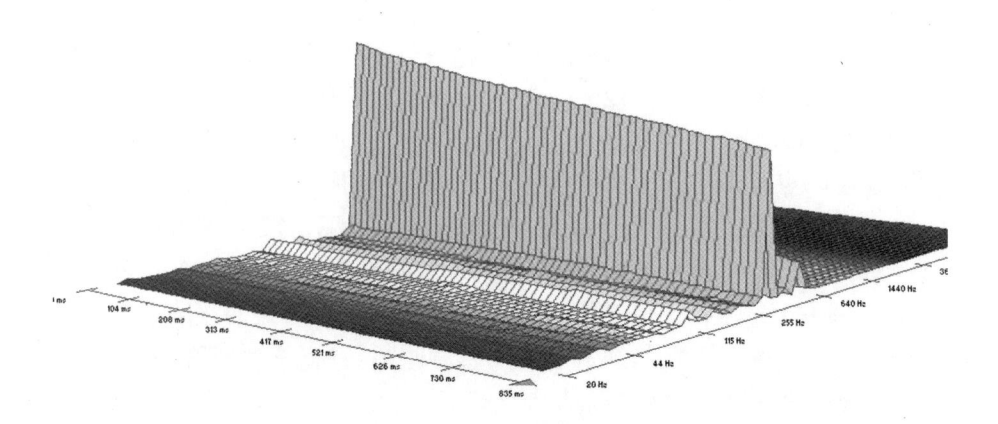

表 4-87　Xdx 泛音中指勾一弦七徽的稳态频谱图

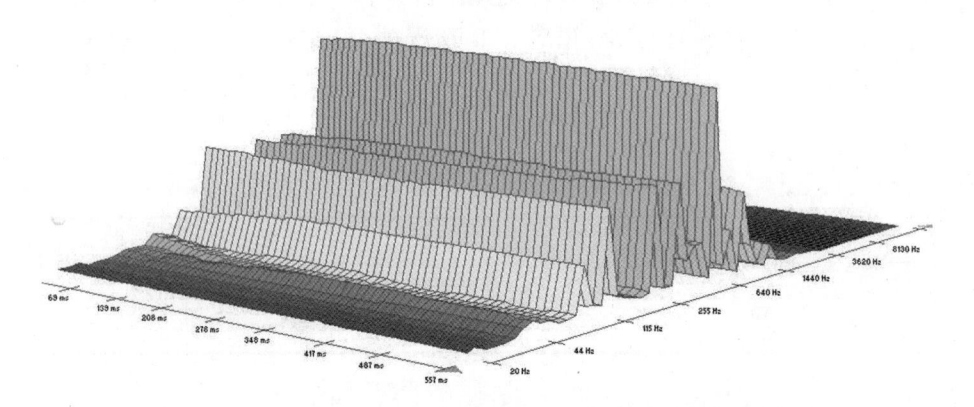

　　Xhf 进入瞬间的态势虽然比较大，但是高能量等谐音与基音的运行方式有些接近反方向运动，而且其基音间的结构不像 Xdx 均匀，这可能是造成音色杂质较多的缘故之一。Jzc 乐音进入的瞬间，声音显得有些疲软，左右手配合得不是太好，虽然高能量等谐音振动充分，但是在基音等也在发挥作用的情况下，就立即消解了这种势能。

　　我们还可以发现，Lsj 的振动方式以谐音振动为主，而 Xdx、Xhf、Jzc 除了基音振动之外，还有其他的共振方式，因此在基音前的那块区域，波澜起伏，显得不够平整，尤其以 Jzc 为代表。而 Lsj 的 1 号谐音前不仅与基音共振小，其基音前区域也很平整、有序，这也是为什么 Lsj 的泛音音色最能打动人的原因之所在吧。

表 4-88　Xhf 泛音中指勾一弦七徽的稳态频谱图

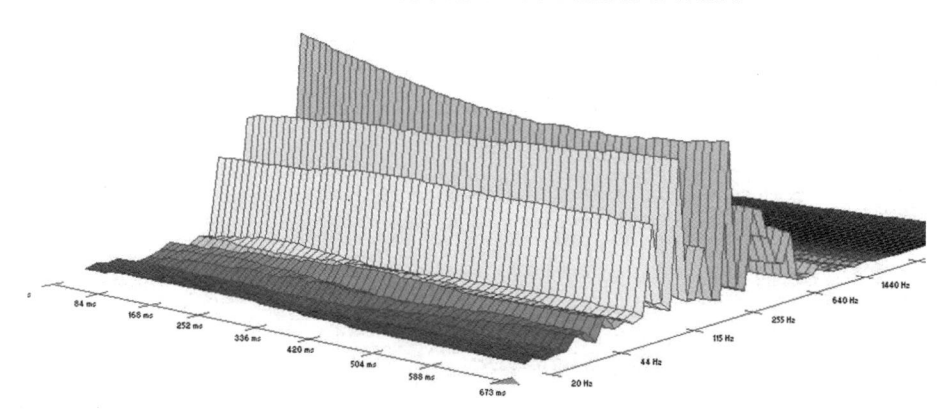

表 4-89　Jzc 泛音中指勾一弦七徽的稳态频谱图

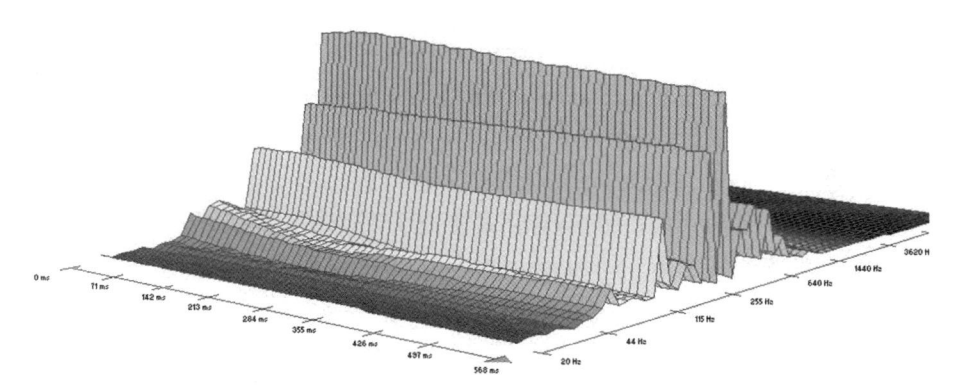

一般而言，起始结构之三角型能量渐增的外在形态，要比直线型的能量要大；起始状态的密集样态要比稀疏样态要大；起始状态的短时域要比长时域要大。稳态结构的外部波形的非平滑类型要比平滑类型能量要大；基音与谐音的非平衡结构要比平衡结构的能量要大；谐音动态范围大的要比小的能量更强；谐音与基音属于正方向运动要比反方向运动能量要大。

可笔者在对四位琴人音色研究中，发现单一要素的功能与作用，并不能完全解释音色的复杂性。以散音类的 Jzc 为例，他在四位琴人中音色排列第三，若从起始状态的直线型形态、稀疏样态、较长时域、稳态平滑的角度来看，他都符合单一要素的要求，但是他的非平衡结构和动态范围要比排列第二位的 Xhf 还要大，那这跟单一要素的逻辑岂不是有冲突？经笔者研究发现，原来之所以出现看似矛盾的样态，实际上是因为它的基音与谐音之间的差距大和动态范围大的缘故，再加之反方向的运行方式，加速了该音在主观感受上与 Xhf 的差别。接下来 Xhf 以泛音类为例，他在四人中动态范围是最大的，为什么会呈现出平衡的结构样态呢？这是否又与前面所说的散音相关的观点有出入？其实不然。因为从数据中我们可以看到 Xhf 的谐音动态范围的确是四位琴人中最大的，按照单一要素排列，它应该排列第一，但实际上它只排列第三。笔者分析，这跟它稳态三角减弱型的外部形态有关系，表明它的能量已经存在明显的减弱过程，不像 Jzc 的散音，外形完全是直线型，能量分布比较均匀，那么，反方向运动正好消解了动态范围大所带来的强功能音色响度势能，从而促成了平衡型结构形态的形成。此外，为什么按音类排列第三的 Jzc 和排列第四的 Lsj 跟排列第一的 Xdx 一样会出现非平滑的均衡结构呢？事实上，按音是三类不同激励方式中最为复杂的类型，涉及了多种复合型的技法，这也对音色的形成带来了不同变量的可能性。笔者认为，之所以形成这样的量化形式，是因为它不同散音和泛音是在相对静止状态下的弹奏，它的上绰所带来的运动状态决定了取音的物理性基础与这二者的差异性，再加之吟猱的快慢、多少的方式更加促成了这种变量的出现。因此，基于单要素和多要素相互作用的前提，笔者对四位琴人、在不同激励方式下的音色陈述的个性和共性予以梳理。

　　从整体上来看，在不同激励方式下，相对单一、诸如散音和泛音类的音色陈述，Lsj 音色是最漂亮的；相对复杂、诸如按音类的音色陈述，Xdx 应该说非常老辣，风味十足。不论排列如何，但就内在的亲缘度而言，Xdx、Jzc、Lsj 其关系应该更加接近一些，Xhf 相对较远一些。例如在散音类中，Jzc 平滑的稳态外形和非平衡性的结构关系，与在按音类中 Lsj、Xdx 的非平滑外形、相似的吟猱方式和泛音类中直线外形的非平衡结构如出一辙，尽管有程度上的差异，但是内在关系还是十分明显。相较之下，Xhf 与他们之间的关系相对较远。

从微观层面上看，在三种不同类型激励方式中的不同音色，是哪些以相对高的能量予以支撑呢？在下表中，我们可以看到，散音类1号、2号、9号、11号都有较强的作用；按音类2号、3号、7号、11号发挥了较大作用；泛音类的1号、4号的作用也得到了充分体现（见表4–90）。

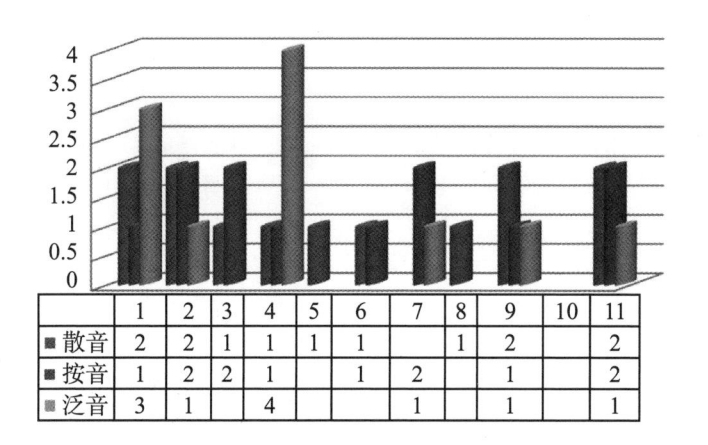

表 4–90　不同激励方式的谐音比较

| | 1 | 2 | 3 | 4 | 5 | 6 | 7 | 8 | 9 | 10 | 11 |
|---|---|---|---|---|---|---|---|---|---|---|---|
| 散音 | 2 | 2 | 1 | 1 | 1 | 1 | | 1 | 2 | | 2 |
| 按音 | 1 | 2 | 2 | 1 | | 1 | 2 | | 1 | | 2 |
| 泛音 | 3 | 1 | | 4 | | | 1 | | 1 | | 1 |

以谐音之间的音程比率而言，Lsj 比较偏爱纯五∶纯八的音程关系；Xdx 比较偏爱纯八∶大三的音程关系；Jzc 比较偏爱纯八∶纯八∶大三的音程关系；Xhf 比较偏爱纯五∶小三或者大三度音程关系。从这个角度来看，Xdx 和 Jzc 是形似的，Lsj 虽和 Xhf 都共同偏爱纯五度，但她比较偏爱纯八度，这决定了她比 Xhf 其更接近于 Xdx 和 Jzc 的风格。

从能量释放的角度来看，Lsj 的衰减过程其谐音号都比较靠后，三种激励方式分别是在 20 号谐音、18 号谐音、18 号谐音之后才开始衰减，说明她的振动能量比较充分。Xdx 虽然没有 Lsj 那样多的谐音，但三种激励方式的谐音分别在 16 号、18 号、19 号之后才开始真正释放，说明他跟 Lsj 一样共振丰富。其次就是 Xhf，其释放的衰减过程分别在 13 号谐音、16 号谐音、18 号谐音之后；最后是 Jzc，他的衰减分别在 10 号、13 号、18 号谐音之后，这说明他的音色没有前两位那样充盈丰富。

表 4-91　四位琴人散音类激励方式的音色量化归纳

| 激励方式 | 出现部位音高 | 琴人 | 谐音数量 | 支柱性谐音 | 谐音音程关系 | 谐音结构关系 | 基音与谐音的运动方式 | 动态范围（db） | 起始形态 | 起始时间 |
|---|---|---|---|---|---|---|---|---|---|---|
| 散托六弦 | 第1乐句 小字组c | Lsj | 20 | 3号 | 纯五度 | 非平衡型 | 正方向 | 59.03 | 三角型 | 0.018 |
| | | | | 6号 | 纯八度 | | | | | |
| | | | | 12号 | 纯八度 | | | | | |
| | | Xhf | 13 | 3号 | 纯五度 | 非平衡型 | 正方向 | 40.51 | 三角型 | 0.021 |
| | | | | 7号 | 小三度 | | | | | |
| | | | | 9号 | 大三度 | | | | | |
| | | Jzc | 13 | 2号 | 纯八度 | 非平衡型 | 反方向 | 46.33 | 线型 | 0.03 |
| | | | | 4号 | 纯八度 | | | | | |
| | | | | 5号 | 大三度 | | | | | |
| | | | | 10号 | 纯八度 | | | | | |
| | | Xdx | 16 | 2号 | 纯八度 | 平衡型 | 反方向 | 34 | 线型 | 0.02 |
| | | | | 10号 | 大三度 | | | | | |
| | | | | 12号 | 大三度 | | | | | |

表 4-92　四位琴人按音类激励方式的音色量化归纳

| 激励方式 | 出现部位音高 | 琴人 | 谐音数量 | 支柱性谐音 | 谐音音程关系 | 谐音结构关系 | 上绰方式 | 吟猱方式 | 起始形态 | 起始时间 |
|---|---|---|---|---|---|---|---|---|---|---|
| 名指上绰勾四吟猱 | 第1乐句 小字组c | Xdx | 18 | 4号 | 纯八度 | 平衡型 | 取音宽泛 | 均匀型 | 线型 | 0.004 |
| | | | | 8号 | 纯八度 | | | | | |
| | | Xhf | 16 | 3号 | 纯五度 | 非平衡型 | 取音较窄 | 非均匀型 | 三角型 | 0.004 |
| | | | | 5号 | 大六度 | | | | | |
| | | | | 7号 | 减五度 | | | | | |
| | | | | 12号 | 增六度 | | | | | |
| | | Jzc | 18 | 2号 | 纯八度 | 平衡型 | 取音较窄 | 均匀型 | 线型 | 0.006 |
| | | | | 4号 | 纯八度 | | | | | |
| | | | | 8号 | 纯八度 | | | | | |
| | | | | 10号 | 大三度 | | | | | |
| | | Lsj | 18 | 3号 | 纯五度 | 非平衡型 | 取音较窄 | 非均匀型 | 线型 | 0.015 |
| | | | | 12号 | 纯八度 | | | | | |

表 4-93　四位琴人泛音类激励方式的音色量化归纳

| 激励方式 | 出现部位音高 | 琴人 | 谐音数量 | 支柱性谐音 | 基音与谐音音程关系 | 谐音音程关系 | 基音与谐音的运动方式 | 起始形态 | 起始时间 |
|---|---|---|---|---|---|---|---|---|---|
| 中指勾一弦七徽 | 第1乐句 | Lsj | 18 | 3号 | 纯五度 | 非平衡型 | 正方向 | 直线型 | 0.019 |
| | | | | 5号 | 大六度 | | | | |
| | | | | 10号 | 纯八度 | | | | |
| | | | | 12号 | 大三度 | | | | |
| | | Xdx | 19 | 2号 | 纯八度 | 非平衡型 | 反方向 | 直线型 | 0.01 |
| | | | | 5号 | 大三度 | | | | |
| | | | | 8号 | 小六度 | | | | |
| | 小字组c | Xhf | 18 | 2号 | 纯八度 | 平衡型 | 正方向 | 三角形 | 0.01 |
| | | | | 5号 | 大三度 | | | | |
| | | Jzc | 10 | 2号 | 纯八度 | 非平衡型 | 正方向 | 直线型 | 0.015 |
| | | | | 5号 | 大三度 | | | | |

此外，笔者还想说明的是，四位琴人在不同激励方式下的音色是有相关性的：一是散音类激励方式和泛音类的起始状态对它们的音色有一定的影响，但对按音类的影响则不是太大；二是在基音与谐音能量比例上，基音弱能量和谐音强能量的比例对散音和泛音的音色都有明显的影响，但对按音似乎影响并不是太大；三是基音与谐音的运动方向是否一致对音色都产生影响。另外，在按音类激励方式中，取音范围、取音速度和吟猱方式的快、慢、多、少都会对其产生影响。

（三）同一乐音在响度方式下的音色比较

响度是用来表示乐音声音大小或强弱与人耳辨知之间对应性关系的主观感觉量，在音乐中表现为力度。人们常用分贝来标识这种声波压力的幅值。响度与人耳生理构造有密切关系，实际上它涉及耳蜗基底膜感受器与神经纤维的反应率之间的对应过程，也就是说，当声波以能量的方式在声场中传播的时候，会改变人耳常态中的压强，通过压强的变化，耳蜗作为类似信号中转站的角色，立即将信号解码传递至类似于接收器角色的脑部神经纤维，从而产生客观上不同的声强度，并带来不同的主观认知。

在1933年弗莱切尔和孟松《响度，定义，测量与计算》的研究报告中提出了"等响曲线"的观点，证实了"相同音量的声音出现在不同音区时，我们听起来的响度会有差异，一般规律是中高音区声音显得较强，低音区显得较弱"[1]的判断。由于共振的关系，中音区会显得更加充分一些，若需要与中音区的响度持平，不论是低音区还是高音区的响度必须加强，才能获得相同的等响效果。

响度与音色之关系，其机理如何至今尚无达成共识。但其中有一点理论是可以确认的，那就是大家都承认音色与声音响度存在一种类似于色彩中的"掩蔽效应"[2]。一般来说，"较高的乐音更容易被较低的音所掩蔽"，"较强的声音可以掩蔽较宽的音域"。但在此，笔者关注的重点不是音色之间的掩蔽关系，而是关注在琴乐这种以单声为主体的乐器中，四位琴人演奏的同一乐音、在不同响度下是否会呈现音色的改变？抑或到底会展现怎样的音色形态？下面笔者试图通过这种比较来梳理琴人在不同响度下的音色表达特性。

1. 四位琴人音色陈述的宏观响度结构

表4-94至4-97是对琴曲宏观响度所做的测量，其结果来自Wavelab系统，采样率为1∶16384。从四位琴人音色陈述的宏观响度整体而言，虽然采用的律动样态具有一定差异性，但Xdx和Lsj均体现了非平衡型的音色响度结构特质。其中Xdx音色响度的运行框架采用了$p—f—mf—mp—p$的模式，平衡点在前部$f$响度下行回归至$p$；Lsj音色响度的运行框架采用了$f—p—f—p—f—sf—p$的模式，它是以$fp$交替方式予以上行，其平衡点是在中后部的$sf$响度之后，下行回归至$p$；Jzc和Xdx音色响度的运行框架均采用了$p—f—sf—f—p$的模式，平衡点在中部的$sf$，实现了中轴对称性结构的音色响度陈述特质。

从音色响度陈述形态来看，Xdx和Lsj分别体现了渐弱和渐强的趋势，Xdx的音色响度的组织过程有序自然、清晰明了，Lsj虽属于相似的非平衡类型，但在音色响度的宏观驾驭上，对比型音色响度较多，可

---

[1] 韩宝强.音的历程——现代音乐声学导论[M].中国文联出版社，2003：44.
[2] 韩宝强.音的历程——现代音乐声学导论[M].中国文联出版社，2003：50.

以看出她自觉调节音色响度的意识比较强,但正是如此密集的节奏样态以及频繁的变化,倒失去了水到渠成的自然。Jzc 和 Xhf 在形态上体现出惊人的一致性,都是两头小、中间大的橄榄型音色响度律动结构,只是在整体响度上,Jzc 不如 Xhf 振幅大,至少要小一个级别,尤其是在中部的 *sf*,两者之间音色响度的差异一目了然。纵观四人的音色宏观响度布局,Xdx 以一个"简"字诀,将其他三人体现出的密集、紧凑、起伏大的"繁"性特征衬托出来,以其大音若简的音色响度观念在表层陈述形态中体现得心应手、拈花一笑的风度。

表 4-94　Xdx 音色陈述的宏观响度结构　　表 4-95　Lsj 音色陈述的宏观响度结构

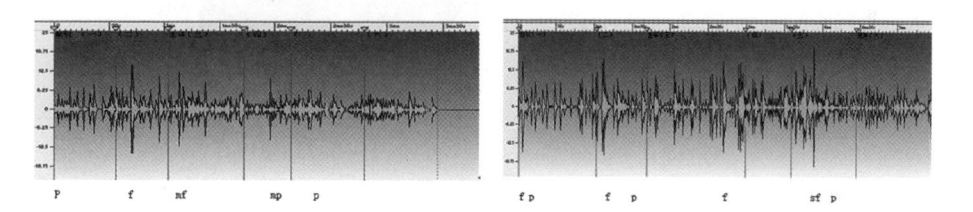

表 4-96　Jzc 音色陈述的宏观响度结构　　表 4-97　Xhf 音色陈述的宏观响度结构

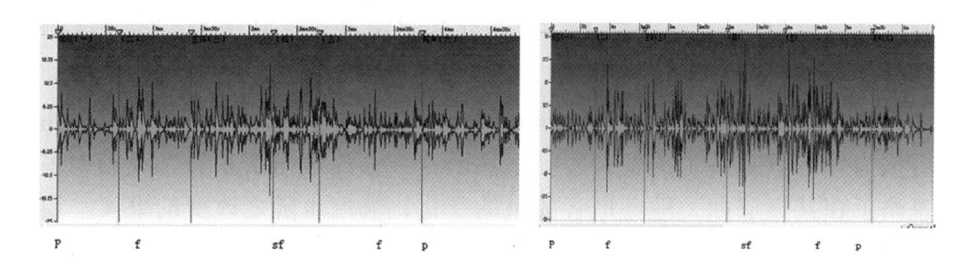

2. 同一乐音在响度方式下的音色测试

笔者选择了第 1 乐句的散挑六弦为测量对象(见表 4-98、4-99)。它以右手食指的甲面为激励方式,是自身体内侧向外触弦的单质性音色技法组合。若从该音所处的音色响度的区位来看,它属于宏观音色响度的第一段,带有陈述音色主题的性质,整体响度在宏观布局中大多属于 ***p*** 级别。若从四位琴人音色表述的具体形态来看,尽管均为 ***p*** 级别的音色响度,但实际上在同一性音色响度框架下,还有很多细微的差别。

表 4-98　四位琴人散挑六弦的基音音色响度一览表

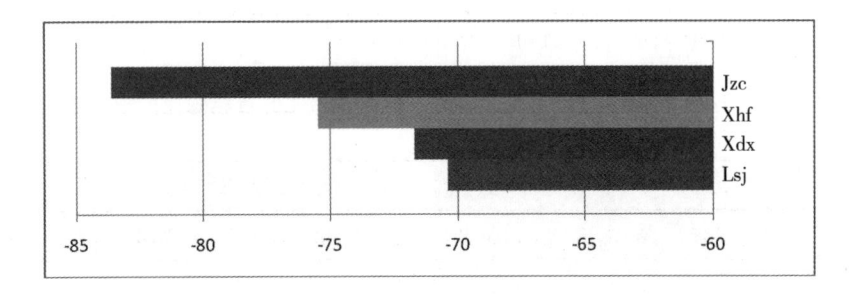

| 谐音号 | Xdx | | Xhf | | Lsj | | Jzc | |
|---|---|---|---|---|---|---|---|---|
| | Hz | db | Hz | db | Hz | Db | Hz | db |
| 1 | 131.8 | −71.69 | 131.2 | −75.48 | 131.8 | −70.4 | 130.5 | −83.64 |

表 4-99　散挑六弦的基音音色响度比较一览表

　　我们可以看到，四位琴人演奏的散挑六弦的确存在响度上的差异。若根据响度能量从小到大依次排列，分别是 Lsj 的 −70.4；Xdx 的 −71.69；Xhf 的 −75.48；Jzc 的 −83.64。其中，Jzc 响度最小，因此其条状图最长；Lsj 响度最大，因此其条状图最短，其中 Xdx 和 Lsj 响度较为接近。

　　以上是笔者对基音层面的响度统计。在过去的常识中，我们往往会认为乐音只有一个响度，实际上从乐音共振原理角度来看，我们大多忽略了在共振层面，随着谐音能量的变化，响度也随之改变的事实。当然，笔者在此不是做两因素相关性的研究。响度既然作为谐音能量大小的量化表现之一，那么它所产生的能量变化，不得不引起笔者的高度重视，因为不同的响度结构、不同的响度组合，直接关系到音色特质的形成与表述。因此，笔者对散挑六弦从静止状态到起振、衰减、保持、释放整个过程进行了细致监测，并对该音 1 号谐音至 18 号谐音的 Hz 和 db 数据进行了统计（见表 4-100）。

第四章　琴人群体的琴乐语言

表 4-100　四位琴人散挑六弦的音色响度一览表

| 谐音号 | Xdx Hz | Xdx db | Xhf Hz | Xhf db | Lsj Hz | Lsj Db | Jzc Hz | Jzc db |
|---|---|---|---|---|---|---|---|---|
| 1 | 131.8 | −71.69 | 131.2 | −75.48 | 131.8 | −70.4 | 130.5 | −83.64 |
| 2 | 263.7 | −82.67 | 262.4 | −72.48 | 263.1 | −75.83 | 259 | −74.7 |
| 3 | 396.3 | −75.75 | 392.9 | −79.19 | 394.4 | −60.26 | 388.9 | −82.66 |
| 4 | 528.9 | −75.7 | 526.2 | −75.89 | 527.5 | −71.84 | 518.8 | −67.29 |
| 5 | 658.7 | −81.14 | 656.7 | −81.39 | 658.1 | −77.45 | 648 | −70.09 |
| 6 | 788.6 | −100.6 | 788.6 | −79.45 | 790.6 | −82.95 | 777.8 | −78.76 |
| 7 | 925.9 | −85.46 | 913.8 | −103 | 923.2 | −94.06 | 907 | −89.44 |
| 8 | 1057 | −77.54 | 1049 | −96.48 | 1054 | −76.66 | 1037 | −72.75 |
| 9 | 1187 | −95.03 | 1177 | −99.67 | 1187 | −85.04 | 1167 | −76.44 |
| 10 | 1317 | −99.52 | 1300 | −100.8 | 1318 | −86.01 | 1297 | −81.28 |
| 11 | 1454 | −85.13 | 1437 | −106.4 | 1442 | −106.4 | 1426 | −96.8 |
| 12 | 1588 | −83.75 | 1579 | −79.23 | 1582 | −90.44 | 1556 | −79.91 |
| 13 | 1719 | −98.02 | 1711 | −75.59 |  |  | 1686 | −80.88 |
| 14 | 1855 | −95.39 | 1812 | −96.39 | 1846 | −88.26 | 1801 | −108.4 |
| 15 | 1977 | −106.3 |  |  |  |  | 1935 | −101.8 |
| 16 | 2118 | −105.6 |  |  | 2108 | −95.13 | 2062 | −84.08 |
| 17 | 2239 | −104.3 |  |  |  |  | 2207 | −79 |
| 18 | 2384 | −84.2 |  |  | 2375 | −82.78 | 2323 | −102 |

　　从以上图表中可以看到音色形成的物质性基础。从 1 号谐音到系列谐音的相互共振，不仅反映了音色响度中量的变化，更重要的是这种量的变化体现了音色响度之变化律动以及振幅大小之动态范围，这些要素都对音色特质的形成有重要的影响。

　　谐音响度振幅的大小，实际上是乐音振动能量的反映。从下列图表（见表 4-101）中，我们可以看到，四位琴人琴乐音色响度不是恒定的响度状态，它一直以上下波动的式样开展。若要根据它们的表层形态进行划分，Jzc 的音色响度陈述可以划为一类，整体响度在 10 号谐音以前，主

要分布于 –80db 区间，11 谐音后才逐渐下滑至 –100db 左右；而以 Xhf 为代表的一类则出现明显的三段式响度起伏，6 号谐音以前停留于 –80db 区间，7 号到 12 号之间却是响度的低谷，13 号至 14 号则再次回到 –80db；Xdx 和 Lsj 有类似的响度律动形态，尤其是 2 号和 3 号之间均有明显先抑后扬的运动趋势，7 号与 8 号之间都有先扬后抑的运动趋势。

表 4-101　四位琴人散挑六弦的响度分布

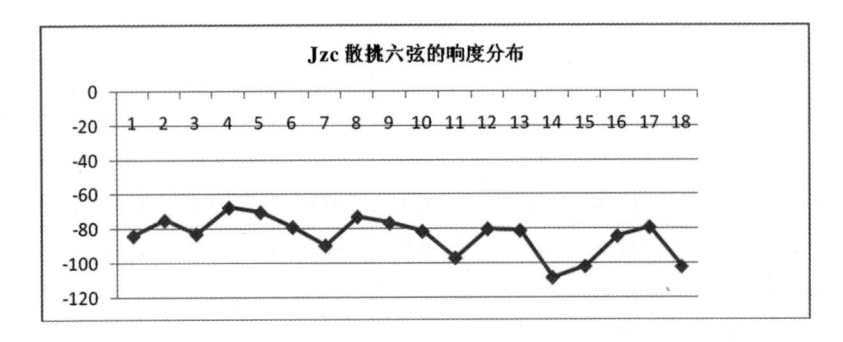

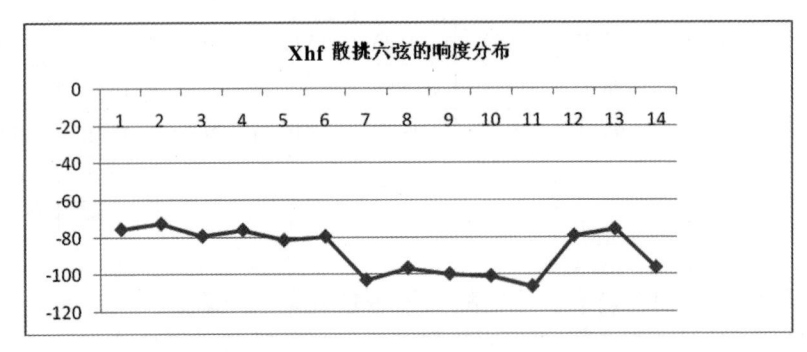

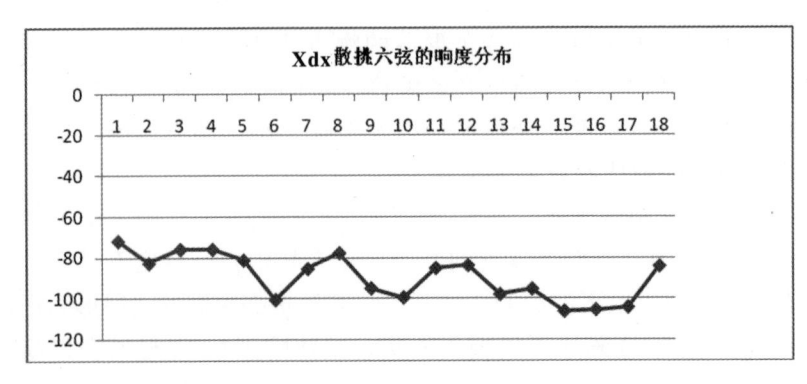

第四章 琴人群体的琴乐语言

**Lsj 散挑六弦的响度分布**

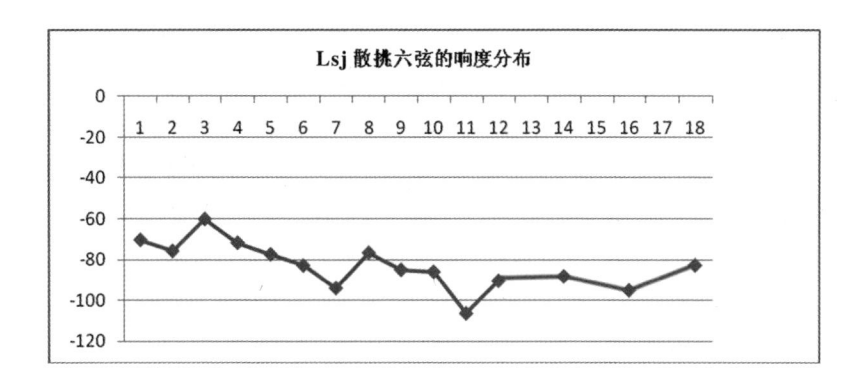

那么，这些响度的变化会对音色产生如何的影响呢？从主观角度而言，四位琴人散挑六弦的音色让笔者体会到了这样的色彩感受（见表4-102）：

表4-102　四位琴人散挑六弦的音色主观感受

| 琴人 | 音色特质 | 色差级 |
| --- | --- | --- |
| Xhf | 明亮、有力 | 1 |
| Lsj | 透明、圆润 | 2 |
| Jzc | 清晰、丰富 | 3 |
| Xdx | 偏暗、柔软 | 4 |

这些音色特质又是如何在响度形态中有所体现呢？

若从整体形态而言（见表4-103至4-106），Xhf、Jzc和Lsj的基音与高能量等谐音之间都均属于平衡型的关系，在上文中笔者大胆提出非平衡型基音与谐音结构会对音色产生影响的观点，在这三位琴人的音色表达形态中则都可以看到这一特点。而Xdx则跟他们不属于同一类，他的音色形态更加接近平衡型的结构，基音与谐音之间的差距不大。若从微观角度来看，对音色起支柱性作用的谐音，Xhf和Lsj都是3号能量比较大，其响度最高点与最低点的动态范围分别是 -71.60 至 -105.5 和 -60.25 至 106.4 之间；Jzc的5号谐音是重要的支柱性谐音，它的动态范围为 -57.29 至 -108.4；Xdx的基音则是重要的能量来源，其动态范围是 -71.60 至 -105.5。从这两个角度来看，笔者依然坚信，基音和谐音间的非平衡型特质在响度上的强弱反应对于音色的形成有重要影响，但从微观层面看响度最高点与响度最低点之间的动态范围，其大小量的变化则对音色影响不大。以 Xdx 和 Xhf 为例，他们俩的响度动态范围都已超过 30db，可是在主观感受上这两个音却呈现出完全不一样的响度主观感受，这就说明了响度变化动态范围对音色的影响并不是主要因素。

表 4-103　Xhf 散挑六弦在响度方式下的音色形态

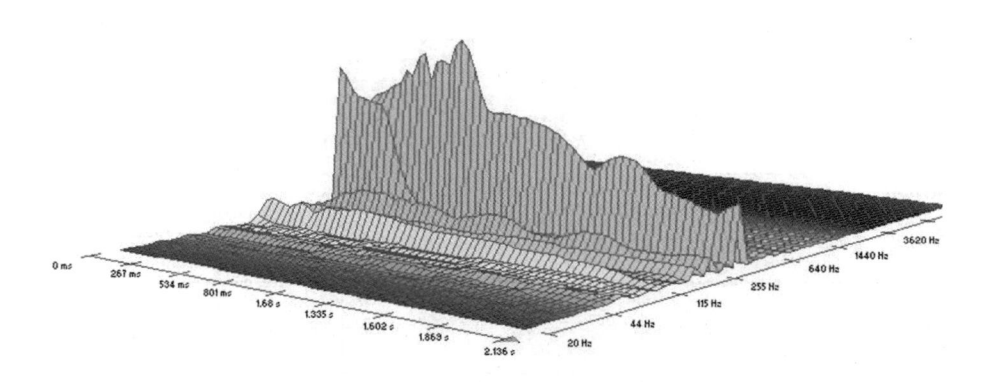

表 4-104　Lsj 散挑六弦在响度方式下的音色形态

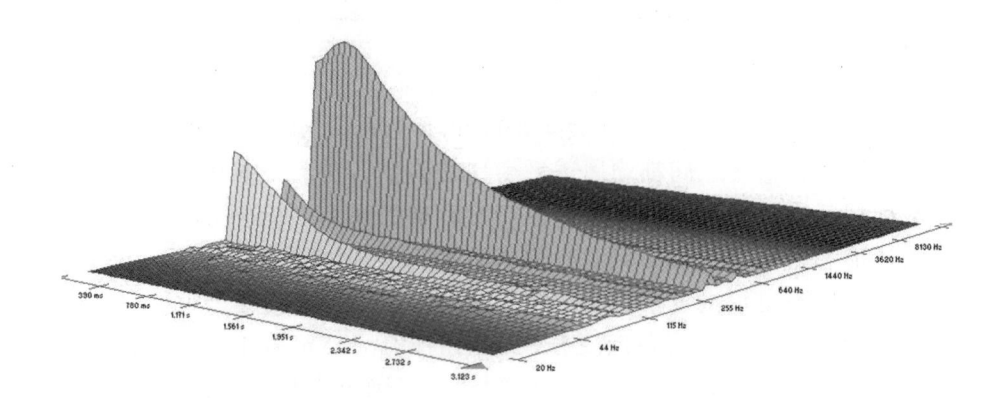

表 4-105　Jzc 散挑六弦在响度方式下的音色形态

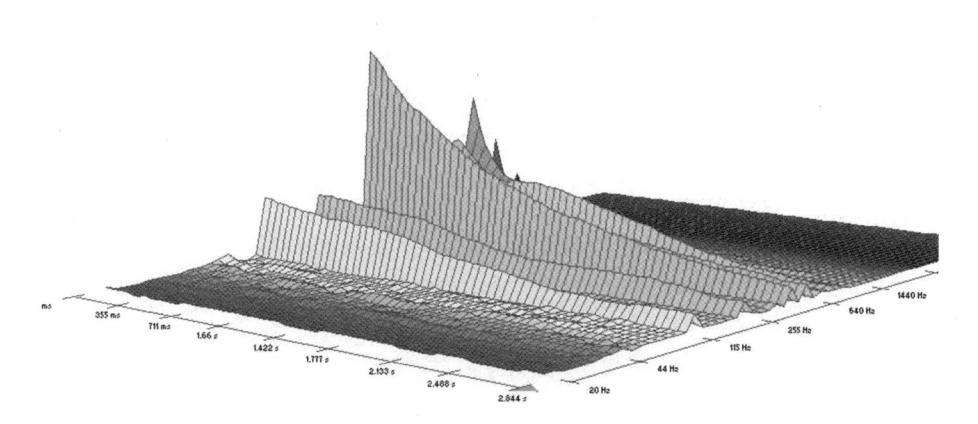

表 4-106　Xdx 散挑六弦在响度方式下的音色形态

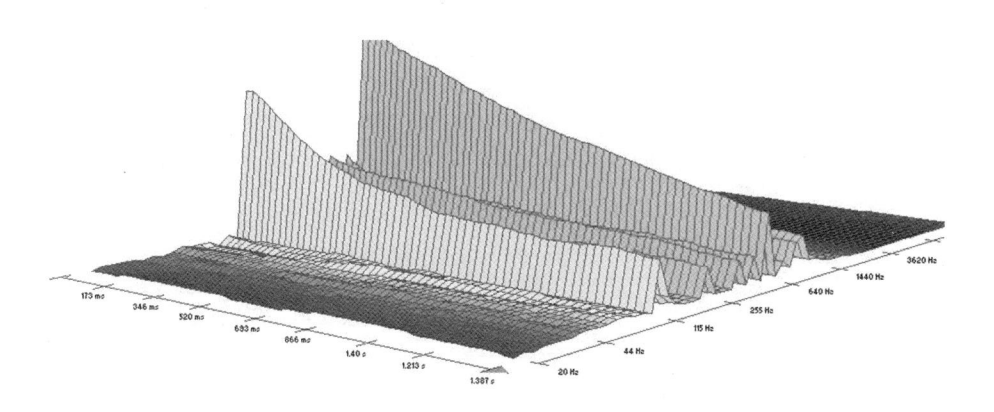

那到底又是什么响度方式决定了音色特质的形成呢？笔者认为，除了上面所提及的非平衡结构对音色有重要影响之外，尚有三点因素可能会对音色产生一定影响：

一是谐音列陈述形态所在的主要区域，通过表 4-101，我们可以看到，Jzc、Xhf 有五个谐音是在 -80db 至 -100db 区间；而 Lsj 和 Xdx 分别有 8 个和 10 个谐音都在此区间，这意味着后两者在响度所反映的能量分布上，有一半是在相对响度的弱能区域。

二是谐音列陈述形态之响度低点出现的次序（见表 4-107）。从出现的响度低点来看，Xdx 的三次出现都比其他琴人早了一个谐音，这说明有可能它们的衰减更加靠前，而这个因素则很明显地对音色产生了影响。再以 Lsj 为例，虽然在谐音响度的分布上，其有八个是在 -80db 至 -100db 之间，相比 Jzc 和 Xhf 多出了三个，但因衰减时间的早晚次序在响度振幅中的具有强弱上的展现，因而在听觉主观感受上呈现了透明、圆润的音色特点。

表 4-107　四位琴人谐音列响度低点比较

| 琴人 | 第一低点 | 第二低点 | 第三低点 |
| --- | --- | --- | --- |
| Xhf | 7 号谐音 | 11 号谐音 | 14 号谐音 |
| Lsj | 7 号谐音 | 11 号谐音 | 16 号谐音 |
| Jzc | 7 号谐音 | 11 号谐音 | 14 号谐音 |
| Xdx | 6 号谐音 | 10 号谐音 | 13 号谐音 |

三是散挑六弦起始状态的响度振幅大小（见表 4-108）。从如下的图表中，我们可以清晰看到，Xhf 的响度上下波幅都已达到 10% 以上，说明起始响度较大；Jzc 虽上方波幅已达 10% 以上，但以相对均匀、密集的方式进行，其下方波幅仍在 10% 以内；Lsj 的响度从能量的疏密程度而言，明显不如 Jzc 密集，其上下波幅虽类似 Jzc，但在起始整体上超过 Jzc 的声强幅度；Xdx 的响度波幅是其中最小的，均在 10% 以内。

表 4-108　Xhf、Jzc、Lsj、Xdx 散挑六弦的起始振幅

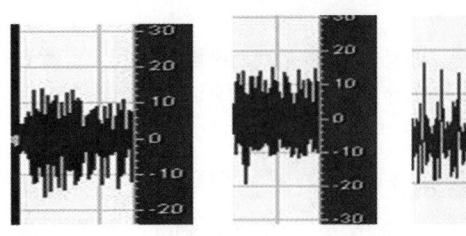

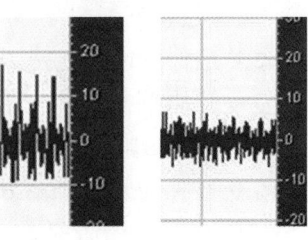

通过以上观察发现，四位琴人演奏的同一乐音在不同响度方式的作用下，其音色也有一定改变。如果说四人的共性体现在响度对于基音

和谐音之间所构筑的非平衡型关系和平衡型关系方面，那么 Xhf、Lsj、Jzc、Xdx 之间明显呈现出其共性背景下的明显差异。在微观层面中，从四位琴人的音色运用、所展示的能量来看，其基音响度的差异对四位琴人的音色影响不是太大，但是谐音响度的差异却对音色产生重要影响，这是四位琴人音色的共性特征之一。在这种特性的制约下，谐音振动的律动形态 Xdx、Lsj 相当接近；陈述区域 Jzc 和 Xhf 只有五个谐音在 -80db 至 -100db，另外两人相对较多；响度低点，Xhf、Lsj、Jzc 三人相对接近；振幅大小 Xhf、Jzc、Lsj 相对类似。这些数据，充分体现了四位琴人音色观念和音色表述的共识与差异。

## 本 章 小 结

记得美国语言学家萨丕尔曾这样说过："语言是纯粹人为的……任凭自觉创造出来的符号系统来传达概念情绪和欲望的方法。它是一种文化功能……"[1]

琴乐语言同样如此。作为彰显琴乐观念的符号系统，它承载的不仅是琴乐文化之结晶，更重要的是其早已是存在于琴人脑海中文化群体之迹印。没有琴乐语言的表达过程，就不会有琴人对于琴乐的传承与创新。在某种程度上，琴乐语言任何一次表达都是琴人琴乐观念特性的表现，通过琴乐语言的实践与运用，琴人个人风格和群体风格便以间接或者直接方式在琴乐语言体系中有所呈现。鉴于琴乐语言作为观察琴人个性特征和群体特征的重要途径，笔者在本章中从琴乐谱本、琴乐结构陈述、音时演变、音色聚合四个方面开展了琴乐语言的探索。

琴乐语言是静态谱本语言和动态音响语言的综合体现。若说静态谱本是琴乐语言的物质性基础，决定了琴乐语言共约式的限制前提，那么动态音响则是对琴乐语言谱本符号系统的解释与创造。因此，笔者在本章第一节中首先对四位琴人演奏的《鸥鹭忘机》进行解题，并对现存下来的琴乐抄本和琴乐刻本进行了对照，其意通过此过程加深对琴乐静态

---

[1] 萨丕尔.语言论[M].商务印书馆，1964：2.

语言的认识与理解，从而把握琴乐表象符号背后的要素特征。

本章第二节从琴乐音响语言陈述的宏观角度，探讨了琴乐音响语言的结构布局、音区布局、句法布局、落音布局和调式布局；从微观角度，探讨了音核组织和它在同宫场内的变易与传递，以及琴乐音响语言结构陈述的对称性、平衡性特点。

本章第三节从音时演变的角度，首先对琴乐语言之速度的宏观布局和微观陈述进行了描述，并对宏观布局的散、慢、中、快、散之板式—变速结构共性特征下的中心对称、非中心对称类型与动力模式予以划分。其次对琴乐语言之节拍开展了段拍、句拍、字拍多层分类，并对它的内在律动进行了数理归纳，对非均分律动和韵律性表达特质进行了相关总结。

本章第四节从音色聚合的角度，将音色节奏作为研究的切入点，首先通过对点状音色和块状音色的音色分离进行基态和分形两个维度的梳理，开展了琴乐音色语言分层镶嵌、分层转接的演变方式所产生的音色语言之结构的关注。其次，从声学视角，对散音、按音、泛音三种不同激励方式作用下同一乐音之音色和响度方式进行了探讨，并对四位琴人琴乐音色语言的亲缘关系进行了剖析。

笔者之所以选择上述维度开展研究，其意在观察琴乐语言在演变过程中，谱本物化形态和音响活化形态之间的相互转化，以及所传达的行为特性和观念特征。通过梳理，笔者发现四位琴人在表层陈述体现出差异性的同时，其深层陈述让人感受到相似的音色，并在表述其内在向心力与离心力时发挥了作用。从这种意义上，就决定了四位琴人琴乐语言是在某种共性的基础上所生成的多元特性，或许在琴乐语言的陈述中看似偶然的特征，也许包含着某种必然？

# 第五章　岭南琴人的文化追问（代结语）

## 一、"我是谁？"——岭南都市文化背景中琴人身份感的叩问

　　广府都市生活的混沌与匆忙，似乎早已忘记了我是谁，千百次追问，究竟哪里才是我的家？没人给我答案……当我一无所有之际，才发现古琴却是我唯一的知己，直到那一刻我才隐隐约约明白了我是谁，因为那一瞬间让我第一次真正触摸到了我久违而寂寞的灵魂……[1]

广府。都市。
一个从千年前走来的广府拂去历史的尘埃，在改革开放号角下再次焕发了独有风采。以排头兵身姿出现在中国人视野中的广府人，披荆斩棘，为中国的物质文明、制度文明建设"杀出了一条血路"、闯出了一条生路。人们在享受经济繁荣和制度变革成果所带来富足生活的同时，奋斗、拼搏和过度竞争也产生了时代的副产品——焦虑、彷徨、麻木、扭曲甚至于迷失，马克思所说的物对人的异化，中国古人所说的心为物役，在这个城市有一定程度地上演。一群生活在广府都市的琴人率先发出"我是谁"的追问，为他们自己，也为这个城市，这个时代。这样的追问，也许无意中碰触了笔者心底那根隐秘的弦，我的灵魂情不自禁地在那柔软之地发出震撼甚至痉挛的共振。
　　如果说"我"涉及主体的范畴，对"我"的追寻涉及主体精神范畴的话，在人类学视野里，这根本上是"一个与人的生存状态密切相连的哲学和人学问题"[2]。当我们不论是从"纵向"的角度看待"主我"（I）与"客我"（me），还是从"横向"的角度看待"主我"与"他者"

---

[1] 黎敏 2009 年采访许海帆的文稿。
[2] 王成兵.当代认同危机的人学探索[D].北京师范大学，2003：11.

（others）的关系（一种是琴人本体自我深度感的体现，一种则是琴人社会自我拓展感的彰显），实质上这两组关系都是以"我"为中心，透露着"我"在琴人个体自我身份和社会自我身份中的"位置感和归属感"[①]。正是在这两种张力之间所形成的诸种向度而产生的对于"身份感"的向往，体现了琴人追寻本体自我和社会自我其价值和意义的探索过程。

现实生活中琴人群体自我身份感的确立，实际上是一个与历史进程、文化背景、时代话语紧密相连的动态过程。当广府被冠以现代化、国际化都市文化标签之际，其背后所代表的中国社会都市转型期的种种样态，再次把琴人推到"我是谁"其内在身份感丧失的困惑之中。这种否定状态，直接产生了身份感的不确定，导致本体自我因内在的迷失，社会自我因与他者关系中的"意义观、价值观"的差异，而产生了危机感。从而，身份感的失语具有了双向性、聚内性、外散性的特质。

这种特质的形成，与琴人群体所生存的广府都市，在全球文化和大众文化的席卷下的文化境遇有着深切联系，琴人在二重文化边缘之中不由地陷入了对于身份感的叩问之中。

文化全球化是二十世纪八十年代中期以来，席卷世界的文化浪潮，一直延续至今。作为强调文化整体格局的一体化来建构世界地球村的文化体系，它对广府的都市文化已经产生了深远的影响。虽然其初衷在于互动，但趋同、齐一和本土化、多元化的二元对立则成了当代全球化特质的一体两面，当我们看到各民族文化高度互动的时候，也看到了众多民族文化因此出现的异化现象。

> 全球化的浪潮太厉害了，很多人似乎早已忘记了传统文化和文化传统，当西方的文化话语权作为唯一标准看待事物的时候，这是多么危险的时刻。二十世纪八十年代中期以后，我一直是典型西方文化的崇拜者，如痴如醉，可以说是一种"文革"后的集体状态，跟朋友聊的、谈的都是西方文化的先进性，认为西方比我们强大就是因为文化本身就要比我们先进，但从八十年代末开始，我开

---

① 王成兵. 当代认同危机的人学探索[D]. 北京师范大学，2003：14.

始对西方文明有了一些反思，就开始尝试进入中国的传统之中……从现在来看，当时走入传统是明智的选择。事实上，今年的金融海啸所体现的异化现象，在某种程度上是对西方文化和社会进行了深层次的打击，全球化就像多米诺骨牌一样，一荣俱荣、一损俱损。以前的西方文化是很有朝气的文化，但当它以文化霸权或文化殖民的角度去满足自我扩张的时候，它是十分强势的，到处都是它的影子……①

大众文化作为都市文化共生共伴的文化现象，是都市文化的现代表述之一。大众文化的兴起与发展对文化和经济、文化和政治、文化和人自身的关系都产生了重大影响。作为都市文化的表征、内容和实质，大众文化所维系的"大众传媒、商品化、消费社会的概念都与都市文化难分难解"②，尤其是电子媒介的普及与发展使大众文化的传播与交流速度为以往任何形式的文化所不能比拟，它包围着人们的存在，使我们的生存呈现出坠入大众文化的状态。如果说"现代都市的产生是由于工业化和后工业化导致的现代性，是在物质和现实层面上展开的话，那么大众文化就是现代性在精神和心理层面上的演绎"③。

整天成千上万的信息围绕着你，不知哪个真哪个假……人们每天听到的都是嘻嘻哈哈的周杰伦，口中谈到的都是范思哲的时装，玩的都是角色扮演（Cosplay）的游戏，吃的都是棒约翰、必胜客的快餐食品，一切只要是新的，才意味着时尚。难道我们只有通过不断地制造变化才能激起我们对于生活方式和新文化形式的欲望和感受吗？难道我们真的能达到自我满足和自我实现吗？显然，这是不可能成功的，外在表面对于新事物的追求，它无法满足我内心真正的需求，大众文化的新与快也无法安顿我的灵魂……④

---

① 黎敏 2009 年采访许海帆的文稿。
② 贾明. 现代性语境中的大众文化 [M]. 上海人民出版社，2007: 101.
③ 贾明. 现代性语境中的大众文化 [M]. 上海人民出版社，2007: 101.
④ 黎敏 2009 年采访琴人罗筠筠的文稿。

琴人的话语充分勾勒出他们在都市全球化、大众文化背景中的生存境遇。从中不难看出，全球化、大众文化的确正在真真切切地改变着他们的生活都市文化，在某种程度上重塑了他们和我们对于社会生活、日常生活和自我身份的认知途径。我们可以清晰地看到，琴人赖以生存的广府率先加入了现代都市的行列，作为中国经济繁荣的象征和制度变革的先锋，其社会早已无法回避全球化的洗礼，而随之产生的大众文化，再一次将全球化推向了更深的层次。

广府作为中国改革前沿的微缩版，它以市场经济的建构为中介，经历了从传统农业文明向现代工业文明的转型。社会环境的改变，必然会引起社会生活和文化生活的巨大变迁。新的生存方式和传统文化价值观念的相互交织，促使人们投入一种新的社会关系之中。全球化和大众文化作为现代都市的文化表征，正改变着社会的空间和秩序。

作为世界加工厂的集散地，广府人口密集，人群流动频次很大，成为陌生人可能在此相遇的居民聚居地。每一个人由于高度分化的社会分工之间的差异，促使他们以一定的角色来参与社会，生活在相互依存的环境中，但并不是处于感情亲密的状态之中。人际之间的陌生化和角色化造成了人与人之间的关系"肤浅、淡漠和短暂"，都市生活方式和都市人人格越来越随着环境的塑造而变得理性。生活的节奏之快，早与传统的那种"悠然自得的闲适生活形成了鲜明对比"。疏远化、冷漠化和孤独化成了都市人生活和交往的状态，而这点正是现代都市文化的显在。目前，我们正在经历着文化转型期前所未有、深刻的、全方位的文化冲突，作为琴人本体自我和社会自我身份感失语的现实根据，它直接体现在他们的精神和日常生活的世界之中。

技术理性和人本精神冲突中的琴人群体其身份感的失语尤为强烈。琴人是一个非常特殊的社会群体，相对其他人而言，有着强烈的社会责任感和道德上的崇高感，在文化上有着自己较为清醒的文化自觉意识，对自己的传统文化多半有着强烈的感情依恋，特别明显地反映在他们对自己传统文化的那种割舍不断的"归属感和认同感上"。"所谓认同感，实际上指向想象的民族共同体的群体特征的心理倾向。认同就是通过一种对文化传统的体认而达到一致性的把握，而归属感在心理学上是指个体对群体心理的依赖和安全感的获得"。[1]生长在中国文化土壤的琴人们,他们离传统比我们更近,很自然地对自己的传统文化有一种情感上的深刻联系。当面对广府巨大变革之际,琴人们一方面肯定其改革成果,另一方面也较为抵触都市文化在大众文化和全球化语境中所携带的现代性精神:

> 以前过的日子真是不堪回首。我在表哥的工厂里打工,当保管员,一年365天只能休息一个星期,我一共上了三年的班。当时还是(二十世纪)九十年代中期,工资极高,每个月有8000元,生活的确是有很大程度的改善,但我再也不想过那种生活,那种密集的工作让我觉得压力很大,一点读书时间都没有,所以最后我会开始反思,我应该过这样的生活吗?得到许多的钱的最终意义就是让我过得这么辛苦吗?人不是应该诗意地栖居吗?……最终,我还是选择了放弃那份工作……[2]

在广府,由于特殊的历史定位,都市现代性进程比其他城市要更早,当一种技术理性创造了社会财富且对人的本质力量发挥主体性、积极性的时候,另一种价值取向从琴人身份感的失语中可以看到"技术理性及技术理性自身发展所带来的普遍物化和人之异化等负面作用"[3],从而对技术理性持一种人本主义的批判和拒斥态度。同时,在我们看到技术理性在构建市场经济所产生的积极意义之时,琴人在都市文化中又一次失语:

> 我无权指责别人的道德,可有权选择自己的人生,我是无法在尔虞我诈的生存环境中继续安处的,只有选择离开,虽然没有工作,但现在应该是等待机会吧!我也是有个性的,但我没有权利以自己的个性或者把自己的价值观强加于人,根本无力去改变大家,

---

[1] 周宪.文化表征与文化研究[M].北京大学出版社,2007:216—217.
[2] 黎敏2009年采访许海帆的文稿。
[3] 姚登权.全球化与民族文化——一个马克思主义哲学视角的考察[D].复旦大学,2004:107.

又不想跟他们一起随波逐流，离开寻找属于自己的生活就成了现在的必然……大家都应该意识到，众生平等，本质上没有谁比谁强，那么就更应该以谦卑的态度去面对生活，在人生面前，我们实在太渺小。当我们个性张扬或者道德上有瑕疵的时候，我们应该提醒自己是否应该以这样的态度去面对生活，张扬并不代表有力，过分张扬在某种程度上可以说是无力的表现，我们可以有个性，但应该以更加圆融的态度去面对别人、面对人生。[1]

应当看到，广府是最早进入现代工业文明进程的都市，琴人所彰显的传统文化精神却与其发生着深刻的冲突。西方工业文明的技术理性并没有达到人本质力量的增强宗旨，而是一定程度上导致了人与自然生态关系的破坏和人际交往关系的异化，而传统人文精神所倡导的天人合一的境界，使琴人面对"高度发达的工业文明条件下的人与自然相分裂、人与人相异化"[2]的历史境遇之时，再一次感到无所适从。在本质上，两种人文精神应该是可以互补的，但是由于现代工业文明的某些弊端，琴人根本无法在其中找到自己的位置和归属，留下了只有更多的失语。

琴人身份感的失语与政治、社会、科学和人文环境有着必然的联系，在某种程度上也是广府都市化进程中的折射。作为繁荣和危机并存的社会，一方面它的生机勃勃成了中国经济的启动引擎之一；另一方面文化异质性和同质性之间文化功能转换所带来的重重危机，也随时成了新的挑战。在这种双重张力之中，琴人从文化和精神高度对本体自我和社会自我其身份感的叩问，将生活意义的缺失和人自身价值的迷惘再一次凸显出来。"我是谁"的追问和都市现代文化如影随形地缠绕在一起，其中也许暗含了琴人对于都市现代化进程本身差异化的阐释与认知。如果说生存与发展是都市文化的宏大主题，那么琴人身份感的失语向我们展示了传统文化与都市现代文化、人的存在与价值的利弊权衡，这也是琴人在广府文化沙漠中何以成群的独特前提。

---

[1] 黎敏 2009 年采访琴人方华的文稿。
[2] 姚登权.全球化与民族文化——一个马克思主义哲学视角的考察[D].复旦大学，2004：108.

## 二、"我们是谁?"——岭南都市文化背景中琴人群体身份的建构

挪威人类学家巴斯认为"群体是行动者自我赞许和认定归属类别"[1],群体的形成不在于语言、文化、血统等的内涵,一个群体的边界不一定是地理的边界,而主要是社会的边界。"在生态性的资源竞争中,一个人群强调特定的文化特征,来限定我群的边界以排除他人",以此体现群体间的有机互动的特质。如果说客观文化的特征最多只能"表现群体的一般性内涵"的话,那么群体"边界的问题"[2]是客观界定无法解释的,也就更谈不上阐释"群体变迁的问题"。当然这并不代表"文化与体质的内涵毫无意义",它们"不是划分群体的标准",但的确是"划分群体的工具",只是这种工具并非所有的群体都能适用。因此,琴人群体其身份感的确立,不仅是群体建构的展现,而且还体现了我者与他者的互为关系,通过他者的边界而确立我者的身份,其本身就是一个群体边界的建构与维持过程。

身份感与群体边界的同一性,决定了人类学家已经开始倾向将其看作是一个"产生社会和文化差异的分类过程"[3],正是我者和他者之间因特性之别所形成的文化差异,产生了琴人身份和群体边界在社会互动中的确立性。

若从琴人身份感的建构与社会关系的互动来看,在社会学和人类学的视角里,琴人首先是"交往的动物"。作为社会的存在物,"人的本质不是单个人所固有的抽象物,在其现实性上它是一切社会关系的总和"[4]。人的社会关系通过交往建立起来,人的社会性也通过交往体现出来。琴人同样如此。自广州改革开放以来,各地、各国的移民纷纷来到中国的第三大都市,没有了自然经济的血缘、地缘、政缘关系,人们面对陌生的、异己的世界,由衷的孤独感促使人们通过建立新的社群而肯定其身份感,雅集组织也就在这种境遇中应运而生。

---

[1] 罗柳宁.族群研究综述[J].西南民族大学学报,2004(4):9.
[2] 王明珂.华夏边缘:历史记忆与族群认同[M].社会科学文献出版社,2006:16—18.
[3] 陈婷婷.民族音乐学当代理论问题[J].音乐艺术,2007(2):116.
[4] 马克思.马克思全集[M].人民出版社,1995:56.

雅集组织活动得益于（二十世纪）八十年代初期琴会的建立，当时在杨新伦先生的倡导下，由我直接负责落实，在这个阶段主要是三五知己的聚会。（二十世纪）九十年代杨先生去世，我接任了第二任会长。我们这些人没有其他的爱好，一些人喜欢喝酒、应酬、打牌，觉得这就是生活，我一定都不觉得怎么样，倒是当时琴会因交不上5000元的注册费不得不停牌的时候，还是觉得有些不舒服，因为怕这门艺术就葬送在我的手里。虽然，当时广州的经济发展得很好，但是我们的确过得很窘迫，经常拿出自己的钱补贴活动，坚持了很多年。为了将雅集坚持下去，我跑了很多地方，就是没有固定的场地，幸好后来有海珠区邓世昌文史馆的支持，让我们的雅集活动终于有了栖身之地……近两年发展情况改善了，很多人都自动提出来要承办雅集，一般说来都是我的徒子徒孙们和一些朋友们，另外政府还是有支持的，前两年跟香港交流，政府部门给我们提供了场地，也管了我们的午餐。这一次搞纪念活动，音乐家协会也出了5000元……雅集我们是相当重视的，平常我们难得一见，每月一次雅集雷打不动，在这里学生们、同好们可以切磋琴艺，交流感情。每个人来这里的目的都很单纯，就像一个大家庭。[①]

可见，在全球化和大众文化的裹挟之下，雅集组织诞生于经济正在起飞中的现代都市的社会互动之中，丰硕的经济成果却也无法支撑因5000元而被迫停牌的琴会组织，这里的建立和停牌可以说都是社会互动关系构建的产物。从雅集组织内部来看，不论是琴人还是来参与雅集活动的人员成分而言，大多数都有着直接或者间接的师承关系。琴人群体身份的建构基础并不是生物学事实上的世系，共同师承关系的纽带将不同性别、不同文化、不同背景的人群结集在一起，并没有因为差异性而导致雅集组织的瓦解。

这几年，随着广府都市文化的发展，琴人身份感的构建在与它的互动中，因扮演角色的多元化，同政府、社会之间形成了新的关系，琴人也因群体边界的扩张，多重身份感也在不断确立。

---

① 黎敏2009年采访琴人陈是强的文稿。

第五章 岭南琴人的文化追问（代结语）

从本书第三章以组织社会学的视角对琴人组织的形态要素进行分析的结果来看，2007年底至2009年的雅集活动可分为三类：一类是日常性雅集，一类是专题性雅集，一类是纪念性的雅集。就其同都市的互动来看，在专题性雅集如赈灾义演中，雅集组织充分展示了琴人群体在灾难面前的大爱精神以及所发挥的凝聚性的社会功能；在纪念杨新伦的系列活动中，琴人群体将其传承功能发挥到了极致，不仅到琴人群体的源头新会寻根，而且还将古琴艺术再一次回传到新会，不仅举办琴、诗、书、画四位一体的综合性雅集，而且还分别举办了琴学新枝和古琴名家的雅集会，对于古琴传统文化产生了深远影响。

后来，广府不仅成立了非物质文化遗产中心这样的机构对传统艺术进行宏观管理，而且每年政府还下达上千万的专项资金对传统艺术予以保护，并将谢导秀列入了广东非物质文化遗产省级传承人，后又再一次上报为国家级非物质文化传承人。同时，在中山大学的大力倡导下，琴人正式走进高等学府执教，传播琴乐。这种群体边界的变动，体现在第三章关于琴人的先赋角色和自致角色、主观角色和实际角色的表述之中。琴人身份感的建构，显示出这些年琴人与都市"互动和参照对比过程中建立的一种关系"。在一定程度上，这种依托于人们在互动和交往中形成的身份感，也许体现出了某种文化适应性和其内在的生成动力。

若从琴人身份感的建构与音乐语言的表述来看，琴人身份感的建构同样也在琴人音乐语言表述方式中有所体现。众所周知，琴乐语言的表达过程就是文化表征的过程。文化表征作为琴乐文化观念的外在表现，不仅只是展示个人间风格异同的问题，实际上也暗含着琴人对于自己琴乐文化渊源、琴乐文化组织的认知问题。风格的异与同、远与近，已经不能说是一种个人主义的体现，而更多地代表了琴人自身在琴人组织中的自我定位和结构性的位秩。

身份感的建构是琴人内心深处的一种呼唤，隐秘而不自觉，是一种期待得到认可又本能拒绝承认期待的一种心理渴望。在琴乐语言的陈述中，他们经常会表现得有些自相矛盾，既期冀于守望一份自娱，又希望得到更多人的认知，既渴望自己在琴乐上彻彻底底坚守岭南琴派的传统，但同时又想海纳百川，能有机会接触到更多其他琴派名师的点拨。也许这在大家看起来并不矛盾的事情，可在有些琴人面前，这些问题往往变得复杂起来。

因此，实际上身份感建构的过程事实上已经成了琴人音乐语言表达的内化动力。不论他们对身份感的认知怎样，既然选择成为广府琴人群体的一部分，在某种程度上，已经注定与岭南琴派之间的血脉联系。琴谱文本的规定性，已经决定了他们无法回避自己岭南琴派传人的身份。正如前文所言，在笔者眼中，风格并不是唯一证明传承的方式，可能琴谱的选择已经表明琴人在历史时空跟祖师爷的琴艺承接。当他们在不断演奏《悟雪山房琴谱》或者《古冈遗谱》的时候，实际上无形中已经体现了琴人们自我身份的归置。

在音乐语言的结构陈述中，前述四位琴人不论在结构布局、音区布局、句法布局、调式布局，还是音核组织在同宫场中的变易与传递所体现出的对称性、平衡性特点竟然是如此的相似，这难道不是琴人间对彼此身份感建构的认知体现吗？

同样，在音时演变中，他们在板式—变速结构宏观架构下，不论是微观陈述结构还是动力模式，都不约而同地体现出非均分性的韵律性特质；在音色聚合中，三种不同激励方式下谐音列的音色陈述和不同响度方式下的音色陈述的相似性也不只是一种巧合。当然，这其中不排除有偶然的因素，但这是否更多地是一种必然因素在起作用？笔者认为，实际上这都是琴人身份感对于社群认同潜意识的一种切实表现。尽管，有些琴人不认同笔者的看法，可他们也无法剥离琴乐语言的相似性，所表达的是与广府琴乐群体组织之间天然的亲缘性、向心性关系。

若从琴人身份感的建构与依托的文化资源来看，琴人身份感的构建是以中国传统文化为赖以生存的背景。我们可以看琴人对于中国文化的一种认知与归属心理，琴人的身份感也正是通过对传统文化价值认识的自觉，来获得群体边界与他者划分的特质。

中国传统文化源远流长，古琴作为琴棋书画之首，不论在近现代遭遇如何的冷落，但千年中华文明其精髓早已内化于琴学所彰显的文化特征和哲理心态之中。其特有的观念体系、思维方式、价值取向和心理结构显示出一个民族和国家的文化积淀，它成为屹立世界民族之林的标识。文中所提及的传统儒释道文化之自然观、社会观、伦理观、艺术观、人生观则成了琴人文化认同其传统内核的具体显现。

从琴人自述中，他们崇尚兼济天下和独善其身的理想人格，追求"士穷不失义，达不离道"的境界。穷，表明了生活穷困潦倒和逆境中的洁身自好；达，表明了发达显贵更不要忘了福泽天下。传统的人格模式，所体现的双重性，充分体现了社会与自我关系的人生理想。达和穷所表现的内圣外王之道，从理论意义上可以达到某种统一，但在现实生活中却很难达到统一。在琴人的生活里，正如前面所言，他们更多地向内圣倾斜，这种境界追求，成就了当代琴人的忧患意识的生成和由此形成的济世精神与隐逸之风。因此，传统成为琴人身份感同一性的立人之本。

就琴人群体而言，对于琴乐源头的探索，是身份感得以纵向延伸的表征。在他们的心里，广府琴乐的源头传说与南宋赵昺跳崖有关，散落民间的《古冈遗谱》成为跟这个时间有关的琴乐镇山之物。若将琴乐源头追溯到十五世纪中叶以"自然为宗"和"自得之学"为核心精神的江门学派，其传统还要长。若从第一代初祖何琴斋开始，三代之后通过本土化传承和非本土化传承的两种方式将琴乐继承了下来，至今已有数十代的传承。

琴人对源头的考据付出了多年的辛劳，但在没有更多确凿文献资料的情况下，琴人们不约而同地表达出琴人群体源头的集体想象，其中无意透露着琴人希望通过这种类拟血缘的方式而强化对于身份感的认知，或者通过模拟"某种继嗣关系"[①]来满足琴人身份感不足的缺失。群体作为亲属体系的延伸，他们看中的不是"事实是什么"，而最重要的是"人们相信什么[②]"。这种增强群体的凝聚力以及边界稳固性的溯源，成为琴人身份建构的另一种方式。

从琴人身份的叩问和建构过程中，我们看到了都市现代文化给他们带来的迷茫，也看到了为抵制都市文化的诱惑所做的努力。在他们的世界里，体现了自由的、自然的、自怡的生活方式。他们以古琴为雅好，组成了属于自己的小圈子。这群人都是愿意自我欣赏和自我陶醉的人，他们不愿意浮光掠影地体验众多的文化事物，把自己的头脑搅得杂乱无章，他们宁可天天重复地体验自己熟悉的那一小部分趣味和嗜好，因为

---

① 王明珂.华夏边缘：历史记忆与族群认同[M].社会科学文献出版社，2006：23.
② 王明珂.华夏边缘：历史记忆与族群认同[M].社会科学文献出版社，2006：22.

这些趣味和嗜好已经完全和他们的人格化为一体了，成为人性生活的重要部分。

"只有在我们与人类的直接交往中，我们才能洞察人的特性。要理解人，我们就必须在实际上面对着人，必须面对面地与人来往"，卡希尔的话不得不再次让笔者对于群体身份和群体边界陷入了深思……

### 三、"我们往何处去？"——岭南都市文化背景中琴人群体身份的归途

现代化一般意义上总是理所当然地被理解为创新，而创新又总是被理解成对传统的割裂、鄙视、颠覆和抛弃。其实中国的仁人志士前赴后继的艰辛探索从未停止，其核心正是这个古老民族通过学习和吸取西方近现代科学技术以使自己的祖国早日实现现代化。毋庸讳言，对传统文化痛彻心扉的反省与批判，每次都会成为题中之旨。回首历史，我们也许觉得其难免矫枉过正，但是，身处历史其间的当事人探索道路和真理的曲折和艰辛，无论在哪个民族哪个时代都在所难免。

改革开放对现代化进程的推动作用十分明显，那么与传统的疏离和隔膜因为工业化、市场化的到来而愈加在所难免。当不加区分地对传统的背离和抛弃成为司空见惯的集体无意识，人们终于对创新本身的准确内涵变得日益模糊。对现代科学技术和现代化迫不及待地顶礼膜拜可能让悠久灿烂的传统变得黯淡无光。对技术和物的迷信，可能让我们在伦理、道义和情怀方面变得赤贫和荒芜。现代化难道只能让我们重蹈西方社会的覆辙而让自己变成无家可归的游子？物质世界的富翁难道只能同时成为精神世界的"乞丐"？中国历代古圣先贤们所描绘和向往的天人合一的崇高境界，理应在现代化与优秀传统文化的遥相辉映中瓜熟蒂落。普遍真理与具体实际相结合而产生的特殊规律，其实正是从具体文化土壤里长出的美丽花朵，普遍真理客观上是外部的养料。

任何传统都不是一成不变的传统，延续总是在发展中进行，发展从来也不可能脱离延续。守望总是与根有关，发展却不能拒绝与外部世界的碰撞、沟通、交流、改造与融汇以至于成为新质。老子曰：万物负阴而抱阳，冲气以为和；一生二，二生三，三生万物。延续与发展的过程即是冲气以为和的过程，三生万物的过程即是改造、融汇成为新质的过程。传统

之根乃是其体，外部养料乃是其用。对传统既需要扬弃式的继承，对异质文明也不可盲目到不加批判地吸收。周虽旧邦，其命维新，苟日新，又日新，日日新。中华文明从不缺少自我更新的力量，它正是在同周边民族和亚欧其他民族文化的碰撞交流中不断改造融汇而成，海纳百川是中华文化延续发展的基本特征，也正因如此，才让中华文化历尽沧桑绵延五千年，在其他古老文明沦丧毁灭之后一枝独秀，唯独中华文化具有如此博大的兼容性、同化能力和自我更新的顽强生命力。

中华文化强大的同化和兼容能力，引起了普世的浓烈兴趣，西方现代科学从自发到自觉吸取中华古圣先贤的智慧滋养，已经成为人所共知的不争事实。为何中华文化具有如此独特的品质，西方世界对其背后原因充满好奇以至于深深着迷。笔者以为，贯穿四书五经及诸子百家的尚和守中的中庸思想可能是其隐秘核心的哲学底蕴。"君子中庸，小人反中庸""叩其两端执其中""勿太过，勿不及，过犹不及"。中庸不是庸俗消极的折中主义，而是发而皆中节、冲气以为和、万物借之以生的"化二成三"的新质，并终于挣脱二元对立冲突的枷锁，在多元协调互补的东方辩证运动中完成了对立面的转化与融合。

中庸的智慧普照着中华文化的每一个领域，成为一种早熟的审美观照至今让人赏叹不已，孔子，并不喜欢以居高临下的抽象道德教条强人所难，相反，却总是以潜移默化的艺术形式让教育变得春风化雨、平易近人，这不得不归功于其对古琴音乐与众不同的审美标准，孔子对韶乐由衷的赞美和陶醉引起后世强烈的共鸣和历史的回声，韶乐之美，余音绕梁，三日不绝，让人三月不知肉味。这正是中和雅正的美感力量，是修身养性的进阶助缘，高山流水遇知音的超脱导源于此。而与此成鲜明对照的郑卫淫声为孔子所不齿。在这个意义上，"琴者，禁也"成为君子自省自律的自觉选择。

中庸的审美观照必然带来心理结构的积极稳健和人格修养的完善和升华，焦虑得以缓释，冲突化为和谐，枷锁得以脱落，围墙得以拆除，身心得以自由，尊严得以恢复，人性得以升华。此乃儒家谆谆教诲、孜孜以求的大学之道、明明之德、至善之境，君子自强不息、厚德载物的智慧内核无不隐含在中庸之中。

古琴作为审美工具、教育载体、传道手段的重要哲学依归正是独具中国特色的中庸价值观，以古琴为核心的乐教演绎了源远流长的中国传统知识分子的情怀与风骨。而岭南琴乐及其琴人群体的雅集组织作为岭南地域文化全息缩影，岭南古琴从当下走向未来，从当下反观过去，必须面对西学东渐自十九世纪中叶以来直到广府都市的今天，一方面，西学新风所承载的西方文明智慧令人耳目一新，对传统政治、社会、文化造成巨大的冲击与深刻的影响；另一方面，其自身所承载的古老文明生命体曾经一度从高峰走向衰落的事实。然而，饶有意味的是，在岭南广府的文化空间里，岭南琴乐传统不仅没有消亡，而且还以顽强的生命力扎根民间，从濒临死亡走向复苏。星星之火，可以燎原，其担当的必定是中国传统乐教的全面复兴之重责。但是，复兴不等于复古，而是借古却不泥古。尤其是，面临全球化和现代化、都市化进程的今天，岭南古琴不仅要完成与传统乐教的传承递续，而且还要实现古琴作为人的诗意栖居。

# 后　记

　　就像无意间翻开十多年前的相册，一张张泛黄的老照片，挡不住远去的时光如炊烟般亲切，邂逅重逢这本薄薄的硕士论文，才似乎第一次发现，当年的这些文字是多么青涩、稚嫩。如今才慢慢明白，人生许多的风浪打磨出几颗光滑圆润的鹅卵石是多么地不易。

　　然而，我们依然忍不住打心底里感激往事，感激那些陪伴自己走过青涩和稚嫩的人与事，尤其是含笑看着我们、鼓励我们、提携我们的师长们，一直以为依稀往事早就淡忘，至今才忽然发觉，往事并未如烟，不管沉淀多深，一旦在心头泛起，历历如昨，就在眼前，湿润的眼睛里，一切缘分都变成珍珠。再次感谢师友们、学院领导的再三敦促，让我翻出这篇稚嫩的旧作交给出版社的编辑，算是对那段跋涉与成长的一个记录。嘤嘤其鸣，求其友声，我相信，古琴留给灵魂的记忆是长久的。

　　有太多的朋友，恕我不能一一道来，你们的宝贵情谊我会珍藏心底。然而，无论如何，我不能不在此深情地想起赵宋光和周凯模两位恩师，对你们的感激非言语所能表达万一，学生只能终身以两位导师为榜样，在学术的道路上攀登不止。另外，也请允许我对上海音乐出版社的编辑们献上真挚的感谢，感谢你们对中国传统古琴文化的另具只眼，承蒙不弃，为我这篇十多年前稚嫩的习作留下一席之地。

　　浅陋如我，与琴结缘，不亦幸乎！

2024 年初于大学城

## 图书在版编目（CIP）数据

泠泠七弦醉南风　广府都市文化空间中的琴乐雅集研究 / 黎敏著.
－上海：上海音乐出版社，2024.7
ISBN 978-7-5523-2914-8
Ⅰ.泠…　Ⅱ.黎…　Ⅲ.古琴－演奏家－人物研究－广州　Ⅳ.
K825.76
中国国家版本馆 CIP 数据核字（2024）第 107860 号

书　　名：泠泠七弦醉南风　广府都市文化空间中的琴乐雅集研究
著　　者：黎　敏

责任编辑：陈　盼
责任校对：满月明
封面设计：徐思娇

出版：上海世纪出版集团　上海市闵行区号景路 159 弄　201101
　　　上海音乐出版社　上海市闵行区号景路 159 弄 A 座 6F　201101
网址：www.ewen.co
　　　www.smph.cn
发行：上海音乐出版社
印订：上海中华印刷有限公司
开本：700×1000　1/16　印张：15.75　图、谱、文：252 面
2024 年 7 月第 1 版　2024 年 7 月第 1 次印刷
ISBN 978-7-5523-2914-8/J·2682
定价：98.00 元
读者服务热线：(021) 53201888　印装质量热线：(021) 64310542
反盗版热线：(021) 64734302　(021) 53203663
郑重声明：版权所有　翻印必究